HEYNE <

Das Buch

In der von Frank Goosen herausgegebenen Anthologie lassen 22 Autorinnen und Autoren in literarischen und kabarettistischen Erzählungen die Atmosphäre vergangener Weltmeisterschaften wieder aufleben – vom ganz persönlichen »Spiel des Jahrhunderts« bis zu den Kindheitserlebnissen mit bedenklich erhitzten Erwachsenen und dem eigenen begeisterten Mitfiebern. Die Mannschaftsaufstellung im Einzelnen: Manni Breuckmann, Thomas Brussig, Oliver Thomas Domzalski, Fritz Eckenga, Christian Eichler, Frank Goosen, Jess Jochimsen, Steffen Kopetzky, Philipp Köster, Dagmar Leupold, Matti Lieske, Peter Lohmeyer, René Martens, Klaus Modick, Rainer Moritz, Bernd Müllender, Jürgen Nendza, Dieter Nuhr, Carola Roenneburg, Frank Schulz, Hajo Steinert und Jule Vollmer.

»Eine geschlossene Mannschaftsleistung.«
Tagesspiegel

Der Autor

Der Herausgeber Frank Goosen lebt als Autor in Bochum. Im Heyne Verlag sind die beiden Romane *Liegen lernen* und *Pokorny lacht* sowie der Erzählband *Mein Ich und sein Leben* erschienen.

Fritz Walter, Kaiser Franz und wir

Unsere Weltmeisterschaften

Herausgegeben von
Frank Goosen
und Oliver Thomas Domzalski

Mit Geschichten von:

Manni Breuckmann, Thomas Brussig, Oliver Thomas Domzalski, Fritz Eckenga, Christian Eichler, Frank Goosen, Jess Jochimsen, Steffen Kopetzky, Philipp Köster, Dagmar Leupold, Matti Lieske, Peter Lohmeyer, René Martens, Klaus Modick, Rainer Moritz, Bernd Müllender, Jürgen Nendza, Dieter Nuhr, Carola Roenneburg, Frank Schulz, Hajo Steinert und Jule Vollmer.

WILHELM HEYNE VERLAG
MÜNCHEN

FSC
Mix
Produktgruppe aus vorbildlich bewirtschafteten Wäldern und anderen kontrollierten Herkünften
Zert.-Nr. SGS-COC-1940
www.fsc.org

Verlagsgruppe Random House
FSC-DEU-0100
Das FSC-zertifizierte Papier *München Super* für Taschenbücher aus dem Heyne Verlag liefert Mochenwangen Papier.

Vollständige Taschenbuchausgabe 04/2006

Printed in Germany 2006
Umschlagillustration: © Benne Ochs
Umschlaggestaltung: Nele Schütz Design, München
Satz: KompetenzCenter, Mönchengladbach
Druck und Bindung: GGP Media GmbH, Pößneck
ISBN: 10-3-453-40124-7
ISBN: 13-978-3-453-40124-2

http:/www.heyne.de

Inhalt

Vorwort

Fußball-Weltmeisterschaften – das sind Ergebnisse, Tabellen und Sieger; das sind brasilianische Zauberer, italienische Schauspieler und deutsche Handwerker; das sind helle Köpfe, begnadete Füße und göttliche Hände; das sind gravitätische Nationalhymnen, planlose Fernsehkommentare und unmögliche Gerd-Müller-Tore; das sind exotische Trikots, begehrte Sammelbildchen und hastig zusammengehauene Bildbände, die meistens »Tore, Tränen und Triumphe« heißen, deren Vorworte etwa so beginnen wie dieses hier und in denen man nachlesen kann, wer wann welches Tor geschossen hat und wer erst in der 88. Minute eingewechselt wurde.

Aber Fußball-Weltmeisterschaften sind auch noch etwas ganz anderes, und um dieses andere geht es in diesem Buch. Sie sind, weil so angenehm selten, Teile unserer Biographien. Christian Eichler hat es in seinem *Lexikon der Fußball-Mythen* auf den Punkt gebracht: »Vier Jahre, das ist eine schöne Distanz, eine, die Unterschiede macht in der Erinnerung, der Selbstwahrnehmung, der Gliederung in Lebensphasen. Es gibt WM-Erinnerungen mit Koteletten und Schlaghosen, solche an bierselige Familienfeiern in überfüllten Wohnzimmern und andere im Gang eines Studentenheims, mit dem verschneiten Bild des winzigen tragbaren Fernsehers. Und dann wieder die an den Torschrei, bei dem das Baby wach geworden ist. WM-Erinnerungen haben vier Jahre Zeit, abzusinken ins Langzeitgedächtnis. Sie sind geschützt davor, überlagert zu werden, übersendet und überredet vom nächsten aufgebauschten Fernsehfußball.«

Weltmeisterschaften, so kann man ergänzen, haben auch

ihren eigenen Geruch und Geschmack, zum Beispiel nach Käsehäppchen mit Weintrauben auf bunten Plastikzahnstochern, französischen Campingplätzen und Tri-Top-Sirup aus diesen Flaschen, die aussahen wie ein Ro 80. Weltmeisterschaften erinnern uns an laufende Nasen, schmutzige Fingernägel und aufgeschlagene Knie, an kurze Hosen, braune Cordsofas und Tütenlampen; an lärmende Erwachsene zu nachtschlafender Zeit und an Udo Jürgens; an unangenehme Kumpeleien, Lord-Extra-rauchender Onkels und peinliche Zwischenfragen ahnungsloser Mütter. Weltmeisterschaften, das sind echte Gefühle: maßlose Siegesräusche, tiefe Verzweiflung und irgendwo dazwischen die erste Freundin.

Die Autoren dieses Buchs erzählen vom Leben. Denn das Leben ist rund.

Frank Goosen und Oliver Thomas Domzalski,
im Januar 2004

Manni Breuckmann
Juskowiak und die Konfektschale

Ich war ja noch so jung, als die bösen Wikinger in mein Leben einbrachen! Gerade mal sieben Jahre alt, dicklich, behütet und folgsam, erhielt an diesem 24. Juni 1958 mein Weltbild – so ich denn schon eines hatte – einen hässlichen Klecks. Aber was wusste ich denn schon von der Welt? Dass die Russen böse waren, dass die Pollacken, dazu gehörten auch deutsche Flüchtlinge aus dem Osten, faul und schlampig in den Bergbausiedlungen in den Fenstern hingen und dass die Amerikaner – reich, mächtig, großzügig – den Deutschen beim Aufbau nach dem Krieg halfen.

Von den Schweden wusste ich überhaupt nichts, und sie überfielen mich ohne Vorwarnung. Denn eigentlich sollte ich ja gar nicht mit zu den Kills zum Fußballgucken. Weil nämlich die Bäckerfamilie Kill aus der Sicht des Postboten Willi Breuckmann zu den Bessergestellten gehörte. Und wenn die Bäckersfrau einlud »Schweden gegen Deutschland läuft doch heute im Fernsehen, kommen Sie ruhig vorbei, Herr Breuckmann«, dann gehörte es sich nicht, einfach den kleinen Sohn mitzubringen. Auch danach zu fragen, wäre zu unbescheiden gewesen. Klein-Manfred sollte also zu Hause bleiben. Ich war darüber auch nicht sonderlich betrübt, meine Fußball-Leidenschaft begann sich gerade zaghaft zu entwickeln und beschränkte sich einstweilen auf die Fußball-Helden des SV Germania Datteln. Die wurden drei Jahre später Westfalenmeister und verfügten mit Egon Nethövel über den einzigen legitimen Vorgänger von Günther Netzer. Ich sehe es heute noch vor mir, wie er die Freistöße über die Mauer zirkelte. Da ging jedes Mal ein gewaltiger

Aufschrei durch die riesige Menge der 2000 im Dattelner Ostring-Stadion, und mein Vater stand neben mir und zitterte am ganzen Körper. Er zitterte wirklich bei jedem Angriff von Germania, weil er nämlich ein nervöses Hemd war (der Krieg, die russische Gefangenschaft!) und weil sein Herz für Germania schlug.

Es klingelte. Draußen stand der Sohn des Bäckermeisters und sagte: »Manfred soll auch rüberkommen.« Die plötzliche Aussicht, ein Fußballspiel im Fernsehen angucken zu können, und dazu auch noch eins von der Weltmeisterschaft, machte mir Beine. Ich war schon mitten auf der Hafenstraße, genau gegenüber lag die Bäckerei Kill, da hörte ich ein meckerndes Lachen und eine durchdringende Stimme, die mir sehr bekannt vorkam: »Na, Manfred, du hasset aba eilich. Wo willze denn hin? Und die Pantöffelkes noch anne Füße!« Ich guckte über die Schwellung meines Pfirsich-in-Sirup- und Nussschokoladen-Bauches auf die Füße, und tatsächlich, ich war mit diesen wunderbaren hellbraun-dunkelbraun-karierten Filzpantoffeln auf dem Weg in das hochherrschaftliche Bäcker-Wohnzimmer.

Die charmante Dame, die mir den heißen Tipp über mein Outfit gegeben hatte, war Frau Sibbe. Sie wohnte zwei Häuser weiter und betrieb mit ihrer Tochter ein Geschäft, das wir heute unter dem Namen Tante-Emma-Laden diffamieren. Bei Sibbes gab es fast alles, Eier, Butter, Schuhcreme, Bindfaden, Bonbons aus Dosen, und zu meinen ständigen Aufgaben gehörte es, zu Sibbes rüberzurennen, atemlos »Viertelpfund Butter, Mama bezahlt morgen« zu sagen und mit der erstandenen »guten Butter« (ich habe nie rausgekriegt, ob es auch schlechte Butter gab) den weiteren Betrieb des Breuckmannschen Haushaltes aufrechtzuerhalten. Fast jeden Tag begleitete ich meine Mutter in das kleine Geschäft der Sibbes, und dort wurde der kleine dreijährige Manni eines Tages unter Zuhilfenahme eines unfairen Tricks als Wunderkind präsentiert. »Der Manfred kann schon rechnen«, sagte meine Mutter stolz zur alten Frau Sibbe. Sie hielt mich auf dem Arm und stellte mir die Aufgabe: »Sag der Frau Sibbe mal, wie viel drei und zwei ist.« Eine Sekunde später flüsterte sie in das der lieben Ladenbesitzerin abgewandte Manfred-Ohr: »Sag schön fünf.« Ich glaube, ich war ziemlich verunsichert, gleichzeitig war ich aber ein sehr gehorsamer Junge, und in dieser Eigenschaft strahlte ich Frau Sibbe an und sagte anordnungsgemäß: »Fünf!« Meine Mutter griente stolz, und die Herrscherin über Eier und Butter war tief beeindruckt. Aus diesem Rechengenie musste einmal etwas ganz Großes werden! Ob Wunderkinder auch mit Filzlatschen auf die Straße laufen durften, darüber gab es geteilte Meinungen. Während nämlich die Tante-Emma-Geschäftsfrau nur leichte Erheiterung absonderte, wollte meine Mutter den eklatanten Verstoß gegen die Kleiderordnung und die guten Sitten noch verhindern. Es gelang ihr nicht. Ich war schon auf dem Weg in die große weite Welt des internationalen Fußballs, und selbst die Autorität meiner Mutter konnte diesen Aufbruch nicht mehr verzögern.

Als ich das Wohnzimmer der Kills betrat, hatte das Spiel schon begonnen. In Göteborg fand es statt, wie ich heute weiß, die Schweden hatten es in schikanöser Weise von Stockholm dorthin verlegt, um braven deutschen Fans beim WM-Halbfinale gegen den Gastgeber den Weg ins Stadion zu erschweren. Unter den 49000 ekstatischen Nordländern verloren sich schließlich nur tausend Anhänger der einstmaligen Wundertruppe von Bern, und sie hatten von der Phonstärke keine Chance gegen die von so genannten Einpeitschern aufgeheizten Schweden. »Setz dich mal vernünftig hin«, sagte mein Vater streng, nachdem er mein Erscheinen nicht begeistert, aber kommentarlos zur Kenntnis genommen hatte. Sich vernünftig hinsetzen war in der Kleinbürger-Familie der 50er Jahre ein Dogma, eigentlich nur mit dem Dogma von der unbefleckten Empfängnis Marias zu vergleichen. Da gab's kein Aufbegehren, sondern nur den reflexhaften Wechsel von der lässigen zur aufrechten Sitzhaltung in den so genannten Cocktail-Sesseln der Familie Kill. Und dann regte sich mein Vater, im Chor mit dem Bäckermeister Kill, über die Zuschauer im Göteborger Stadion auf. »Alles Fanatiker!«, sagte Herr Kill. »Ganz schlimme Fanatiker, so was gehört sich nicht«, kam das Echo von Papa. Das war eine Art moralisches Todesurteil über das mir bislang unbekannte Volk der Schweden, denn Fanatismus jeder Art war in der Bergbau-Stadt Datteln kurz nach dem Krieg nicht zugelassen. Davon hatten sie die Nase voll, und mit Politik wollten sie überhaupt nichts mehr zu tun haben. »Heja, heja!«, rief der Bäckermeister ironisch-höhnisch und wollte damit die Sprechchöre der Schweden-Fans auf die Schippe nehmen. Auf der Laufbahn im Stadion standen großgewachsene schwedische Männer mit Schiebermütze, blau-gelber Landesflagge in der Hand und Megaphon vor dem Mund. Die deutschen Zeitungen haben es hinterher Buchstabe für Buchstabe abgedruckt, was die Einpeitscher in die Menge schrien, und was von dort als brüllendes Echo zurückkam: »Heja, Sverige, friskt humör, det är det som susan gör, heja, heja, heja!« Übersetzt hieß das »Heja, Schweden, guten Muts, das allein ist entscheidend, heja, heja, heja!« Wie harmlos, wie geradezu niedlich! Das Repertoire in heutigen Bundesliga-Kurven verhält sich dazu wie die Sex Pistols zu Heino. Aber bitteschön, wir waren im Jahr 1958, deutsche Fußball-Anhänger beherrschten gerade mal den kollektiv ausgestoßenen Satz »Deutschland vor, noch ein Tor« und – im Siegesfall – das gemeinsam intonierte Lied »So ein Tag, so wunderschön wie heute!«. Das Anfeuerungs-Szenario von Göteborg wird wahrscheinlich von jedem Heimspiel des FC Schalke 04 oder des BVB in den Schatten gestellt. Aber damals galt es als aggressiv, bedrohlich, nationalistisch, und vor allem gab es dem deutschen Lieblings-Alptraum in der ersten Hälfte des vergangenen Jahrhunderts Nahrung. Das deutsche Vaterland umgeben von einer Welt von Feinden, die noch nicht einmal davor zurückschrecken, den germanischen Fußball-Weltmeistern mit unlauteren Mitteln den Garaus zu machen.

Von dieser tief greifenden Analyse war ich als kleiner Manfred im Killschen Wohnzimmer ganz, ganz weit entfernt, die Sache mit dem Heja, heja! kam mir nur fremd und verwunderlich vor. Aber eine Abneigung gegen diese bösen Schweden erzeugte sie in mir schon, und so sprang ich mit den anderen ganz besonders hämisch-jubelnd auf, als Hans Schäfer aus Köln nach einer knappen halben Stunde den Schweden im so genannten Hexenkessel von Göteborg mit dem 1:0 für Deutschland eine kalte Dusche verpasste. »Jetzt hole ich uns aber noch ein Bier!« Der Bäckermeister grinste und rieb sich schadenfroh die Hände, während seine Frau mir Apfelsaft einschenkte. Selbst dieses heute wenig spektakuläre Getränk war für mich eine Besonderheit, wir tranken in den ersten Jahren meiner Kindheit an der Dattelner Hafenstraße zur Erfrischung entweder »Kraneberger« aus dem Wasserhahn oder Brombeersaft mit Leitungswasser aufgefüllt. Mein Vater war ein leidenschaftlicher Brombeeren-Sammler. Die Summe der Laster ist bekanntlich immer gleich, und da Willi Breuckmann außer der Liebe zu Germania Datteln keine anderen Laster hatte, mussten es wohl die Brombeeren sein. Später kam dann noch der Chorgesang bei den Dattelner »Postspatzen« dazu, dafür reduzierte er den Alkoholgenuss fast auf Null, und mit dem Tabakqualm hatte er es noch nie gehabt.

Bier und Schnaps waren für Briefträger eine ständige Versuchung, in den ersten Jahren nach dem Krieg waren Briefkästen unbekannt, und hinter den Haustüren lauerten fröhliche Hausfrauen und grüne Witwen mit einem Schnäpschen für den Herrn Postboten. Besonders schlimme Gelage gab es nach Beerdigungen. Ich werde nie den Anblick meines Erzeugers vergessen, wie er sich mit dem Fahrrad in kreativen Schlangenlinien unserem Haus näherte, um sodann nach einer spektakulären Schlusspirouette inklusive seiner zwanzig inhalierten Exportbiere unter der Gartenbank zu landen. Es muss wohl ein besonders trauriger Todesfall gewesen sein.

Als sich dann aber echte oder vermeintliche Herzbeschwerden meldeten, beschränkte Papa den Alkoholgenuss auf wänzige Schlöckchen. Das 1:0-Führungstor gegen die schlimmen Schweden war ihm allerdings ein Glas Bier wert.

»Das Tor musste er jetzt geben, da konnte er nicht anders, der will uns doch bloß verpfeifen, der Schweinehund!« Herr Kill hatte nach den schwedischen Heja-Einpeitschern das nächste Feindbild gefunden, das beste und nächstliegende Fußball-Feindbild aller Zeiten: den »blinden« oder gar böswilligen Schiedsrichter, der unsere Jungs um den verdienten Lohn ihrer Herkules-Arbeit auf dem Platz bringen will! Im Falle des Schweden-Spiels von Göteborg bot sich der so genannte Unparteiische (haha!) noch in ganz besonderem Maße an, denn dieser feine Herr Istvan Zsolt kam aus Ungarn, ausgerechnet aus dem Land, das 1954 von der Herberger-Mannschaft gedemütigt worden war. Hatte nicht schon der frustrierte Major Puskas kurz nach dem Finale von Bern mit maliziösen Doping-Vorwürfen um sich geworfen? Jetzt, an diesem sommerlichen Juni-Tag in Schweden, war offensichtlich die ultimative Stunde der ungarischen Rache gekommen. Einen Elfmeter hatte der unsägliche Sohn der Puszta uns schon verweigert, und niemand ahnte zu dieser Minute, was alles noch kommen sollte. Am allerwenigsten ich, der siebenjährige Manfred Breuckmann, der zu dieser Minute, kurz bevor dem Schweden Skoglund das 1:1 glückte, von der zartesten Versuchung seines bisherigen Lebens heimgesucht wurde. »Nimm dir ruhig etwas aus der Konfektschale«, sagte Frau Kill und deutete auf einen dunkelrot bemalten Porzellan-Gegenstand, dessen Bezeichnung mir bis dato unbekannt war. Genauso unbekannt wie das wilde Volk der Schweden, aber in drastischem Kontrast zur grölenden Fußball-Masse: die himmlische Verheißung edler Kakao-Rezepturen, verfeinert mit Nüsschen hier und Mändelchen da. Konfekt! Ich betrat kulinarisches Neuland. Sicher gab's zu Hause dann und wann Schokolade, und gelegentlich wanderte auch ein Pralinchen in meinen Mund. Aber Pralinen waren eine Rarität, sie wurden nur zum Geburtstag, Namenstag, zu Weihnachten und Ostern verschenkt, nie wären meine Eltern auf die Idee gekommen, einfach so einen Karton Pralinen zu kaufen.

Und der Begriff »Konfekt« gehörte schlicht nicht zu unserem Sprachgebrauch. Für mich war es ein weiterer Beweis dafür, bei den »besseren Leuten« gelandet zu sein. Einen Fernseher hatten sie – wir sollten erst fünf Jahre später in der neuen Wohnung einen kriegen –, Apfelsaft gab es zu trinken, und als Krönung auch noch Konfekt! Ich habe heute keine detaillierte Erinnerung mehr, wie diese Pralinen denn genau aussahen, welche Füllung sie hatten und wie viel ich davon genascht habe, ich weiß nur, dass an diesem Nachmittag meine vorläufige Vorstellung vom Leben in Luxus entscheidend geprägt wurde: Fußballspiele im Fernsehen gucken und dabei feines Konfekt auf der Zunge zergehen lassen!

Schon die respektvolle Distanz zu diesen Leuten, die eine

Sprosse höher auf der gesellschaftlichen Leiter angesiedelt waren, ließ einen anderen Lebensstandard ahnen; beim WM-Spiel gegen die Schweden wurde die kindliche Ahnung zur Gewissheit. Dabei wusste ich aber ganz genau, und nichts in mir rebellierte dagegen: Auf die Ebene der Konfektverzehrer würden wir nie gelangen! Heute kann ich sagen, dass ich es denen da oben gezeigt habe und immer noch zeige. Ich bin ein begeisterter Liebhaber auch ausgefallener »Konfekt«-Spezialitäten geworden, ich scheue nicht den Einsatz hoher Euro-Beträge für feine Trüffel oder raffinierte Schokoladen. Somit kann ich von mir behaupten, dass ich es im Leben zu etwas gebracht habe. Ich leiste mir sogar die lässige Extravaganz, die Pralinen sofort aus der Verpackung zu essen. Konfektschalen brauche ich nicht! Am 24. Juni 1958 hatte ich noch nicht die geringste Vorahnung von dieser goldenen Zukunft. Ich erfreute mich des Konfektes, saß anständig, nahm ab und zu einen Schluck Apfelsaft und konnte auf dem kleinen Schwarz-Weiß-Fernseher der Familie Kill verfolgen, wie das Verhängnis seinen Lauf nahm. Schon dem schwedischen Heja-heja-Ausgleichstor war ein klares Handspiel vorausgegangen, was die Intensität der Verwünschungen gegen dieses ungarische Schiedsrichter-Arschloch schon beträchtlich steigerte. Das böse Wort hatte übrigens der Bäckermeister benutzt, worauf ich so bei mir dachte: »Da kannst du mal gucken, was die sich alles zu sagen trauen.« Ich selber brauchte bis zum offenen Aussprechen solcher Flüche und Verwünschungen noch mindestens zwei weitere Jahre in der Volksschule, wie sie damals hieß. Nach einer Stunde folgte die Szene, von der die älteren Fußballfreunde noch heute sprechen. Während vor den voll besetzten Rängen nach wie vor eingepeitscht wurde, provozierte der in Italien spielende Schwede »Kurre« Hamrin unseren wackeren Verteidiger Erich Juskowiak in einem derart unerträglichen Maße, dass dieser ein knorriges Revanche-Foul einfach begehen *musste*. Der ungarische Schiedsrichter (»Die blöde Sau!« – Originalton Bäckermeister) interpretierte diese Aktion nicht als Notwehr, nach Meinung des im Killschen Wohnzimmer versammelten Fußball-Sachverstandes die einzige zulässige Interpretation, sondern schickte Juskowiak unverständlicherweise vom Platz. Deutschland nur noch mit zehn Mann! »Dat wird nix«, sagte mein Vater, »wir dürfen das Spiel nicht gewinnen. Das ist doch alles Schiebung.« Bäcker Kill machte sich über die dritte Flasche Bier her. Vater Breuckmann nutzte den Betrug am deutschen Fußball dagegen nicht als Anlass, sich die Kante zu geben. Mit übermenschlich anmutender Selbstdisziplin hielt er sich an seinem zweiten Glas Ritter-Bier fest. Fünfzehn Minuten vor dem Ende nahte der nächste Schicksalsschlag. Der Schwede Parling foulte das deutsche Fußball-Denkmal selbst. Fritz Walter, der alte Mann, den Herberger aus Anhänglichkeit mit nach Schweden genommen hatte, wurde verletzt vom Platz getragen. Er hat danach nie mehr für Deutschland gespielt. Die deutsche Mannschaft stand jetzt nur noch mit neun Spielern auf dem Platz, Auswechslungen waren im damaligen Regelbuch noch nicht vorgesehen. Neun Deutsche gegen elf Schweden, zum Abschuss bereit. Da nutzten auch die köstlichsten Pralinen überhaupt nichts mehr, die Stimmung vor dem Fernseher der Familie Kill näherte sich dem Nullpunkt. Die dumpfen Flüche waren einem schwarzen Gefühl der Verzweiflung gewichen, keiner sagte mehr was. Für Schweden lief es jetzt programmgemäß: 2:1 in der 81., 3:1 in der 88. Minute, Vorhang. Gastgeber Schweden im Finale der Weltmeisterschaft, Deutschland draußen, der amtierende Weltmeister am unfairen Publikum und am betrügerischen Schiedsrichter gescheitert!

Auch wenn ich ganz tief in mich hineinhorche, kann ich mich nicht an ein Gefühl tiefer Verzweiflung erinnern, wie es mich zum Beispiel vier Jahre später bei der Weltmeisterschaft in Chile packte. 1962 kam das Aus für die deutsche Mannschaft schon im Viertelfinale, Herberger hatte eine Trümmertruppe mit nach Südamerika genommen. Der junge Torwart Fahrian hielt zwar fantastisch, aber gegen den Schuss des Jugoslawen Radakovic war er machtlos. Der elfjährige Manni saß bei diesem Spiel vor dem Radio – Direktübertragungen im Fernsehen aus Chile waren damals noch nicht möglich – und heulte wie der berühmte Schlosshund. 1958 war ich wohl noch zu jung und mit dem »großen« Fußball noch zu wenig verbunden gewesen, um die skandalöse Niederlage gegen Schweden mit größeren Gefühlsaufwallungen zu begleiten. Was blieb, war ein undefinierbares Missgefühl gegenüber den Schweden und ihren rüden Ausbrüchen im Ullevi-Stadion von Göteborg. Davon, dass andere Deutsche, wesentlich älter und vermeintlich mit Maß und Verantwortungsgefühl gesegnet, dem Gefühl von Wut und Enttäuschung Taten folgen ließen, bekam ich damals kaum etwas mit: Es wurden Reifen von schwedischen Autos zerstochen, einer schwedischen Tanzkapelle kündigte man ein Engagement in Norddeutschland, Restaurants nahmen »Schwedenplatten« voller unschuldiger Heringe und Räucherfische von der Speisekarte. DFB-Präsident Peco Bauwens, ein Mann mit politischer Vergangenheit im Nazi-Reich, kündigte an, nie wieder seinen Fuß auf schwedischen Boden zu setzen – womit er dem gesamten schwedischen Volk wahrscheinlich Schweißausbrüche und schlaflose Nächte beschert hat. Den publizistischen Höhepunkt in der Wertung dieses Fußballspiels setzte damals die *Saar-Zeitung*, die die folgenden unglaublichen Sätze abdruckte: »Das offizielle Schweden hat hämisch zugelassen, dass rund 40000 Repräsentanten dieses mittelmäßigen Volkes, das sich nie über nationale oder völkische Durchschnittsleistungen erhoben hat, den Hass auf uns auskübelte, der nur aus Minderwertigkeitskomplexen kommt ... Es ist der Hass eines Volkes, dem man das Schnapstrinken verbieten muss, weil es sonst zu einem Volk von maßlosen Säufern würde.«

Sofort nach dem Spiel verließen mein Vater und ich die Wohnung der Bäckerfamilie Kill. Ich warf noch einen Blick auf die rote Konfektschale, in der nur noch ein, zwei Pralinen lagen, die der Vernichtung entgangen waren, dann begaben wir uns zurück in unsere bescheidene Wohnung ohne Fernsehen und Zentralheizung, dafür aber mit Plumpsklo und einem wunderbaren Grundig-Radioempfänger, dessen grünes magisches Auge mich immer so faszinierte. »Kasseler« oder »Viereckiges« haben wir weiter bei Kill gekauft, das »vornehme« Wohnzimmer habe ich jedoch nie wieder betreten. Ein Jahr später zogen wir in eine modernere Wohnung, die schlimme fernsehlose Zeit ging auch bald zu Ende, WM-Spiele im Fernsehen und im Stadion habe ich noch -zigfach gesehen, aber mein erstes WM-Erlebnis, mit den Heja-heja-Einpeitschern, Juskowiak und der Konfektschale, steht immer noch ganz oben in der Hitliste.

Thomas Brussig
Kurzer Abriss meines Lebens als Fan

Die Entscheidung, an welche Mannschaft du dein Leben als Fan knüpfst, ist so schwerwiegend und von derselben schicksalhaften Willkür wie die der sexuellen Orientierung: Du wirst nicht gefragt, es ist nicht deine Entscheidung, sie kommt einfach über dich – aber du musst lange, vielleicht sogar ein Leben lang, mit dieser Entscheidung und ihren Konsequenzen leben.

Ich war immer auf der falschen Seite. Ich war ein unglücklicher Fan. Ich kann mich vor allem an die Niederlagen erinnern. Ich habe mich später auch immer in die falschen Frauen verliebt und war ein unglücklicher Liebhaber. Oder ein verunglückt Liebender. Was ich als Fan und als Liebender durchgemacht habe, war durchaus vergleichbar: meine Verzweiflung, meine Ohnmacht, wenn sie (Mädchen, Frau oder Mannschaft) so starke Gefühle in mir wachriefen – um mir regelmäßig das Herz zu brechen. Eine Frau wird das nie verstehen. Ein Bayern-München-Fan auch nicht; Bayern München bricht nicht die Herzen seiner Fans.

Ich war für den BFC Dynamo. Der BFC – Berliner Fußballclub – war die bessere der beiden Ostberliner Mannschaften. Als ich Fan wurde, war der BFC die einzige Berliner Mannschaft, die in der DDR-Oberliga spielte. Zehn war ich damals. Die Sportvereinigung Dynamo, zu der der BFC gehörte, war offiziell der Polizeisportverein. Der BFC wiederum sollte sogar der Stasi-Verein sein. Heute will keiner mehr BFC-Fan gewesen sein.

Der andere, viel schlechtere Berliner Verein war Union Berlin, ein Köpenicker Verein mit Arbeitertradition. Echte Arbeiter, nicht die Arbeiterklasse der Propagandaplakate. Die Union-

Fans waren so wüst drauf, dass man sich als BFC-Fan fast schon staatstragend vorkam. Ich wäre lieber Union-Fan gewesen. Aber ich konnte nicht. Es war etwas in mir, das ich nicht erklären kann. Wenn ein unglücklicher Schwuler erklären will, wieso er schwul ist, wird er von ähnlicher Ratlosigkeit befallen.

Der BFC und Union waren so was wie Erbfeinde, so wie die Bayern und die Löwen oder Dortmund und Schalke. Union hatte doppelt so viele Fans wie der BFC. Doch als ich Fan wurde, spielte Union nicht mal in der Oberliga, sondern nur Liga. Mit anderen Worten: Union gab es gar nicht richtig. Aber dann stiegen sie auf. Und gleich am 1. Spieltag ging es gegen den BFC, der in der Saison zuvor Vierter geworden war.

Das Derby war weder im Friedrich-Ludwig-Jahn-Sportpark des BFC noch bei Union in der »Alten Försterei« – sondern im größten Ost-Berliner Stadion, dem »Stadion der Weltjugend«. Es kamen 45 000 Zuschauer, so viel wie nie zuvor zu einem Oberligaspiel. Einer war ich. Ich wollte Union untergehen sehen. Aber Union gewann 1:0. Es war eine Katastrophe. Auch das Rückspiel gewann Union 1:0. Zum Saisonende jedoch lag der BFC weit vor Union. Dadurch bekamen die Union-Siege so etwas Demütigendes: Union spielt so lala – aber wenn's drauf ankommt, gewinnen sie. Der BFC sammelt emsig seine Punkte. Aber wenn's um die Ehre geht, verliert er.

In der nächsten Saison geschah genau dasselbe: Union gewann das erste Derby mit 1:0. Ich war vielleicht dreizehn Jahre und ging allein vom Stadion der Weltjugend nach Hause. Ich verstand die Welt nicht mehr. Es war Zeit für die großen Fragen im Leben. Warum bin ich Fan?, fragte ich mich. Warum ist mir Fußball wichtig? Warum lasse ich mich auf eine Sache ein, die mich so traurig machen kann? Wäre es nicht besser, gar nicht zu fühlen? Warum bewegt es mich *überhaupt*, ob die die Kirsche unterbringen oder nicht? Ich beneidete sogar den Streber der Klasse, weil den Fußball völlig kalt ließ. Der hat's gut, dachte ich. Ich wollte zwar sonst nicht so sein wie der, aber in dem Punkt schon. Zumindest für ein paar Stunden.

Das nächste Jahr spielte der BFC im Europapokal. In der ersten Runde ging es gegen Roter Stern Belgrad. Das Hinspiel gewannen sie in einem dramatischen Kampf 5:2. Beim Rückspiel in Belgrad lagen sie zur Pause 1:0 vorn. Dann schickte mich mein Vater ins Bett. Ich protestierte nicht. Belgrad hatte in drei Halbzeiten gegen den BFC ganze zwei Tore geschossen und hätte in der verbleibenden Halbzeit vier Tore schießen müssen. Ich schlief beruhigt ein. Am nächsten Morgen hörte ich in den Nachrichten, dass der BFC mit 1:4 verloren hatte. Das wurde nur noch von den Dynamos aus Dresden übertroffen, die 1985 im Europapokal gegen Bayer Uerdingen rausflogen, nachdem sie in Dresden das Hinspiel mit 2:0 gewonnen hatten, beim Rückspiel zur Pause mit 3:1 vorn lagen – und schließlich mit 3:7 untergingen.

Der BFC wurde in jener Saison, als er gegen Belgrad ausschied, überlegen DDR-Meister mit 46:6 Punkten. Union wurde mit 7:0 und 8:0 in die Kabine geschickt. Diese Siege kamen mir zwei Jahre zu spät. Der BFC war von dieser Saison an zehn Jahre ununterbrochen DDR-Meister. Das war langweilig. Im Europapokal blamierten sie sich regelmäßig. Langsam wurden sie mir egal: Ich ging seltener ins Stadion, schaute mir immer weniger Sportübertragungen an. Dann wurde ich zum Wehrdienst eingezogen. Ich kam zur Bereitschaftspolizei und hatte einen faschistoiden Kompaniechef, der BFC-Anhänger war. Endlich konnte ich dem BFC gegenüber ein ideales Gefühl entwickeln: die Gleichgültigkeit. Er war mir so egal, wie sonst nichts unter der Sonne. Ich überblätterte in der Zeitung die Sportseite, ohne mir Gewalt anzutun. Fußball war mir überhaupt egal. Als der BFC nicht mehr Meister wurde, habe ich es nicht mal mitgekriegt. Als sie nach der Einheit weder in die Bundesliga noch in die 2. Bundesliga kamen, spürte ich in meiner Seele – nichts. Es war das Idyll. Ich war in einer Art Fan-Nirwana. Ich hatte den ewigen Frieden gefunden, der Kreislauf aus Fan-Himmel und irdischen Leiden, aus Hoffnung und Schmerz lag hinter mir.

Und dann stieg Hertha auf.

Ich hatte nie ein Verhältnis mit Hertha. Ich war nie bei ihr, auch nicht, als Herthas Amateure 1993 im DFB-Pokalfinale standen. Aber als Hertha plötzlich in der Bundesliga war ... Ich kann nicht sagen, dass sie es mir leicht gemacht hat. Im Gegenteil: Sie verlor am Anfang ständig, war Tabellenletzte. Aber ich erwischte mich trotzdem dabei, wie ich im Videotext herumstöberte, um den aktuellen Stand herauszukriegen. »Thomas«, hab ich mir ernsthaft ins Gewissen zu reden versucht, »es war doch so schön, *kein* Fan zu sein – und jetzt? Du spielst mit dem Feuer! Weißt du nicht, was du aufs Spiel setzt? Lass die Finger von dieser Hertha, die bringt dir nur Unglück, die taugt nichts!«

Ich habe nicht auf meine innere Stimme gehört. Ich habe keine Ahnung, warum nicht. Warum ausgerechnet Hertha? Ich weiß, dass ich als Schriftsteller geradezu die Verpflichtung habe, die Rätsel der menschlichen Leidenschaften zu knacken, die Mysterien der Seele zu ergründen – aber wenn es um mein Leben als Fan geht, kann ich es nicht.

Hertha ist einfach fürchterlich. Sie spielte bis zum Sommer 2001 halbwegs erfolgreich – aber du kriegst das kalte Grausen, wenn du sie spielen siehst. Ich bezweifle, dass es nach 1997 mal ein »Tor des Monats« von einem Hertha-Spieler gegeben hat. Außer dem 40-Meter-Heber von Alves gegen Köln, aber der war eher schlau als schön. Als Sebastian Deisler von Hertha zu den Bayern ging, wurde sein erstes Tor für die Bayern gleich das »Tor der Woche«. Die Hertha-Fans haben es ihm verübelt, dass er zu den Bayern ging. Ich kann ihn verstehen. Wenn schon schlechten Karrierefußball, dann wenigstens wirklich erfolgreich und mit Titeln belohnt. Dabei habe ich nichts übrig für Bayern München. Die Aversion gegen die Bayern kann ich noch weniger erklären. Die Bayern spielen viel schöneren Fußball als Hertha. Sie spielen auch international richtig gut mit. Sie sind keine Legionärstruppe. Ihr Budget ist geradezu vernünftig, verglichen mit den englischen, spanischen und italienischen Monsterclubs. Sie spielen auf Wohltätigkeitsveranstaltungen, für den FC St. Pauli oder die Opfer der Flutkatastrophe. Ich könnte mich rundum wohl fühlen als Bayern-Fan. Aber ich bin Hertha-Fan. Und Bayern-Verächter. Ich versteh es nicht. Das muss der Destruktionstrieb oder so was sein. Für den Samstag wünsche ich mir immer zwei Dinge: dass Hertha siegt und die Bayern verlieren. In der letzten Saison, am drittletzten Spieltag, als es für Bayern um nichts ging (sie waren längst wieder Meister) und für Hertha um alles, nämlich um die Champions-League-Teilnahme – da verlor Hertha zu Hause gegen die Bayern mit 3:6. Sebastian Deisler, der von den Hertha-Fans ausgepfiffen wurde, spielte überragend.

Ich war nur ein einziges Mal bei Hertha. Die Partie endete 0:0, was sonst. Es war so neblig, dass man manchmal gar nichts sah, und ich weiß nicht, ob das ein Unglück war. Hertha hatte jahrelang Jürgen Röber als Trainer. Der wurde mitten in der Saison 2001/2002 abgelöst. Dann hatten sie eine Zwischenlösung, den Assistenztrainer Falko Götz, der früher beim BFC spielte. Plötzlich, unter Falko Götz, spielte Hertha schön *und* erfolgreich. Mir war nicht klar, wo der Ostler Falko Götz das gelernt hatte. Ich war jedenfalls plötzlich gerne Hertha-Fan. Hab es zugegeben, ohne mich zu schämen. Wenn es so weitergegangen wäre mit Herthas Spielkultur, dann wäre ich bestimmt öfter ins Stadion gegangen. Hätte mir ein blau-weißes Trikot, später vielleicht auch eine Mütze und einen Schal gekauft. Aber das Hertha-Management holte zur neuen Saison einen teuren und bekannten Trainer, Huub Stevens. Der sollte Hertha »fit machen fürs internationale Geschäft«. Mit Huub Stevens war alles wieder wie vorher. Hertha spielte im September 2003 im UEFA-Cup gegen einen Verein, der heißt Groclin Grodzisk. Das gönnte ich Hertha. Da hatten sich zwei gefunden, auf Augenhöhe. Das Hinspiel in Berlin endete Nullnull. Das Rückspiel stand bis zur 80. Minute auch Nullnull. Doch dann schoss ein Herthaner das 1:0! Er traf nur leider das eigene Tor, und bis zum Schluss passierte nichts mehr. So viel zu Hertha im internationalen Geschäft.

Noch elender erging es mir nur in meinem Fan-Dasein für die Nationalmannschaft – und das, obwohl es ganz vielversprechend anfing: Das erste Fußballspiel, das ich in voller Länge sah, war das Spiel bei der WM 1974 im Hamburger Volksparkstadion, als die DDR die BRD mit 1:0 schlug. So, wie es mir an dem Abend ging, ging es den Union-Fans ein paar Jahre später, allerdings gleich dreimal hintereinander.

Dass ich für die DDR und gegen den Westen war, erscheint mir längst nicht so mystisch wie meine BFC- und Hertha-Präferenz. Der Westen – das war eine Fußballgroßmacht, ein Imperium. Vor allem waren es Großfressen. Die Gegner wurden vorher schon immer mit Worten besiegt. Siege wurden vorausgesetzt. Bei der Nationalhymne kauten sie Kaugummi. Mit all dem konnte ich nichts anfangen. Für den Westen zu sein, kam nicht in Frage – was dann? Sollte ich für England sein oder für Brasilien, wenn ich so gut wie nie ein Spiel von denen sehen kann? Blieb also nur die DDR. Und das war der Beginn eines langen, langen Leidensweges. Ich bin mal zu einem entscheidenden WM-Qualifikationsspiel gefahren, nach Leipzig. Sie mussten gegen Polen gewinnen, um zur WM nach Spanien fahren zu können. Ich kam fünf Minuten zu spät ins Stadion – und Polen führte schon 2:0. Und das in einem Jahr, als wir für Polen sammelten. Solche Dinger habe ich durchmachen müssen als Fan der DDR-Mannschaft.

Aber auch hier erlöste mich die Gleichgültigkeit, die eines Tages über mich kam: Als ich als Bereitschaftspolizist im Jahre 1985 einen Fußballeinsatz mitmachte – als nämlich die DDR im Leipziger Zentralstadion Frankreich in einem schönen Spiel mit 2:0 schlug –, da ließ mich sogar das kalt. Die Qualifikation zur WM hatten sie längst verpasst.

Zum Glück war ich nicht mehr Fan, als der Staat DDR unterging. Wer weiß, zu welch peinlichen Entblödungen ich mich hätte hinreißen lassen. Ich würde mir ohne weiteres zutrauen, dass ich die DDR nicht hätte hergeben wollen, um weiter Fan ihrer erfolglosen Fußballmannschaft sein zu können.

Blieb meine Aversion gegen den Westen. Die war historisch gewachsen. 1974 haben sie im Finale das viel kleinere und – da sind wir uns doch alle einig! – *viel bessere* Holland besiegt. Dafür haben sie Gott sei Dank das Europameisterschaftsfinale 1976 gegen die viel kleinere CSSR verloren. Der versemmelte Elfer von Uli Hoeneß war noch schöner als der, den er 1974 im Spiel gegen Polen verschoss. Und Panenkas letzter Elfer, der mit dem Riesenanlauf eine Granate zu werden versprach, aber dann doch nur ein Effetball in die Mitte wurde – das war ein typisch listiger Sieg der Kleinen. Seit jenem Finale entwickelte ich eine

Zuneigung für die kleinen Nachbarn der großen Bundesrepublik. Und ich kam immer auf meine Kosten. 1978 gab es die Niederlage gegen das viel kleinere Österreich, die als *Schmach von Cordoba*, bei historisch gebildeten Kommentatoren als *Rache für Königgrätz* in die Annalen einging. Ich wollte mir dieses Spiel ursprünglich nicht ansehen, weil ich die Seriensieger nicht siegen sehen wollte. Ich sah es aber doch.

Die WM 1978 war das erste Turnier, das ich konzentriert verfolgte, mit all der Mathematik, den Turnierpfaden und so weiter. Leider war diese WM in Argentinien, die Zeitverschiebung war immens: Wenn es da losging, war es bei uns mitten in der Nacht. Und meine Eltern wollten ihr schulpflichtiges Kind zu nachtschlafender Zeit natürlich im Bett wissen. So habe ich abends vor dem Schlafengehen eine Kanne Tee getrunken, mit Kalkül – denn just zur Fußballzeit, wenn meine Eltern schliefen, musste ich nochmal raus.

Es ist mir schon mehrere Male passiert, dass ich mich mit Fußballfans über *das schönste Spiel, das du je gesehen hast,* unterhalten habe. Die Alten nennen immer das Halbfinale '70, Italien-Deutschland. Ich habe mich festgelegt, als ich so etwas wie einen Fußballgeschmack entwickelte: Peru gegen Schottland bei der WM 78. Das klingt so, als ob ich die totale Ahnung habe. Kenne jedes Spiel. Hab alles gesehen. Dabei nennen ganz viele aus dieser Generation dieses Spiel als schönstes: Peru gegen Schottland bei der WM 78. Dieses Spiel war in einer Samstagnacht – vermutlich durften da viele Kinder aufbleiben, und sie *alle* wollten sich für alle Zeiten festlegen. Aber wir wollen dieses Spiel nicht nochmal sehen. Wir würden vermutlich völlig desillusioniert.

Doch zurück zu meiner Aversion gegen den Westen: 1982 verloren sie in der Vorrunde gegen das viel schwächere Algerien

– meine Schadenfreude wuchs ins Unermessliche! –, und dann kam dieses Skandalspiel gegen Österreich, auch *Spielerstreik* genannt: Beiden reichte es zum Weiterkommen, wenn die BRD 1:0 siegte – und so spielten sie auch. 11. Minute 1:0, Hrubesch per Oberschenkel, und danach war der am häufigsten angespielte Spieler der jeweils eigene Torhüter. Zweikämpfe und schnelle Antritte gab es überhaupt nicht. Sogar der Reporter des Westfernsehens suchte vergeblich nach Negativ-Superlativen – und gab schließlich das Kommentieren auf. Wenn die da unten nicht spielen, muss er da oben auch nicht kommentieren. Mit diesem – ha! – *Spiel!* waren für mindestens weitere 20 Jahre Aversionen gerechtfertigt.

Die Algerier fuhren nach Hause, der Westen kam ins Finale. Wenigstens da verloren sie. Im Halbfinale hatte es noch das Schumacher-Foul gegeben, das merkwürdigerweise immer das *Battiston-Foul* genannt wurde. Es war der erste Mordanschlag, den ich auf einem Fußballplatz sah. Dafür gab's gleich nochmal zehn Jahre Aversionen-Nachschlag.

Dann brach eine Zeit an, in der ich mich nicht für Fußball interessierte. Von der WM 1986 bekam ich außer der Hand Gottes kaum etwas mit, von der EM 1988 nur van Bastens Tor aus spitzestem Winkel. Endlich hatte es auch mal der kleine Nachbar mit den orangenen Trikots geschafft. Dann kam die WM 1990 in Italien. Ich wusste, es wird hart: Der Westen war zweimal hintereinander Vizeweltmeister; sie waren einfach dran. Obendrein war Beckenbauer, dieser strahlende Erfolgsmensch, die Inkarnation des lässig siegenden Wessi, der Teamchef. Und *Deutschland* war sowieso besoffen. Ich sah kaum Spiele dieser WM – aber das Spiel Niederlande-BRD, das war dabei. Rijkaard spuckt Rudi Völler an – und der argentinische Schiedsrichter gibt beiden eine Rote Karte. Dafür, so verlangte der Kommentator, solle er doch in die Pampa gehen. Am nächsten Tag titelte die Bild-Zeitung in fettesten Lettern: GETRETEN, BESPUCKT, GESIEGT – IHR SEID HELDEN! Und nach der WM sagte Beckenbauer, quasi als letzte Worte, dass die Deutschen, auch dank der Spieler aus dem Osten, auf Jahre unschlagbar wären. Nationales Maulheldentum, wohin ich blickte. Und was noch schlimmer war: Der Mantel der Geschichte wollte, dass ich mich damit in Bälde zu identifizieren hatte.

Nee, das war alles nicht mein Stil. Als das Finale lief, saß ich mit ein paar Berliner und Erlanger Soziologiestudenten in einem VW-Bus, Baujahr '68, mit dem wir zum Weltsoziologiekongress nach Madrid fuhren. An einer Raststätte wurde die Ahnung zur Gewissheit: Der Westen hatte gewonnen, 1:0, durch einen geschenkten Elfmeter. Ich war froh, nicht in Deutschland zu sein; das Wort *Deutschland* kam mir damals erst recht nicht über die Lippen.

Das Finale von 1990 sah ich trotzdem – und zwar im Sommer 2002, als Edgar Reitz HEIMAT DREI drehte. Ich hatte als sein Co-Autor an den Drehbüchern mitgeschrieben. Der zweite Teil hatte sein schönes Finale darin, dass alle Protagonisten an ganz unterschiedlichen Orten das WM-Finale von 1990 verfolgen. Dadurch war ein Videoband dieses Spiels am Set, und ich verkrümelte mich damit. Ich sah das zweitlangweiligste Länderspiel aller Zeiten, nach jenem Spielerstreik von 1982. Wenn man bedenkt, wie spannend dasselbe Spiel noch vier Jahre zuvor gewesen war: 3:2 für Argentinien nach 2:0 und 2:2! Aber jetzt? Deutsche Fußballsoldateska gegen uninspirierte Argentinier, das war das Finale von Rom.

Zwei Jahre später gab's ein schönes Finale: Deutschland verlor mal wieder gegen einen kleinen Nachbarn – diesmal war es Dänemark, flink und bissig, wie kleine Nachbarn eben zu spielen haben. Bei der WM 1994 schieden die Deutschen im Viertelfinale gegen Bulgarien aus – gegen ein Land, gegen das sogar die DDR meistens gewonnen hatte. Doch 1996, beim EM-Finale gegen den kleinen Nachbarn Tschechien, bemerkte ich eine winzige Veränderung in meiner Haltung: Klar war ich für die Tschechen, aber nachdem sie durch einen geschenkten Elfmeter in Führung gingen, dachte ich: Die Tschechen sollen gewinnen, *aber nicht so.* Eine sardonische, destruktive Deutschenfeindlichkeit machte plötzlich einem Sinn für Fairness Platz. Der deutschen Mannschaft wünschte ich bloß noch schöne, gerechte Niederlagen – und nicht noch obendrein die Krätze an den Hals. Auch wenn Bierhoffs glücklich abgefälschtes Golden Goal mir diese Haltung gleich wieder schwer machte.

Heute weiß ich: Das war der Anfang vom Ende. Bei der WM 1998 war ich im Achtelfinale Deutschland gegen Mexiko noch für die Mexikaner. Mexiko ist ein Land, das noch nie einen Krieg gewonnen hat – und so spielten sie auch. Liegen 1:0 vorn und fangen sich in der letzten Viertelstunde noch zwei. Ihr Spielmacher Hernandez verdribbelt sich – und lacht, als er den Ball los wird. Dann, im Viertelfinale: Kroatien. Eigentlich kein Gegner. Das Land gab's ja noch gar nicht richtig. Als Genscher es überhastet anerkannte, bekam er gleich Ärger. Fünf Minuten vor der Pause steht es noch Nullnull – und es gibt 'ne Rote Karte gegen Christian Wörns. Die Kroaten gehen gleich darauf mit 1:0 in Führung. Halbzeitpause. Und plötzlich wird mir klar: Die Kroaten, das sind doch diese kraushaarigen Hütchenspieler-Typen, die sich immer so offensichtlich die Eier zurechtrücken, viel zu laut reden und auf die U-Bahnhöfe spucken! Gegen die verlieren? Nicht gegen die! Bloß nicht!

Und plötzlich war ich für die Deutschen. Es war, als hätte der Himmel nur auf dieses Signal gewartet. Denn von dem Moment an, sofort nach der Pause, spielten die Deutschen so, wie ich es ihnen immer gewünscht hatte: Sie spielten fürchterlich. Nur, dass ich jetzt *für* sie war. 0:3 endete das Spiel gegen Kroatien. Die EM 2000 – eine Blamage. München, der 1. September 2001 – 1:5 gegen England. Die WM-Qualifikation erst in der Relegation geschafft. Auf Jahre unschlagbar? Na ja, nicht nur der Kaiser hat sich die deutsche Einheit anders vorgestellt.

2002 war ich bei der WM in Japan, und für das letzte Gruppenspiel, gegen Kamerun, bekam ich von einer japanischen Sportillustrierten sogar eine Karte, denn ich sollte über die Deutschen schreiben. (Gerade war mein Fußballtrainer-Monolog »Leben bis Männer« auf japanisch erschienen, da galt ich als »Fußballexperte aus Deutschland«. Ich sagte mir, ehe die merken, wer ich wirklich bin, bin ich schon wieder weg …)

Wir hatten im ersten Spiel einen der höchsten Siege der WM-Geschichte hingekriegt, 8:0 gegen Saudi-Arabien. Im zweiten Spiel glückte Irland der Ausgleich in der vorletzten Minute, nachdem Olli Kahn einen Unhaltbaren nach dem anderen rausgeholt hatte. Das letzte Gruppenspiel gegen Kamerun, den Geheimfavoriten der Gruppe, durften wir nicht verlieren. Kamerun hingegen musste gewinnen.

Dann kamen die Mannschaften auf den Platz, zum Warmmachen. Die Kameruner waren athletisch, gelenkig, schnell und von einer wuchtigen Körperlichkeit. Keiner unter einsfünfundachtzig groß. Einschüchternd übermächtig. Es gab einen spanischen Schiedsrichter, dem die Hand ein bisserl sehr locker saß, wenn es um den Griff nach Gelb ging. Er war mehr als pingelig – er zerstörte das Spiel. Kurz vor der Pause zeigte er unserem Carsten Ramelow die Rote Karte. Ich sprang auf und brüllte: »Wat? Ach, geh doch nach Gomera, du Sancho Pansa! Seat sollste fahren, dein Leben lang!« Dann kam die Pause.

Fünfzehn Minuten, in denen ich mir ausmalen konnte, wie es weitergeht. Mit einer Roten Karte fing vier Jahre zuvor gegen Kroatien das Debakel an. Und, wie damals mit dreizehn, nach der dritten 0:1-Niederlage des BFC gegen Union, ärgerte ich mich darüber, dass ich es zugelassen hatte, wieder Fan zu werden – meine Mannschaften enttäuschen mich ja doch immer nur. Ich war als Fan immer auf der falschen Seite. Ich war ein unglücklicher Fan. Und jetzt werde ich meinen Erinnerungen eine weitere Niederlage hinzufügen müssen. Ich wartete auf die zweite Halbzeit wie auf die Hinrichtung.

Dann kamen sie raus – und dieser unglaubliche Oliver Neuville, der aussieht, als ob er als Kind immer in 'ner zu engen Wiege lag, schießt doch glatt ein Tor und nicht mal ein Eigen-, Abseits- oder sonst missglücktes Tor, nein, er schießt uns Deutsche, UNS DEUTSCHE!!! in Führung. In Unterzahl! Olli Kahn hielt, als hätte er sich von den Buddhas die acht Arme abgeguckt, der spanische Schiedsrichter hatte auch für einen Kameruner eine Rote Karte übrig – und da war alles klar. Klose machte noch das 2:0, reine Formsache. Ich reiste vor der deutschen Mannschaft ab – unglaublich!

Über die Spiele gegen Paraguay und die USA soll hier gnädig geschwiegen werden. Die Deutschen siegten wie in alten Zeiten; sie haben traditionell als Sieger immer schlechter ausgesehen als die Besiegten. Das Spiel gegen Südkorea hingegen war ganz ansehnlich. Und plötzlich standen sie im Finale – diese Verlegenheitstruppe hatte gegen die Fußball-Supermacht Brasilien zu spielen.

Seit 1974 habe ich alle WM-Finals gesehen – aber dieses Finale von Yokohama war das schönste. Die Deutschen haben mitgespielt, ganz undeutsch. Eher dänisch. Ein schnelles, spannendes, dramatisches Spiel. Latte da, Pfosten hier. Ronaldos

Auferstehung. Olli Kahn, der von allen Spielern die *Partie ihres Lebens* gefordert hatte, machte tief in der zweiten Halbzeit den Fehler seines Lebens. Und keiner, nicht mal ein Journalist, hat's ihm übel genommen. Der Trainer fand hinterher sogar, dass seine Mannschaft eigentlich noch nicht so gut ist, dass sie Zweiter hätte werden dürfen. Was für ein Fortschritt zu 1990, in Spielkultur, Reportergebaren, Trainerdemut. Fast war ich stolz, ein Deutscher zu sein. Fast! Aber ich war für diese Mannschaft. Ich war Fan genug, um mir solche Spiele wie das gegen die Faröer-Inseln anzutun, in der EM-Qualifikation. 89 Minuten lang steht es Nullnull, im Regen und vor 1500 Zuschauern. Solche Dinger. Ich bin dabei, Leute.

Letztens haben sie gegen Italien gespielt, zu Hause 0:1 verloren. So wie sie in der zweiten Halbzeit gespielt haben – war das nicht großartig? Davon kann ich gar nicht genug haben. Verloren? Egal! Sie haben was Wunderbares gelernt. Denn wer hätte geglaubt, dass die Deutschen mal so glänzend spielen, dass sie sogar den Sieger blamieren?

Oliver Thomas Domzalski

Wie Friedrich Schiller einmal gegen Anton Panenka siegte

Meine großen verpassten Spiele

Gleich kommt es wieder! Unweigerlich! Noch etwa fünf Minuten, dann bin ich erledigt. Oh, wie ich sie hasse, diese Situation, die in jedem nostalgischen Fußball-Gespräch mit Gleichaltrigen (und das heißt: in jedem) vorkommt! Und zwar so sicher wie das unvermeidliche deutsche Ausgleichstor in der 90. Minute. Es fängt immer ganz harmlos an. Bis 1970 war man Kind, das zählt nicht. WM 1974: alles klar, das Wichtigste gesehen und präsent, und über die schwierige Stelle kann ich mich erstmal hinwegmogeln. Selbst bei der Langweiler-WM 1978 kann ich trotz der ungünstigen Anstoßzeiten gut mitreden. Und dann kommt 1982. Ich beginne zu schwitzen. Ich weiß, gleich passiert es. Und ich steigere die Blamage noch, indem ich mich bestens informiert zeige; beispielsweise über die Vorrunden-Konstellation, dank derer der spätere Weltmeister Italien mit drei Unentschieden und zwei Toren in die Zwischenrunde mit den albernen Dreier-Gruppen rutschte; über den brasilianischen Zauberfußball in der Vorrunde; über das ungarische 10:1 gegen El Salvador; über Maradonas ersten (Auf-)Tritt, und natürlich über den Mist, den Kaltz, Hrubesch und Konsorten zusammenkickten. »Bis auf das Halbfinale gegen Frankreich«, gibt dann jemand zu bedenken. Und getrieben vom Bekenntniszwang stürze ich mich selbst kopfüber ins schwarze Loch. »Dieses Spiel«, gestehe ich gesenkten Hauptes, »habe ich nicht gesehen.«

Wie so etwas passieren kann – als glühender Fußballfan eines der Spiele des Jahrhunderts zu verpassen? Nun, es waren eine dem Fußball ungünstige familiäre Ausgangslage sowie der preußische Protestantismus, die dafür sorgten, dass ich nicht nur dieses eine, sagenhafte Spiel mit Toni Schumachers privatem Angriffskrieg gegen Battiston, der Vier-Tore-Verlängerung und dem ersten Elfmeterschießen der WM-Geschichte versäumte, sondern gleich eine ganze Latte nicht gesehener Jahrhundertpartien zu meiner Biographie zählen muss.

Die Familie: Meine Eltern hatten – Buchmenschen, die sie waren – weder mit dem Fernsehen noch mit Fußball irgendetwas am Hut. Am 4. Juli 1954 nachmittags taten die frisch Verlobten, was man sonntags nachmittags eben macht – sie gingen spazieren. Und rätselten, warum die Straßen so leer waren. Sie hatten nämlich keine Ahnung, was sich gleichzeitig im Berner Wankdorf-Stadion tat. Und hätten sie's gewusst – sie wären sicherlich trotzdem spazieren gegangen. Spätestens da war klar: Die beiden waren füreinander bestimmt.

Viele Jahre später holte mein Mütterchen den zweiten Titel in Ahnungslosigkeit: Als eine Nachbarin ihr stolz erzählte, ihr zwölfjähriger Sohn sei »mit der kleinen Hertha nach Asien gefahren«, fragte meine Mutter erschrocken, ob das nicht ein bisschen früh sei – für eine Freundin und für eine gemeinsame Fernreise. Von Hertha Zehlendorf und der damals legendären Jugendarbeit des Vereins hatte sie, wiewohl wohnhaft in Berlin-Zehlendorf, noch nie etwas gehört.

Und die notorisch fußball- und fernsehfeindliche Waldorfschule, die ich 13 Jahre lang – durchaus mit Freude und Gewinn, doch, doch! – besuchte, war nicht geeignet, hier irgendeinen korrigierenden Druck auf mein Elternhaus auszuüben. So kam es, dass wir bis zum Frühsommer 1974 keinen Fernseher hatten und dass mein jüngerer Bruder und ich – wiewohl 11 und 13 Jahre alt – weder selbst gegen den Ball traten noch jemals eine Sportschau oder ein Fußballspiel im Fernsehen verfolgt hatten. (Die einzige Ausnahme war das WM-Finale 1970, das wir im Rahmen einer Sommerparty bei Freunden miterlebten. Ich erinnere mich an braune Männer in gelben Hemden, hatte ansonsten keine Ahnung, worum es eigentlich ging, und empfand trotzdem den entzückten Ausruf der italienischstämmigen Gastgeberin, die herumtanzend »1:1 für Italien!« rief, als irgendwie unlogisch.)

Wir wussten also nichts über diesen wundervollen Sport – auch die aus deutscher Sicht legendäre EM 1972 ging absolut spurlos an uns vorüber – und taten uns eher in fußballfeindlicher Weise hervor, indem wir gemeinsam mit den fernsehbesitzenden Nachbarbrüdern Wolfi und Burghard allsamstäglich deren Vater so lange nervten, bis er um 18.00 Uhr von der erst zwölf Minuten zuvor gestarteten ARD-Sportschau zum ZDF umschaltete, damit wir »SOS Charterboat« oder »Raumschiff Enterprise« sehen konnten. Erst heute weiß ich, was wir ihm antaten: Allsamstäglich setzte er sich hoffnungsfroh vor die Glotze (»Vielleicht haben sie heute ja keine Uhr mit, die Jungs«), genoss zum Warmwerden einen Knaller à la Bochum gegen Duisburg – und bevor Gladbach, Bayern oder der HSV zu sehen waren, kamen wir mit zermürbender Zuverlässigkeit hereingetrampelt und verdarben ihm den Samstagabend.

Die WM 1974, von deren Stattfinden wir durch die Medien doch irgendwie erfahren hatten, wurde für uns zur fußballerischen Initiation. Dass pünktlich ein Fernseher vom Himmel gefallen war, hatte natürlich nichts mit der WM zu tun, sondern damit, dass meine Tante einen hochkarätigen Anthroposophen ehelichte und das Teufelsgerät mithin rausmusste. Und da meine Eltern sich anlässlich von Mondlandungen, Bundestagswahlen und Loriot-Sendungen ohnehin besonders gerne selbst zum Tantenbesuch eingeladen hatten, ging das monströse Schwarz-Weiß-Gerät mit graubraunem Kunststofffurnier und abschließbarem Einschaltknopf an uns.

Mein Bruder und ich sahen, was wir erwischen konnten. Unter anderem natürlich alle deutschen Spiele – obwohl wir doch gegen Deutschland waren. Das heißt: gegen die BRD. Diese Abneigung hatte selbstverständlich ebenfalls mit unseren Eltern zu tun. Allerdings nicht so wie bei den meisten anderen, die sich ab der Pubertät selbst für ihre »Deutschland-Deutschland!«-Kindheit mit fähnchenschwingendem Sesselpuper-Papi bestrafen wollten und deshalb eine unechte (und wenig haltbare) »Nie-wieder-Deutschland«-Attitüde annahmen. Bei uns ging das vielmehr so: Als wir begannen, Fußball wahrzunehmen, waren die Springer-Zeitungen fußballtechnisch für »uns«, das heißt »Deutschland« (sprich: die BRD). Dieselben Springer-Zeitungen waren gegen den von meinen Eltern geliebten und verehrten Willy Brandt und seine Entspannungspolitik. Also waren wir – der Freund meines Feindes ist mein Feind – beim Fußball gegen Deutschland. Ganz einfach, ganz plausibel, ganz ursprünglich – und darum bis heute stabil. Ein eher absurder Nebeneffekt dieser Prägung war, dass wir – der Feind meines Feindes ist mein Freund – für die von Springer verfemte DDR hielten: Bei Sparwassers Tor, das wir bei einem Kindergeburtstag in der Nachbarschaft sahen, fielen mein Bruder und ich uns zur größten Indignation des gastgebenden Vaters, eines echten Frontstadt-Berliners, jubelnd in die Arme.

Auch sonst müssen die spätberufenen Fußball-Brüder bei anwesenden Experten manchmal Erstaunen hervorgerufen haben: Wir waren bezüglich der Regeln alles andere als sattelfest. Deshalb waren wir beim Spiel der von uns geliebten Polen gegen Argentinien drauf und dran, beim ZDF anzurufen, weil man das dritte Tor der Zauberkicker um Deyna, Lato und Gadocha auf der Anzeigetafel beharrlich unterschlug. Dass der Kommentator etwas von »Abseits« gemurmelt hatte, irritierte uns keineswegs, denn wir kannten den Begriff »Abseits« nur als adverbiale Bestimmung des Ortes, nicht aber als Teil des Regelwerks. Überhaupt, die Kommentatoren: Insbesondere bei den Deutschland-Spielen registrierten wir mit fassungsloser Empörung ihre Voreingenommenheit: »Der ist ja parteiisch!«. Das fanden wir deshalb so ungeheuerlich, weil wir die Sprecher aus irgendeinem Missverständnis heraus für identisch mit den Schiedsrichtern hielten …

Ach so: Das Endspiel 1974 habe ich übrigens verpasst. Am Tag zuvor waren mein Bruder und ich mit unserem Fähnlein der »Sozialistischen Jugend Deutschlands – die Falken« im Zeltlager auf der schwedischen Ostseeinsel Öland eingetroffen. Am Finalsonntag sprach sich herum, dass es eine Stunde zu Fuß entfernt auf einem Campingplatz einen Fernseher gebe. Das halbe Falkenlager zog los, mein Bruder auch – aber ich blieb zurück. Wahrscheinlich war ich beleidigt, weil es die Polen in der Frankfurter Wasserballpartie nicht ins Finale geschafft hatten – und das, obwohl mein Idol Tomaszewski den Hoeneß-Elfer gehalten hatte, was ich meiner ahnungslosen Familie stolz und oberlehrerhaft als fußballerische Besonderheit hatte erläutern können. Wie dem auch sei – das Finale verfolgte ich per Lagerrundfunk, und das heißt, den Falken entsprechend: auf »Radio DDR«. Seit da verfolgt mich die während der Reportage etwa minütlich vorgetragene Erkenntnis bis in den Schlaf, dass die Tätärä die einzige Mannschaft bei der WM 1974 war, die den Weltmeister besiegt hat.

So viel zur Familie. Was aber hat es mit dem *Protestantismus* auf sich? Nun – wer in Berlin aufwächst, der wird zwangsläufig zum Jünger Martin Luthers und Immanuel Kants; da retten auch eine katholische Mutter und ein atheistischer Alltag nichts. Meine Auslegung des borussisch-lutherischen Pflichtethos war allerdings keine, die mit Begriffen wie »Fleiß« oder »Beharrlichkeit« verbunden gewesen wäre. Vielmehr scheute ich das Mühselige (wie zum Beispiel: Lernen) und bekannte mich zu einer Sparvariante von Kant, die da lautete »Hauptsache anwesend«. Man kann auch sagen: Schwänzen kam für mich nur innerhalb des Klassenzimmers in Frage – dort aber ausgiebig. Hinzu kam, dass ich immer pünktlich war. Schon ganz früh war mir der bedeutendste Posten in meinen Zeugnissen nicht etwa die brauchbare Leistung in Geschichte, Deutsch und Sport oder die verheerenden Beurteilungen in fast allen anderen Fächern, sondern stets der daheim mit Stolz präsentierte Schrägstrich in der Rubrik »Verspätungen«. (Wobei er mich gleichzeitig auch ärgerte, denn in einem empörenden Anfall von Gleichmacherei und ganz und gar unpreußischer Großmut wurde dieser Schrägstrich-Orden an unserer Schule all jenen verliehen, die im Laufe des Schuljahrs maximal drei Verspätungen angesammelt hatten. Drei! So viele hatte ich in meiner ganzen Schulkarriere nicht. Ob meine heutige Skepsis gegenüber dem sozialistischen Leistungsbegriff hier ihre Wurzeln hat?)

Mit dem zuverlässigen und pünktlichen Erscheinen, so befand ich kategorisch, war mein Beitrag zum gleichnamigen Imperativ geleistet. Immerhin beschränkte sich dieser Beitrag nicht auf die Schule, sondern erfasste auch Verabredungen und Einladungen sowie kulturelle Veranstaltungen. Mein pflichtbewusstes Motto hieß: Hingehen muss man. Und so kam es, dass mein Bruder und ich an einem Mittwochnachmittag im

Mai des Jahres 1975 brav in Richtung S-Bahnhof trotteten, um ins Schöneberger Kino »Notausgang« zu fahren, wo irgendein schwarz-weißer Klamottenfilm gezeigt werden sollte. Hatten wir uns schließlich so vorgenommen, hatten wir mit den Eltern so besprochen – und nie wäre es uns in den Sinn gekommen, den Plan zu ändern, nachdem wir begriffen hatten, dass zeitgleich mit dem Film das Finalrückspiel im UEFA-Cup lief: Twente Enschede gegen Borussia Mönchengladbach. Dazu muss man wissen, dass wir mittlerweile nicht nur regelmäßige »Kicker«-Leser und Sportschau-Gucker waren, sondern auch längst unsere Vereine gefunden hatten: Ich war durch einen Klassenkameraden mit dem Hertha-Gift infiziert worden, mein Bruder war Gladbach-Fan. (Das klingt aus heutiger Sicht übrigens heroischer und masochistischer, als es damals war – schließlich handelt es sich um den Vizemeister und den Meister der Saison 1974/75.) Trotzdem: Ins Kino musste gegangen werden. Wir waren allerdings buchstäblich die einzigen Deppen, die diese bekloppte Entscheidung getroffen hatten, weshalb die Kinobetreiber den Film kurzerhand ausfallen ließen. Als wir wieder am S-Bahnhof-Nikolassee ankamen, nuschelte der Stationsvorsteher zunächst mit konspirativem Gehabe – schließlich war er ein Angestellter der DDR-Reichsbahn auf Westberliner Territorium – das rätselhafte und immergleiche Codewort ins Funkgerät, das wohl am ehesten »Salem« lautete (»Zug Salem nach Wannsee bitte abfahren« meine ich immer verstanden zu haben), und teilte uns dann durchaus schadenfroh mit, dass das Spiel fantastisch gewesen sei, selbst auf seinem kleinen Schwarz-Weiß-Fernseher im Zugabfertiger-Häuschen: ein triumphaler 5:1-Auswärtssieg der Borussia nach dem 0:0 im Hinspiel.

Gut ein Jahr später: Meine ältere Schwester und ich taten was für die humanistische Bildung und waren Abonnenten des »Theaters der Schulen«, bei dem einem recht kurzfristig Karten für bestimmte, schlecht besuchte Aufführungen zugeteilt wurden. Kein Wunder, dass es für diesen Abend noch Karten gab: Zeitgleich zum Schiller-Theater spielte Deutschland gegen die Tschechoslowakei um den Europameistertitel. In Berlin gab man Schillers »Räuber« – und der Abend sollte zum bis dahin größten Raub an meiner noch jungen Fußballbiographie werden.

Trotz des mitreißenden Halbfinales gegen Jugoslawien (4:2 n.V. nach einem 0:2-Rückstand) hatte ich nicht einmal *versucht*, einen Dispens herauszuhandeln. Warum nicht? Meine Schwester hätte wohl keinerlei Verständnis gehabt – sie hatte zum Fußball ein aufreizend hedonistisches Verhältnis, das sich während der WM 74 unter anderem darin geäußert hatte, dass sie genau zweimal das Zimmer betrat und ankündigte, jetzt so lange zuzuschauen, bis ihr Schwarm Paul Breitner ein Tor schieße. Beim ersten Mal, gegen Australien, dauerte es zehn Minuten, beim zweiten, gegen Chile, nicht mal fünf, bis der Verteidiger jeweils getroffen hatte – gegen alle Wahrscheinlichkeit und abgesehen von seinem Elfmetertor im Finale die beiden einzigen Male während der WM. Und unfassbarerweise stand sie nach beiden Toren tatsächlich auf, um zufrieden den Raum zu verlassen und sich wieder ihren Schularbeiten zu widmen.

Erst recht nicht geduldet hätte eine Programmänderung meine gestrenge Mutter – schließlich schüttelte sie über unsere Fußballbegeisterung nur den Kopf und hielt das für kulturell wertlose Zeitvergeudung. Sie werde sich niemals ein Fußballspiel ansehen, hatte sie einst verkündet. Von wegen! Als wir aus dem Theater zurückkamen und ich neugierig ins Wohnzimmer stürmte, vibrierte dort noch die Luft. Der Hoeneß-Ball war wahrscheinlich noch am Belgrader Abendhimmel unterwegs, und Panenka hatte buchstäblich Sekunden vor unserer Heimkehr den entscheidenden Elfer reingeschnibbelt und die Tschechen zum Europameister gemacht. Es war eines der Spiele, die man definitiv nicht verpassen darf – erneut eine Aufholjagd nach 0:2-Rückstand und mit dem üblichen deutschen Ausgleichstor in der 90. Minute, wie schon im WM-Finale 1966 und im WM-Halbfinale 1970. Atemlos mit angesehen hatten das mein schlauer Bruder, der nicht in die Theater-der-Schulen-Falle getappt war, und: meine Mutter. Sie wollte übrigens seit diesem Abend – in Fortsetzung der hedonistischen Fußballphilosophie der Domzalski-Frauen – jedes Mal herbeigerufen werden, wenn es Elfmeterschießen gab.

1978 stand wegen des seinerzeit allgemein verbindlichen Gutmenschen-Protestantismus gleich die ganze WM auf dem Spiel – die Medien hatten mir erfolgreich vermittelt, dass ich praktisch zum Komplizen der Militärjunta und damit zum Mörder an meinen argentinischen Genossen werde, wenn ich an diesem Propaganda-Spektakel teilnahm, indem ich Abramczik, Bettega, Krankl, Passarella und Rensenbrink beim Kicken zusah. Sollte ich also aus Gewissensgründen die ganze WM verpassen? Einen Tag vor dem Eröffnungsspiel kam mir endlich die rettende Idee: Ich stellte eine Spendenbüchse auf den Fernseher, in die die schaulustigen Familienmitglieder einen Ablass zu zahlen hatten. Am Ende der WM überwies ich den Doseninhalt – immerhin über 100 Mark, wovon ca. 98,– von mir stammten – dem Herrgott zum Wohlgefallen an *amnesty international.* Bekanntlich war kaum ein Spiel das Geld wert gewesen.

Und dann kam 1982. Ich war während der WM mit meiner Freundin per Eisenbahn in Italien unterwegs. Schlechte Planung, klar – aber wer mit 21 seine erste (!) Freundin hat, kann nicht auch noch solche Terminkollisionen beachten. In den wenigen Monaten unserer Beziehung hatte sie, die sie aus der Fußballdiaspora Schweiz stammte, mir bereits unmissverständlich mitgeteilt, was sie von meiner Fußballleidenschaft hielt. Und da der protestantische Preuße der Friedensbewegungsära nicht nur Gutmensch zu sein hatte, sondern auch Frauenversteher, war ich bereit, darauf Rücksicht zu nehmen.

Als das Turnier auf die Zielgerade einbog, zelteten wir gerade auf dem weitläufigen Grundstück des freundlichen Bauern Paolo, etwa eine Stunde zu Fuß vom malerischen apulischen Städtchen Otranto entfernt. In der dortigen *Bar Centrale* erlebte ich die beiden unfassbaren Zwischenrunden-Siege der Italiener gegen Argentinien (2:1) und das hoch gewettete Brasilien (3:2, mit drei Toren von Rossi). Aus schierer Not hatten sie – wie im Halbfinale 1970 – endlich einmal auf Sieg gespielt, und siehe da: Das brachte mehr Erfolg als die defensive Schieberei bei all den anderen Turnieren zwischen 1950 und 2002, wo sie sich immer irgendwie (und weit unter ihren Möglichkeiten bleibend) selbst aus dem Rennen taktiert hatten. Und es brachte ihnen einen neuen Fan. Insofern war klar: Nachdem die Tarifverhandlungen mit meiner Freundin ergeben hatten, dass ich mir – unter Zurücklassung der Gefährtin im abgelegenen und dunklen Zelt, denn mitkommen wollte sie nicht – nur eines der beiden abendlichen Halbfinals anschauen würde, entschied ich mich selbstverständlich für Italien gegen Polen. Es wurde ein langweiliges 2:0 für den Favoriten. Und dafür verpasste ich das Jahrhundertspiel Deutschland gegen Frankreich. Arrrrrggg!!!

Obwohl mich das in der Provinzstadt Lecce genossene Erlebnis des Endspieltriumphs der Italiener sowie der anschließenden Party in der ganzen Stadt ein wenig mit der Schmach versöhnte, war klar: Es musste sich etwas ändern. Ich musste mein protestantisches Pflichtgefühl so umpolen, dass es auf die lückenlose und pünktliche Anwesenheit bei der Übertragung wichtiger Fußballspiele gerichtet war. Dazu brauchte es ein wenig Zeit; während derer experimentierte ich mit dem Schamanismus, indem ich das Schicksal des Verpassens von Spielen auf mir nahe stehende Personen übertrug: So verschlief mein Bruder große Teile der mexikanischen Nacht-WM von 1986 im Sessel neben mir; und auch den Abpfiff des WM-Finales 1990 erlebte ich – im Rahmen einer mittelgroßen Endspiel-Party bei uns daheim – als Einziger in wachem Zustand.

Vor allem aber bedurfte es für die genannte Neuausrichtung meines Protestantismus der richtigen Frau. Deren Eignung war sicherlich am besten in einem Härtetest festzustellen. 1988 war es so weit: Im Januar lernte ich eine Ost-Berlinerin kennen, und sobald klar war, dass ich den Zwangsumtausch ihretwegen von nun an regelmäßig entrichten würde, setzte ich sie von der bevorstehenden EM im Juni in Kenntnis. Das war ihr neu und eigentlich auch wurscht – aber als ich dann während der kostbaren gemeinsamen Stunden, die die SED uns einräumte, gnadenlos jedes Spiel schaute, das kam, und die Beziehung darob nicht zerbrach, wusste ich: Es war geschafft.

Die infolgedessen geschlossene Ehe hält jetzt übrigens seit 15 Jahren; und die Liste meiner verpassten Spiele musste in diesen 15 Jahren um keinen Posten erweitert werden. Sagt jedenfalls meine Frau.

Fritz Eckenga

Emmas Wetter

In memoriam Lothar Emmerich

Ein grauer Regen ließ es Emmas Wetter werden,
die Leder wassersatt und alle Böden tief.
Die Stollen gruben sich in braune Rote Erden,
kein grüner Rasen war, wo seine Bahn verlief.

Die Ränge hofften noch, dass man den Ball ihm gebe,
dass es gelänge, wie so oft, dem Siegfried Held,
da fand sein Anspiel längst des Lothars linke Klebe,
ganz so, als hätte Emma es bei ihm bestellt.

Kein Menschenauge sah die Kirsche jemals fliegen,
ein feiner Strich nur war's und schon war es geschehn.
Die Keeper sah man auf den weißen Linien liegen

und Emma in der gelben Freudentraube stehn.
Des Lothars Grab in Dortmund-Marten liegt im Grünen,
die Rote Erde hinter anderen Tribünen.

Lothar »Emma« Emmerich absolvierte 183 Bundesliga-Spiele für Borussia Dortmund und erzielte dabei 115 Tore. Bei der Fußballweltmeisterschaft 1966 in England schoss er für die deutsche Mannschaft im Viertelfinale gegen Spanien mit seiner legendären »linken Klebe« ein »Jahrhundert-Tor« aus unmöglichem Winkel, fast von der Torauslinie. Die (Einwurf-)Vorlage kam von seinem Freund und Vereinskameraden Siegfried Held. Emmerich und

Held wurden nicht nur in Dortmund die »Terrible Twins« genannt.

Der Sohn eines Bergmanns wurde im Dortmunder Vorort Dorstfeld geboren und im Nachbarort Marten beerdigt. Er wurde nur 61 Jahre alt.

Christian Eichler

Hitzeschlacht bei Kalter Hundeschnauze

Onkel Heinz hatte Geburtstag. Oder war es einer der Vettern? Egal. Entscheidend war nicht, ob es der Mann von Tante Gisela war, der Geburtstag hatte, oder einer ihrer Söhne war oder sie selbst. Entscheidend war, dass Tante Gisela Geburtstagsgäste zu bewirten hatte. Das bedeutete fünfmal im Jahr Kalorien-Olympiade, ein Ereignis, für das man sich klaglos von Wanne-Eickel-Holsterhausen nach Wanne-Eickel-Crange bewegte. Es waren glückliche Zeiten. Light-Produkte, Körperfettwaagen, Cholesterinspiegel waren noch nicht erfunden. Im Rückblick erscheint es mir, als hätten sogar die Fußballer damals pummeliger ausgesehen, wie etwa unser Sturm damals, der Uwe und der Gerd und … Aber dazu später.

Erstmal eine Sahnecremetorte, so ging der Nachmittag gut los, und wo eine geht, da gehen auch zwei. Und dann lachte verlockend die Kalte Hundeschnauze – richtig, jener komprimierte Keks-und-Kakao-Kuchen, den ein Kabarettist namens Deutschmann trefflich als »Versuch eines deutschen Desserts« beschrieben hat. Später gelangte ich allerdings zu der Vermutung, dass die Kalte Hundeschnauze nicht in einer Versuchsküche entwickelt wurde, sondern in einem Labor, wo ein wahnsinniger Wissenschaftler beim Versuch, Diamanten unter Höchstdruck künstlich herzustellen, Kohlenstoff mit Kakaopulver verwechselte.

Das schmale Küchlein hatte ein solch platinartiges spezifisches Gewicht, dass es wahrscheinlich der Auslöser für diese Gervais-Reklame war, bei der ein Mensch zu dem Satz »Viele Dinge sind etwas schwer« im zusammenbrechenden Boden verschwand. Exakt so fühlte man sich nach Kalter Hundeschnauze. Aber das Teil schmeckte göttlich, vor allem, wenn man noch keinen Kaffee dazu bekam, weil man noch Sextaner war. Sondern eine schöne sämige heiße Schokolade. Oder die Wanne-Eickeler Waldmeisterlimonade, die der Getränkehändler Riese neben dem Stoppelfeld, auf dem der FC Wiesenstraße gegen den FC Wasserstraße die WM-Ergebnisse nachspielte, selber braute – man wollte gar nicht so genau wissen, woraus. Nach dem Kuchen stand dann erstmal Notfallverdauung auf dem Geburtstagsprogramm. Dazu Erdnüsschen und Salzstangen und süße Limo. Man wusste: Viel Zeit blieb nicht bis zum nächsten Programmpunkt, dem Abendbüfett mit Tante Giselas duftenden Hühnerbeinen und prallen Schinkenröllchen und mit dem saftig schimmernden Kartoffelsalat, der noch beim Beschreiben ein Dritteljahrhundert später speicheltreibende Lustgefühle auslöst.

Erst im Rückblick wird mir klar, wie schwer ich meine erste einschneidende WM-Erfahrung verdauen musste. Zwischen Sahnecreme und Schinkenröllchen spielte Deutschland, schwarzweiß aus Mexiko, ein Land, von dem man noch nie gehört hatte, weil Les Humphries an seinem gleichnamigen Party-Hit noch herumkomponierte. Man sah aber durch das flirrende Röhrengerät, dass es dort drüben offenbar ziemlich heiß war. Der Fernseher vermeldete die »Hitzeschlacht von Léon« in die Heimat, zur Tortenschlacht von Wanne-Eickel.

Der Fernseher stand im Kinderzimmer. Dort hockte außer den Kindern nur der Großvater aus Tante Giselas rheinischer Linie, der schweigend dasaß und leise röchelnd an seiner Overstolz zog, filterlos, klaglos. Durch den Qualm sahen wir unseren keimenden Fußballpatriotismus jäh und zäh geprüft. Die Engländer, die uns schon vier Jahre zuvor den Sieg gestohlen hatten, was man zwar nicht selber erlebt, aber von den im Wohnzimmer sitzenden und mit zunehmendem Leergut immer redseligeren Vätern und Onkeln erfahren hatte – diese Engländer also gingen 1:0, ja 2:0 in Führung. Gut, dass wir was gegessen hatten, sonst hätte es uns leicht umgeworfen.

Onkel Heinz kam alle zehn Minuten aus dem Wohnzimmer vorbei, schaute defätistisch und entschwand wieder mit wegwerfender Handbewegung. Das konnte ja auch nicht gut gehen: Diese Sturmbesetzung mit Seeler und Müller, die standen sich doch nur im Weg, überhaupt der Müller, sieben Tore in der Vorrunde, aber jetzt nicht zu sehen, typisch, und Schön überhaupt, eigentlich keine Ahnung, kein Vergleich mit Herberger. Ja, und der Beckenbauer? Der könnte ja auch mal was machen. Und so lief der Beckenbauer los, und ich habe diesen Lauf immer noch vor Augen, und immer noch frage ich mich, ob das Zeitlupe ist, was da vor meinem inneren Auge passiert, und ob Beckenbauer wirklich der Einzige ist, der läuft, und ob der Torwart wirklich eingeschlafen ist – oder ob das alles nur eine Bewusstseinstrübung durch drohenden Darmverschluss war. Alle paar Jahre wieder, wenn sie vor einer WM die schönsten Spiele und Szenen wiederholen, sehe ich Beckenbauer dann im Fernsehen wieder, und alles ist genauso wie in meinem inneren Fernseher.

Denn es war noch die gute alte Zeit, als im Fußball nur der lief, der den Ball hatte, und vielleicht noch ein Gegenspieler, aber immer nur einer auf einmal, und dann war es ja auch noch so heiß, Mittag in Mexiko. Kein wirklich spektakuläres Tor also, und doch ist es mir Jahrzehnte später wieder und wieder begegnet. Es wurde sogar eine Frage von fußball-, ja zeithistorischer Tragweite daraus. In England stieß ich auf ein »Was-wäre-wenn«-Buch, dessen Autor mutmaßt, ohne dieses Tor (und natürlich die beiden folgenden) wäre England Weltmeister geworden, Premierminister Wilson wäre im selben Jahr nicht abgewählt worden, Margaret Thatcher wäre der Welt erspart geblieben und damit der ganze kalte Neokapitalismus, mit dem die Briten, aber auch der Rest der Welt sich herumschlagen muss und der heutigen Fußballprofis so herrliche Einnahmemöglichkeiten beschert. Ich war also Zeuge eines historischen Ereignisses, damals zwischen Sahnecreme und Schinkenröllchen, und wusste es gar nicht. (Und wenn überhaupt, dann hätte ich unter Wilson nicht Harold Wilson verstanden, sondern den Wilson, der 1970 für Brasilien im Endspiel gegen Italien stand: Wilson Piazza da Silva.)

Bei den Recherchen für mein »Lexikon der Fußballmythen« wurde mir dann später, als ich des Cholesterinspiegels wegen selbst den Gedanken an Kalte Hundeschnauze vermied, noch deutlicher, dass sich für die Engländer bis heute eine Art Dolchstoßlegende mit jenem Sahnecreme-Spiel gegen Deutschland verbindet – während wir Deutschen unser verbindendes Gefühl des Betrogenseins auf das Wembley-Tor von 1966 und das »Spiel des Jahrhunderts« gegen Italien im WM-Halbfinale 1970 konzentrieren. Die Engländer glauben, sie hätten damals in Mexiko das stärkste Team ihrer Geschichte beisammengehabt. Dafür, dass sie scheiterten, gibt es aus dieser Sicht genau zwei Gründe. Erstens: die Verletzung des weltbesten Torwarts Gordon Banks in der Vorrunde – der Ersatzmann Peter Bonetti war der Aufgabe nicht gewachsen und soll sich heute zur Strafe, wie mir ein Brite erzählte, als Postbote auf der schottischen Insel Skye durchschlagen. Zweitens: die Fehlleistung von Trainer Alf Ramsay, den die Queen nach dem WM-Sieg 1966 zum Ritter, das Schicksal aber mit Blindheit geschlagen hatte. Sir Alf, so die englische Legende, habe den Kapitän und Rekordspieler Bobby Charlton im Gefühl des sicheren Sieges bei 2:0-Führung vom Platz genommen, um ihn fürs Halbfinale zu schonen – unmittelbar bevor Beckenbauer den Anschlusstreffer schoss und sich die Sache rächte.

So schrieb ich das auch in meinem Buch, so glaubte das auch alle Welt, selbst die Beteiligten. Als vor der EM 2000 im DSF das Spiel noch einmal gezeigt und neu kommentiert wurde, saß Uwe Seeler als Zweitkommentator im Studio. Ungefähr Mitte der zweiten Halbzeit – so jedenfalls schilderte es Reporter Hansi Küpper, der mich auf den Fehler im Buch hinwies – sagte Seeler: »So, jetzt wird gleich Charlton ausgewechselt, und dann macht der Franz das Tor.« Doch Charlton wird nicht ausgewechselt, Beckenbauer läuft los durchs Mittelfeld zum Anschlusstreffer, an Charlton vorbei. Der steht, statt ihn anzugreifen oder mitzurennen, herum, die Fäuste in die Hüften gestemmt, als habe er Seitenstiche von Tante Giselas Sahnecreme und Kalter Hundeschnauze.

Charlton war stehend k.o.; Ramsey hatte also Recht mit der Auswechslung, auch wenn es beiden nichts mehr half – für Trainer und Kapitän war es das letzte WM-Spiel. Von all diesen historischen Verwicklungen und persönlichen Tragödien ahnte ich damals auf dem Klappsofa vor dem Kuchentisch im Jugendzimmer natürlich nichts. Aber Beckenbauers Tor brachte neues Leben in die verdauende Festgesellschaft. Und dann kam wie aus dem Wohnzimmer nebenan dieser lange Ball angesegelt, mitten auf den kahlen Hinterkopf des fülligen Uwe Seeler. Von dessen harter Wölbung hob er sich abermals, stand in der Luft, senkte sich dann ins lange Toreck, und mein Wortschatz war um den Begriff Bogenlampe erweitert. Wieder stand Bonetti wie angewurzelt auf seiner Linie, und ganz offenbar hat Uns

Uwe damals ein englisches Torwartbogenlampentrauma begründet, das uns bis in die Tage des späten David Seaman die ulkigsten Treffer beschert hat.

Viel später habe ich ganz unerwartet Hallenfußball gegen Seeler gespielt, und da sah er ehrlich gesagt nicht so aus, als hätte er jemals ein Tor geschossen – manchen Mythen seiner Jugend kommt man besser nicht zu nahe. Inzwischen hat Seeler ja seine neuesten Memoiren veröffentlicht. Ob er sich wenigstens da wohl richtig erinnert hat? Nicht nur die Sache mit Charlton und Beckenbauer sah er nicht ganz richtig. Auch bei einem berühmten Foto, das ihn gesenkten Hauptes vom Rasen des Wembley-Stadions 1966 gehen sieht, lag er daneben. Es ist hinter ihm eine Blaskapelle zu sehen, und Seeler selber meinte, das könne nur in der Pause aufgenommen worden sein. So also ging ich ihm als Autor nochmal auf den Leim. Denn als 2001, ein Jahr nach Veröffentlichung meines »Lexikons der Fußballmythen«, die Abfolge der Fotos von Sven Simon aus dem damaligen WM-Finale untersucht wurde, stellte sich heraus, dass dieses Bild, das die Tristesse der Niederlage scheinbar verfälscht dargestellt hatte, tatsächlich nach dem Schlusspfiff aufgenommen worden war. Auch da war eine Kapelle auf dem Rasen. Was ich daraus lernte? Man soll Fußballern, wenn sie sich erinnern, eigentlich gar nichts glauben. Höchstens die Hälfte. Nur welche?

Gerd Müller hat zum Glück keine Erinnerungen von sich gegeben. So vermied er, unser authentisches Bild der Vorgänge zu beschädigen. In der Verlängerung, das Abendbüfett war gerade serviert, schoss Müller ein Müllertor. Und krönte damit die Idee von Helmut Schön. Der hatte die Frage der WM, »Müller oder Seeler?«, mit einem glasklaren »Ja, natürlich!« beantwortet. Will sagen: Müller *und* Seeler. Es war jenes bahnbrechende Sowohlalsauch, das heute eher als Kennzeichen des lähmenden Reformstaus gilt. Damals ging es noch gut. Hoch segelte der Ball in den Fünfmeterraum, schon riss es uns vorsorglich vom Sofa, Müller reckte sich gymnastisch, hoch das Bein, hoch das Hühnerbein. Dreizuzwo! Einmalig. Da schauten plötzlich auch die Pilsfreunde von nebenan herein, das Glas in der Hand.

Und so endete mein erster Sonntag, an dem ich ein bisschen so was wie Weltmeister wurde, auch wenn es dann mit dem Titel noch nicht ganz klappte, weil drei Tage später die knüppelnden Italiener kamen und Beckenbauer in den Streckverband traten und der verschlagene Schiedsrichter Yamasaki wegschaute; der Tag, an dem wir an meinem Lieblingsplatz zwischen der Heizung und dem kackbraunen Kunstledersessel im Schlafanzug 3:4 nach Verlängerung verloren. Dieses 3:4 gegen Italien, es fühlte sich nach Verzweiflung an, nach Schicksal, nach Machtlosigkeit. Das 3:2 gegen England aber hatte sich so angefühlt, wie es sich anfühlen muss, wenn man Teil von etwas Großem wird: eine Mischung aus vollem Bauch und vollem Kopf. Darm funkt SOS, Zwischenhirn schickt Glückshormone. Nur die Kalte Hundeschnauze wird nicht mehr serviert.

Frank Goosen
Der freie Raum

Der Ball stieg leicht flatternd in einem bananigen Bogen (Peter Köllmann hatte die Füße von Manni Kaltz) in den Luftraum über dem Sechzehner. Pommes, angerempelt von Lutz Gröber, der immer Schwächen beim Herauslaufen zeigte, geriet genau in die Fluglinie, die Pille stürzte ihm auf den Scheitel und sprang von dort ins eigene Tor. Köllmann ballte zum Zeichen des Jubels nur kurz die Faust. Mission erledigt. Routine auf hohem Niveau. Die anderen aus seiner Mannschaft klatschten ihn ab. Unsere fünf Teamkollegen vermieden es, Pommes anzusehen, schüttelten aber die Köpfe über so viel Blödheit. Halbherzig tätschelte ich Pommes die Schulter, konnte aber auch nicht verhehlen, dass mir dieser unnötige Rückstand zu schaffen machte. Mücke wartete am Anstoßkreis, die Hände in die Seiten gestemmt, und sammelte Spucke in seinem Schandmaul. Als Pommes auf ihn zukam, bewegte er die Backen, und platzierte dann einen sämigen Gelben in die grobe graue Asche. Pommes' Gesicht blieb leer. Er machte das hier nicht freiwillig, er wurde dazu gezwungen, und er wusste, die Verärgerung der Jungs aus seiner Mannschaft war nichts im Vergleich zu dem, was ihm jetzt noch bevorstand. An der Seite, in Höhe der Mittellinie des gekürzten Spielfeldes stand Hosbach, walkte mit den Kiefern seinen Kaugummi und rief: »Epilepi aber häppi, wa?« Unser Sportlehrer war nicht gerade eine pädagogische Leuchte. »Du hast Gurken an den Füßen und eine Kartoffel, wo andere den Kopf haben!«

Pommes gab nicht auf, versuchte, das Eigentor wieder gutzumachen, lief und rackerte und bot sich an. Irgendwann kam er an der gegnerischen Strafraumgrenze an den Ball, weit und breit kein Gegenspieler, nur war der Winkel etwas spitz. Aber Pommes wollte es wissen, brachte den Ball mühsam unter Kontrolle, überhörte das Keuchen des heranstürzenden Verteidigers ebenso wie Mückes »Hier!«, zog stattdessen mit der Picke ab, hob den Kopf und sah den Ball etwa drei Meter am Tor vorbeischießen.

»Bist du blind, Zwei-Streifen-Spasdi?«, schrie Mücke. »Ich stand total frei, du Birne!«

Zwei-Streifen-Spasdi hieß Pommes deshalb, weil seine Eltern nicht einsahen, wieso sie einen Haufen Geld für Sportklamotten von adidas ausgeben sollten, wenn die billige Ware von C&A genauso gut war. Mücke spielte als Einziger in einer glänzenden Satin-Hose, die er sich allerdings nur leisten konnte, weil er seiner Mutter Geld aus dem Portemonnaie klaute.

»Ich fass es nicht, Jendritzki!«, schaltete sich Hosbach ein. »Wie kann man so blöd sein? Hast du kein Auge für den freien Mann? Den freien Raum? El Blindo, wirklich!«

Den Rest des Spiels trabte Pommes an der dem Sportlehrer entgegengesetzten Außenlinie auf und ab und sah den Ball nur von weitem.

Pommes war ein Grobmotoriker vor dem Herrn, der Ball war nicht gerade sein Freund, nein, der Ball hasste ihn, sagte »Arschloch!« und zeigte Pommes den Stinkefinger. Laufen aber konnte Pommes ewig und drei Tage, immer die Außenlinie auf und ab, ohne müde zu werden, und wirkte dabei sogar richtig glücklich – solange der Ball nicht in seine Nähe kam.

Es war der Sommer 1982, in Spanien war Weltmeisterschaft, die deutsche Mannschaft wohnte und spielte in einem Ort namens Gijon. Das Turnier hatte nicht gut angefangen. Gleich im ersten Spiel hatte man gegen Algerien 1:2 verloren, unbegreiflich. Chile war dann kein Problem gewesen, und morgen Abend musste gegen die Österreicher unbedingt gewonnen werden, um in die nächste Runde einzuziehen. Dass wir Weltmeister werden würden, war völlig klar. So ein Scheiß wie in Cordoba vor vier Jahren würde uns nicht noch mal passieren. Rummenigge würde Torschützenkönig werden, da konnte Paolo Rossi jammern, wie er wollte.

Das Schuljahr ging dem Ende zu, und Hosbach wirkte, als wolle er Pommes noch besonders gründlich fertig machen, damit der die ganzen Ferien über etwas davon hatte.

Wir verloren das Spiel mit einem Tor Unterschied. Auf dem Weg zu den Umkleidekabinen ging Hosbach ganz eng neben Pommes, der seinen Blick auf den Boden nagelte, eine tiefe Falte über die Nasenwurzel gemeißelt. »Na?«, knurrte Hosbach, »wie fühlt man sich, wenn man seine Kollegen so reingerissen hat? Die Niederlage geht auf deine Kappe, Jendritzki. Ich hab noch nie einen gesehen, der sich so bescheuert anstellt.« Hosbach war nicht gerade dafür bekannt, den Unterricht gründlich vorzubereiten. Meistens ließ er uns Fußball spielen und stand blöd daneben. Wenn ihn der Ehrgeiz packte, konnte es auch Basket- oder Volleyball sein, ganz selten Handball. Allenfalls zum Ende eines Halbjahres, wenn er plötzlich auf die Idee kam, die zu vergebenden Noten wenigstens zum Teil auf empirischer Basis und nicht nach dem Zuneigungsprinzip zu vergeben, konnte es passieren, dass wir einen »Cooper-Lauf« über zwölf Minuten (Runden zählen nicht vergessen!) zu absolvieren hatten. Zwischendurch würzte er die Sportstunden mit halbgaren Vorträgen zur Sportmedizin, sprach von Laktatwerten und der Übersäuerung von Muskeln und davon, wie viel Sauerstoff durchs Hirn transportiert würde, wenn wir uns anstrengten. »Der labert noch, wenn ihm der Arsch schon abgefallen ist«, meinte Mücke. Sport stand zweimal pro Woche auf dem Stundenplan. Übermorgen war es schon wieder so weit.

Mücke und ich versuchten in der Umkleidekabine Pommes mit ein paar schlappen Witzen aufzuheitern. Wir gingen als Letzte unter die Dusche, als die anderen schon fertig waren. Spüli brachte die Sprache auf den nächsten Tag. »Morgen Abend bei mir? Spiel angucken? Auf dem großen Fernseher im Wohnzimmer?«

»Was ist mit deinem Alten?«, wollte Mücke wissen.

»Guckt im Vereinsheim mit den anderen. Sogar meine Mutter geht mit.«

»Der Ösi kriegt morgen auffen Arsch!«, rief Mücke.

»Bist du dabei?«, fragte ich Pommes.

»Solange der Ball im Fernseher bleibt und mir nicht ins Gesicht fliegt«, sagte Pommes und konnte endlich wieder grinsen. »Wer kommt noch alles?«

»Nur wir vier«, sagte Spüli. »Ach ja, ich habe noch Carola und den Mädels Bescheid gesagt.«

Kurzes Schweigen, untermalt vom Rauschen des Wassers.

»Weiber?«, rief Mücke. »Beim Fußball?«

»Haben gesagt, sie wollen mal sehen, was wir daran finden«, meinte Spüli.

»Was geht die das an?«

»Kann doch ganz nett werden«, sagte ich, freudig einer neuen Gelegenheit entgegenhechelnd, Carola Rösler, dem schönsten Mädchen der Schule, auf Armeslänge nahe zu kommen.

»Ja, sicher«, stöhnte Mücke, »Kollege Kleinschwanz hat schon wieder die Lampe an! Hast du außer Eichel rubbeln auch noch was anderes im Kopf? Ach nee, entschuldige, du bist ja vom Stamme Quatsch und Laber, du tust so, als würdest du denen zuhören! Mann, wie tief kann man sinken! Ist wenigstens genug Bier am Start, damit man sich taubsaufen kann, wenn die Gänse zu viel dazwischenquaken?«

»Gebt mir jeder fünf Mark, dann hol ich noch ’n Kasten«, bot Spüli an.

»Und was wollt *ihr* trinken?«, prahlte Mücke.

Wir trafen uns schon eine Stunde vor Anpfiff und halfen Spüli bei den Vorbereitungen. Sonst trieben wir nicht so einen Aufwand, aber da sich Carola mit ihrem Hofstaat angesagt hatte, musste man ein bisschen was bringen. Knabbereien in Schüsseln, Cola, Fanta und ein bisschen französischen Landwein, vielleicht ein paar Tropfkerzen in leeren Korbflaschen, und zur Not Wildkirschtee und Räucherstäbchen in der Hinterhand, falls es nach dem zu erwartenden glanzvollen Sieg noch richtig gemütlich werden sollte. Mücke nutzte die Zeit, bis die Mädchen kamen, um uns noch einige Male zu versichern, dass er die Anwesenheit von Frauen beim Fußball für gefährlichen Schwachsinn hielt. »Die werden die ganze Zeit quasseln und lauter dämliche Fragen stellen.«

Wahrscheinlich hatte er Recht, aber ehrlich gesagt war mir das egal. Ich rechnete mir bei Carola was aus, auch wenn ich mich da in eine lange Reihe einordnen musste, weil jeder, der halbwegs klar im Kopf und nicht gerade schwul war, sich an sie ranmachen wollte.

Sie tauchten zehn Minuten vor dem Anpfiff auf, und zwar zu fünft, waren also in der Überzahl. Carola kam als Erste rein, die anderen folgten ihr wie ein Haufen vestalischer Jungfrauen: Kathrin Peters, fast einsachtzig, mit kurzen blonden Haaren und einer etwas zu großen Nase. Lucy Martin, rothaarig, langer geflochtener Zopf, Vater Engländer. Gudrun Rickert, mit unreiner Haut, einem Ring in der Nase, schwarz gefärbten und dann auf Streichholzlänge geschorenen Haaren, unschlagbar in Mathe, Physik, Chemie, und Bio, die maßgebliche Figur der Foto-AG und nebenher die Einzige mit einem festen, noch dazu sehr viel älteren Freund, der nicht mal auf unserer Schule war, sondern angeblich schon einen Job hatte. Und schließlich Nicole Bruch, mit schulterlangen, wirklich vanillefarbenen Haaren und sehr blauen Augen, die Einzige, die Carola die Führungsrolle hätte streitig machen können. Nicole war »eine zum Reden«, während Carola, die als nicht besonders helle galt, ganz andere Regionen in uns reizte als das Sprachzentrum. Ihr hüftlanges, pechschwarzes Haar glänzte wie in der Werbung, und ihre Levi's saß so eng, als würde sie sich nach alter Väter Sitte mit denen in die Wanne setzen. Vor allem aber: ihr Mund! »Lippen wie Fahrradschläuche!«, hatte Mücke mal gesagt.

Sie kamen herein, ohne zu kichern, hoben zum Gruß die Hand oder nickten uns zu, kühl wie beim Staatsbesuch.

Spüli bat die Damen galant ins Wohnzimmer und wies mit einer Geste, die man wohl »ausladend« nennt, auf die vorbereiteten Leckereien. Die Weiblichkeit griff nach Cola und Fanta. Gudrun zog eine Taschenflasche Weinbrand aus ihrer schwarzen, rissigen Lederjacke und verfeinerte ihren Drink kommentarlos und ohne uns anderen davon anzubieten. Lucy fragte, ob sie rauchen dürfte, und Spüli stellte ihr ohne Worte einen Ascher auf den niedrigen, mit Delfter Kacheln bedeckten Couchtisch. Mücke hockte sich mit einem Bier in den einzigen Sessel, wir anderen verteilten uns auf die beiden im rechten Winkel zueinander stehenden Sofas, stellten aber fest, dass wir nicht genug Platz hatten. Kathrin ließ sich im Schneidersitz auf dem Boden nieder, Gudrun kletterte auf die Rückenlehne und stellte ihre Springerstiefel auf die braunlederne Sitzfläche. Spüli verzog keine Miene. Pommes kam zwischen Gudruns Füßen zu sitzen, rutschte aber bis auf die vorderste Kante, um es nicht zu innig wirken zu lassen. Carola und Lucy nahmen Spüli in die Mitte, und ich saß neben Nicole. Das Ganze dauerte bis zum Anpfiff.

Mückes Befürchtungen waren unbegründet gewesen. Alle waren still, als der Ball erstmal rollte, niemand stellte dumme Fragen. Nur Pommes meinte sich hervortun zu müssen: »Fußball«, sagte er, »geiles Spiel. Kraft, Ausdauer, Athletik. Kurze Pässe, lange Pässe, richtig was fürs Auge!« Ich fragte mich, wo er das herhatte, und war nur froh, dass Mücke darauf verzichtete, Pommes' Ausführungen zu kommentieren.

Nach elf Minuten drückte Horst Hrubesch den Ball mit dem Oberschenkel ins Tor. Einsnull, alles lief nach Plan. Rache für Cordoba. Die Stimmung war gut. Endlich eine Gelegenheit, die Frauen beim Fußball mit ins Boot zu nehmen. Wir nippten am Bier. Die Mädchen hielten Gudrun ihre Gläser hin und bekamen Weinbrand in die Cola. Spüli, Pommes, Mücke und ich nuckelten an unseren Bierflaschen. Langsam wurden die Wangen rot. Unauffällig beobachtete ich Carola. Manchmal, wenn sie sich vorbeugte, um nach den Erdnussflips zu greifen, streifte mich Nicole, und es fühlte sich an wie Absicht. Dann wieder hatte ich den Eindruck, Kathrin sehe mich an, also warf ich einen Blick auf Lucy, die mich länger angrinste, als es nötig gewesen wäre. Gudrun fuhr Pommes durch die Haare und fragte ihn, ob er Flöhe habe und wann er mal wieder zum Friseur wolle. Gudrun war keine, von der man träumte, aber sie ließ ihre Hand auf seiner Schulter liegen, und so ein Ring in der Nase war vielleicht gar nicht so schlimm, wie die Mama immer sagte. Carola ließ Spüli aus ihrem Glas trinken und trank dann selbst von genau der Stelle, wo gerade noch seine Lippen gewesen waren. Spüli lächelte, aber ohne Richtung, Lucy stieß ihn in die Seite und bot ihm ihr Glas an. Fanta mit Weinbrand, wie ekelhaft! »Von hier hab ich zuletzt getrunken!«, sagte sie und sah dabei wieder mich an, aber Spüli sagte, nee, Fanta lehne er schon pur aus prinzipiellen Erwägungen ab. Plötzlich lachten alle, und Nicole beugte sich zweimal vor. Irgendwas war im Schwange, irgendwas schien passieren zu wollen, es musste nur einer den Anfang machen, den richtigen Blick werfen, eine Hand etwas weiter rauf oder runter schieben. Und dann? Vielleicht das Licht ein wenig dimmen?

Pommes schwitzte. Er trank Bier in großen Schlucken. Gudrun reichte ihm den Weinbrand, Pommes langte zu. Das war nicht gut. Nicole sah mich an und schob sich einen Erdnussflip zwischen die Lippen. Ihr Oberarm lag warm an meinem. Weswegen waren wir hier?

Vielleicht wäre alles anders gekommen, hätte Mücke, hingeflätzt in seinem Solo-Sessel, die Beine über die rechte Lehne hängend, die Bierflasche in der Faust, nicht plötzlich gegrunzt: »Jetzt guck dir die Scheiße an!« Bis dahin waren die Stadiongeräusche und die Kommentatorenstimme nur ein undeutliches Summen gewesen, jetzt aber sahen und hörten wir plötzlich wieder genauer hin. Kommentator Eberhard Stanjek gefiel das Spiel nicht. Es passierte nichts. Der Ball rollte hin und her, als wären alle noch beim Aufwärmen.

Gudrun griff nach Pommes' Bier. »Carlo sagt«, sagte sie, »die Deutschen und die Ösis hätten sich abgesprochen, damit die Algerier rausfliegen.« Niemand musste nachfragen: Carlo konnte nur der Typ sein, mit dem sie ging, mit dem sie sich hinlegte, mit dem sie sonst was machte, wenn sie erstmal aus den Springerstiefeln und der Lederjacke raus war. Sie fuhr Pommes noch mal durchs Haar. »Ausdauer, Kraft, Athletik. Richtig was fürs Auge, was?« Pommes grinste.

Mücke rülpste. »Sag deinem Carlo, er soll nicht so einen Scheiß erzählen!«

»Du hast doch gerade selbst gesagt, dass das ein Scheiß ist, was da abläuft!«

»Es ist ein mieses Spiel, aber deshalb ist das noch lange nicht abgesprochen.«

»Was soll denn da abgesprochen sein?«, fragte Pommes arglos.

»Wenn die Deutschen zu hoch gewinnen, mein Kleiner«, beugte sich Gudrun zu ihm herunter und lächelte wie eine Kindergartentante, »dann können die Bergdeppen noch rausfliegen und die Algerier weiterkommen.«

Halbzeit. Entspannung in jeder Hinsicht. Aufstehen, herumlaufen, zum Klo gehen. Alle bemühten sich, die gleichen Plätze einzunehmen wie vorher, um da weitermachen, wo man vorhin hoffte, was auch immer angefangen zu haben. Es ging nicht.

»Ist das wirklich Fußball?«, fragte Nicole.

»Nicht der, den ich kenne«, entgegnete ich.

Pommes griff nach dem Weinbrand und trank die Flasche leer. Gudrun fragte, ob er noch alle stramm hätte. Pommes grinste wie ein frecher Sechsjähriger. Das war nicht gut. Er bekam nicht mit, dass er dabei war, sich unmöglich zu machen. Ihre Hand in seinem Haar hatte ihn auf die falsche Fährte gebracht.

Carola hatte sich zurückgelehnt, starrte blicklos in den Fernseher und malmte Kaugummi. Lucy zupfte Flusen von ihrer Jeans, Kathrin rieb sich die Augen.

»Ich weiß nicht, was man daran finden kann«, sagte Carola.

»Ich hab doch gesagt, die labern nur Scheiße!«, säuerte Mücke.

»Halt du deinen da raus, Kuwelko!«, blaffte Gudrun. Pommes grinste sie von unten her an und stieß seinen Ellenbogen in ihre Wade, worauf sie ihn mit der flachen Hand auf den Hinterkopf schlug. Pommes war blau und im Himmel.

Auf den Tribünen in Gijon sah man jetzt algerische Fans Geld in die Höhe recken. Zehn Minuten vor Schluss sagte Eberhard Stanjek, dass er jetzt nichts mehr sagen würde. Und sagte nichts mehr. Nicoles Oberarm war weit weg, und auch ihr Appetit auf Erdnussflips hatte sich erledigt.

Endlich Abpfiff. Spüli machte den Fernseher aus. Keiner sagte was. Weswegen waren wir hier? Carola stand auf und sagte, sie hätte noch was vor. Gudrun ging aufs Klo. Lucy trank Fanta pur, und Kathrin stellte sich ans Fenster, als wäre es draußen interessant. Nicole suchte mit der Zunge in ihren Zahnzwischenräumen nach Überresten von Erdnussflips.

Spüli sagte, es tue ihm Leid, dass es so gelaufen sei. Die Mädchen beeilten sich, ihm zu versichern, dass er doch nichts dafür könne und der Abend abgesehen vom Spiel doch sehr nett gewesen sei. Zu Spüli waren sie immer nett, obwohl er sich nicht sonderlich für sie zu interessieren schien; das sollte kapieren, wer wollte.

Mücke stöhnte. »Was für eine Scheiße!«

»Ey!«, kam es aus dem Flur. Endlich hatte ich einen Grund aufzustehen, ohne dass Nicole glauben musste, ich hätte was gegen sie. Vor der Klotür waren Gudrun und Pommes, der sich inzwischen aus dem Wohnzimmer davongestohlen hatte, und es sah aus, als hätte er gerade versucht, sie niederzuringen. Als er mich sah, grinste er mich mit glasigen Augen und roten Wangen an. Pommes feierte seine eigene kleine Party, ganz allein in seinem Kopf. Er führte seinen Mund an Gudruns Ohr, sie packte nach seinem Unterkiefer und drückte seine Wangen zusammen, so dass er eine ziemlich dämliche Schnute machte. »Wovon träumst du eigentlich nachts, Kurzer?«

»Okay«, sagte Hosbach am nächsten Tag in der sechsten Stunde, »Cooper-Lauf. Macht euch warm. In fünf Minuten geht's los!«

Wir stöhnten auf und machten ein paar halbherzige Dehnübungen. »Na, Goalgetter«, raunzte Hosbach Pommes an, »ich hoffe, du hattest wenigstens zwei schlaflose Nächte wegen dem Scheiß vorgestern. Oder letzte Woche. Ich weiß nicht mehr, welcher Idiot überhaupt auf die Idee gekommen ist, dir den Ball zu geben. Du hättest abspielen müssen. Kuwelko stand viel besser als du. Wolltest mal den dicken Max machen, was? Du machst kein Tor, auch wenn du mit der Pocke auf der Linie stehst und du ganz alleine bist. Du hast kein Auge, keinen Blick für den freien Raum. So was kann man nicht lernen. Man hat es, oder man hat es nicht. Und du hast es nicht.«

Er ließ Pommes stehen und klatschte in die Hände. »Also, Leute, denkt daran, in zwei Wochen sind Zeugniskonferenzen. Wer zwischen zwei Noten steht, für den ist dieser Lauf heute sehr wichtig. Und ich verrate euch kein Geheimnis, wenn ich feststelle, dass ihr alle zwischen zwei Noten steht.«

Wir liefen los. Die ersten paar Runden waren kein Problem, obwohl mir der Stumpfsinn dieses öden Imkreislaufens vom Anfang auf die Nerven ging.

»Macht mal bisschen Tempo!«, rief Hosbach. »Ihr schleicht wie die Ösis gestern! Mann, habt ihr den Grottenkick gesehen? Zweiundzwanzig Jendritzkis sind da rumgelaufen.«

Pommes lief ganz ruhig, atmete regelmäßig.

Hosbach vergnügte sich an der Mittellinie mit einem Fußball, demonstrierte uns, wie oft er ihn auf der Fußspitze oder der Stirn tanzen lassen konnte. Dann legte er ihn sich zwischen die Füße und ließ ihn mit der Hacke hinter dem Rücken hochschnellen, um dann ein wenig zu dribbeln, auf den Ball zu treten, einen unsichtbaren Gegner ins Leere laufen zu lassen. Als wir auf der entgegengesetzten Seite des Feldes waren, drosch er den Ball mit einem Vollspannstoß in die Maschen des einen

Handballtores. Ich wette, er hatte zu Hause einen Spiegel über dem Bett.

»Hast du gesehen, wie das geht, Meister?«, rief er durch die ganze Halle, an Pommes gerichtet. »So macht man das. Was ist daran so schwer? Und wenn du schon nicht selber abziehen kannst, musst du wenigstens das Auge für den Mitspieler haben, den Blick für den freien Raum! Meinst du, du kapierst es noch bis zum Abitur?«

Pommes schloss nur kurz die Augen und lief durch. Er wirkte locker und entspannt.

»Noch drei Minuten«, rief Hosbach.

Gestern hatten Spüli und ich noch versucht, Carola, Nicole und den anderen klar zu machen, dass das vorgestern nicht wirklich Fußball gewesen sei. Nicole hatte gemeint, es sei schon okay. Trotzdem kam ich mir vor, als hätte ich selbst gespielt.

»Noch zwei Minuten!«

Ich fiel etwas zurück. Ich lief jetzt neben Andy, dem Kunst-Genie, der uns gern mit kleinen selbst gezeichneten Darstellungen des Geschlechtsaktes belieferte. In seinen Mundwinkeln stand Speichel.

»Na los, nicht schlappmachen. Die letzte Minute. Hebt die Knochen, gebt noch mal richtig Gas.«

Als die zwölf Minuten um waren, ließen sich einige gleich mit pumpenden Brustkörben auf den Boden fallen, wurden aber von Hosbach mit scharfer Stimme daran erinnert, dass das nicht richtig war.

»Aktive Erholung, Jungs. Also los, aufstehen, noch zwei Runden gehen, die Arme heben und tief ausatmen und ...« Jetzt bemerkte Hosbach, dass einer aus der Reihe tanzte, einer hatte nicht angehalten, sondern lief immer noch. Pommes passierte gerade eins der Handballtore.

»He, Jendritzki!«, rief Hosbach, »es ist jetzt gut, du kannst aufhören.« Aber Pommes dachte gar nicht daran. Ungerührt lief er weiter, wich einigen Mitschülern aus, die auf der Entspannungsrunde waren, und lief und lief. Hosbach schüttelte den Kopf, fragte nach unseren Rundenzahlen und trug sie in seinen roten Lehrerkalender ein. Als er beim letzten angekommen war, lief Pommes immer noch. Es waren jetzt fast zwanzig Minuten, und es schien mir, als sei er schneller geworden.

»Okay, Jendritzki, das reicht jetzt. Du hast es mir gezeigt und damit gut.«

Aber Pommes zeigte keine Reaktion. Spüli, Mücke und ich sahen uns an. Mücke machte ein verächtliches Gesicht. »Was treibt der denn da?«, fragte er. Spüli und ich zuckten nur mit den Schultern. Alle Augen waren nun auf Pommes gerichtet.

Hosbach war offenbar schon mit seinem ohnehin mangelhaften Sportlehrerlatein am Ende. Diese Form der Obstruktion war ihm bisher unbekannt gewesen. Er rief immer wieder dasselbe. Pommes solle aufhören, stehen bleiben, es sei ja nun gut, jetzt habe er es allen gezeigt und könne getrost duschen gehen, alle wüssten nun, dass er ein ganz harter Bursche sei. Wir sahen uns an, spürten, dass Hosbach, der Maulheld, hilflos war. Es war, als stehe er mit dem Ball vor einem leeren Tor und wisse schon, dass er ihn danebenschieben wird.

Hosbach wurde still, und alle anderen schwiegen auch. Nur Pommes' Keuchen war zu hören. Hosbachs Blick folgte Pommes nur so weit, dass er nicht Gefahr lief, die restliche Klasse anzusehen. Unter seinen Achseln zeigten sich dunkle Flecken.

Als es langsam peinlich wurde und alle spürten, dass irgendetwas geschehen musste, stürzte Hosbach plötzlich vor und versuchte Pommes den Weg abzuschneiden. Der aber wich aus und mobilisierte letzte Kraftreserven für eine finale Temposteigerung. Lange konnte er das nicht durchhalten. Hosbach war frisch und Pommes jetzt seit fast einer halben Stunde unterwegs. Schließlich erwischte Hosbach ihn am Arm und riss ihn herum. Pommes versuchte, sich loszureißen, und so gingen beide zu Boden. Bevor Hosbach wieder hochkommen konnte, war Pommes mit einem Schrei über ihm, die Knie auf den Schultern des Sportlehrers, und drückte ihm die Handgelenke auf den Boden. Schweiß tropfte von Pommes' Stirn in Hosbachs Gesicht. Pommes atmete mit solcher Gewalt, dass wir Umstehendenden Schmerz in seinen Lungenflügeln zu spüren meinten.

»Jendritzki, lass den Scheiß«, sagte Hosbach, aber seine Stimme zitterte.

»Ich. Bin«, keuchte Pommes und schloss die Augen, »In. Den. Freien. Raum. Ge. Laufen. In den. Freien Raum. Haben Sie. Das. Gesehen?«

»Jendritzki, ich …«

»Haben. Sie. Das. GESEHEN?«

»Hör jetzt auf, was soll das denn?«

»Haben Sie. DAS GESEHEN?«

»Das hat Folgen, mein Junge, das kann ich dir sagen! Das ist ein tätlicher Angriff!«

»HABEN SIE DAS GESEHEN? WIE ICH IN DEN FREIEN RAUM GELAUFEN BIN?«

»JA, VERDAMMT! ICH HABE ES GESEHEN!«

Und Pommes kippte zur Seite, rollte auf den Rücken und heulte hemmungslos. Hosbach sprang auf und machte einen Schritt auf den am Boden Liegenden zu, hielt dann aber inne, warf einen halben Blick zur Klasse, atmete tief aus, machte kehrt und verschwand im Sportlehrerzimmer. Spüli und ich gingen zu Pommes, packten ihn unter den Armen und hoben ihn hoch.

»Los, komm«, sagte Spüli, »du musst jetzt gehen. Und ganz ruhig atmen.«

Die anderen murmelten. Keiner traute sich, etwas laut zu sagen. Schließlich verschwanden sie alle in Richtung Umkleidekabinen, während Spüli und ich uns weiter um Pommes kümmerten. Mücke stand daneben und schien nichts zu begreifen.

»Kannst du mir sagen, was das sollte?«, fragte er Pommes.

Spüli: »Halt die Fresse!« Pommes heulte noch. Mücke zuckte mit den Schultern und folgte den anderen. Spüli und ich hielten Pommes, bis er wieder selbst auf den Beinen stehen konnte.

Pommes zog den Rotz in der Nase hoch und wischte sich mit dem Handrücken die Tränen aus den Augenwinkeln. »Meine Güte, jetzt habe ich sicher eine ziemliche Übersäuerung in den Muskeln«, vermutete er, noch immer auf der Suche nach seiner normalen Atmung. »Und meine Laktatwerte sind wahrscheinlich ziemlich im Keller. Ist euch schon mal schwarz geworden vor den Augen? Wart ihr schon mal ohnmächtig? Ich dachte vorhin, jetzt ist es vorbei. Ich konnte kaum noch was sehen. Und meine Muskeln haben gezittert, das könnt ihr euch nicht vorstellen. Aber jetzt fühle ich mich gut, richtig super. Da geht wohl 'ne Menge Sauerstoff durchs Hirn.«

»Da hast du Recht.«

»Das gestern«, keuchte Pommes, »das war nicht abgesprochen, oder? Kann doch nicht sein, oder?«

»Nee«, sagte Spüli, »schwaches Spiel. Die Hitze in Spanien. Aber keine Schiebung.«

»Wusste ich doch. Die machen so was nicht.«

Schweigend drehten wir noch zwei Runden und gingen erst duschen, als die anderen schon verschwunden waren.

Jess Jochimsen
Datteln

Ich muss zu Fuß einkaufen gehen, weil mir Jürgen Klinsmann die Luft aus dem Fahrradreifen gelassen hat.

Jürgen Klinsmann ist ein Kind aus der Nachbarschaft und heißt eigentlich Philip, aber seit ich denken kann, trägt er ein Klinsmann-Trikot, deswegen nenne ich ihn insgeheim so. Er trägt das Trikot, in dem Jürgen Klinsmann 1990 Weltmeister wurde. 1990 war Philip noch nicht auf der Welt, er ist zehn oder elf Jahre alt, eigentlich dürfte er den Stürmer gar nicht kennen, trotzdem trägt er sein Trikot.

Immer.

Jeden Tag.

Im Sommer steckt das Trikot in einer hochgezogenen Turnhose, im Winter ist es über den Anorak gezogen. Es spannt dann, und der Junge sieht aus wie eine Tonne. Wie eine dieser menschlichen Litfasssäulen, die in der Vorweihnachtszeit durch die Fußgängerzonen laufen und Werbung für Optikergeschäfte machen. Oder für eine Imbissbude.

Für Fußball interessiert sich Jürgen Klinsmann nicht, zumindest habe ich ihn nie mit einem Ball gesehen oder mit einer plattgedrückten Cola-Dose, die man auf dem Asphalt vor sich her kicken könnte. Er trägt einfach das Trikot.

In welcher Farbe spielten die Deutschen 1990 eigentlich? Weiß? Grün? Philips Klinsmann-Trikot ist rosa, eine Folge häufigen und falschen Waschens. Vielleicht will der Junge ja provozieren? Seht her, 1990, da waren wir noch wer, und was ist davon geblieben? Wenn man die nationale Fußballehre verhöhnen will, tut man das am besten mit der Farbe Rosa.

Wenn Jürgen Klinsmann im Winter wie eine fleischgewordene Litfasssäule die Straße entlangwankt, muss ich immer daran denken, wie der Stürmer in seinem letzten Bundesligajahr eine Werbetonne eintrat. Er spielte für den FC Bayern München, und aus Wut über eine Auswechslung trat er gegen eine Werbetonne, die an der Bande stand. Ich weiß nicht mehr, für was da geworben wurde, ich weiß nur noch, dass das Teil kaputt war und dass ich Jürgen Klinsmann in diesem Moment zum ersten Mal sympathisch fand.

Früher hast du Tonnen getreten, heute bist du eine, denke ich manchmal, wenn Jürgen Klinsmann in seinem schweinchenfarbenen Trikot über dem Anorak herumtorkelt. Natürlich tritt ihn niemand. Obwohl es Gründe dafür gäbe. Seit ich denken kann, lässt Jürgen Klinsmann ständig die Luft aus allen Fahrrädern in unserer Straße. Wieso er das tut, weiß ich nicht genau. Er hat es immer schon getan, sagen die Leute. Ist wohl so eine Art Hobby. Dem Jungen ist es übrigens völlig egal, wenn er erwischt wird. Er lässt sogar die Luft aus dem Rad seiner Mutter und auch aus seinem eigenen. Ein dummes Kind.

Schon lange zieht ihn niemand mehr zur Verantwortung, weil er doch noch so klein ist und die Mutter überfordert, und er hat ja auch sonst nichts. Auch keine Freunde. Keiner will einen rosaroten Jürgen Klinsmann zum Freund. Noch weniger will man jemanden, der einem dauernd die Luft aus dem Rad lässt. Außerdem stottert er, und stotternde Kinder haben es schwer. Dafür werden sie nicht so oft geschimpft. Keiner schimpft gerne einen Stotterer, man fühlt sich nicht besonders gut dann und pumpt lieber ohne zu murren sein Rad wieder auf.

Früher haben die Leute versucht, nett zu sein und mit Philip zu reden. »Na, wie heißt du denn?«, haben die Leute gefragt, obwohl sie es wussten. Wahrscheinlich wollten sie, dass er »Jürgen

Klinsmann« sagt, weil er doch immer das Trikot anhatte, er musste doch stolz sein.

»Wie heißt du denn?«, fragten die Leute.

»F-f-f-f-f-ilip«, sagte er dann.

Inzwischen redet schon lange keiner mehr mit ihm. Und die Räder werden in die Garage gesperrt. Wegen »F-f-f-f-f-ilip«.

Sein entstellter Name klingt so wie Luft, die aus einem Fahrradschlauch entweicht. Vielleicht ist das ja der Grund für sein Tun? Vielleicht braucht er einfach jemanden, der ab und an mal seinen Namen sagt. Und ihn nicht immer insgeheim Jürgen Klinsmann nennt. Es spricht ja sonst niemand mit ihm. Noch nicht mal seine Mutter. Die spricht lieber mit ihrem Hund.

Weil ich vergessen habe, mein Rad in die Garage zu sperren, muss ich jetzt zu Fuß einkaufen gehen. Auf der Straße treffe ich Philips Mutter, die mit ihrem Hund spricht. Sie kniet neben ihm, streichelt seinen Kopf und sagt immer denselben Satz: »Ja, wo ist er denn? Ja, wo ist er denn?« Sie krault ihn hinter den Ohren, der Hund mag das. »Ja, wo ist er denn? Ja, wo ist er denn?«

Ich wünsche mir, der Hund könnte antworten: »Na, da, direkt vor dir, dumme Kuh.«

Aber der Hund schweigt. Wenigstens stottert er nicht, denkt sich Philips Mutter vielleicht. Ich gehe ohne zu grüßen vorbei. Grüßen bedeutete ein Gespräch, und dann müsste ich ihr vielleicht sagen, dass ihr Sohn wieder an meinem Rad war. Weil sie das immer fragt: »War mein Sohn wieder an Ihrem Rad?«, fragt sie immer, und ich will nicht antworten. Viel lieber möchte ich wissen, was es mit dem Trikot auf sich hat. Warum ihr Sohn es immerzu trägt. Wie sie das waschtechnisch hinkriegt. Ob Jürgen Klinsmann, als er klein war, auch ständig die Luft aus den Rädern in seiner Straße gelassen hat?

Im Supermarkt kaufe ich Obst. Als ich es abwiegen will, fehlt auf der ersten Taste der Waage das Symbol für Bananen. Stattdessen steht dort »Datteln«. Ich bin sehr verwirrt. Habe aber schon die Taste gedrückt. Aus Gewohnheit, weil Bananen sonst immer auf der ersten Taste sind. Das muss so sein. Die Waage spuckt das Klebeetikett aus, »Datteln« steht darauf. Die sind sehr viel teurer als Bananen. Ich versuche, das Etikett loszuwerden, es pappt an meinem Daumen. Wieso ist das eigentlich so, dass Bananen immer auf der ersten Taste der Waage sind? Ich suche die ganze Waage ab, das Symbol für »Bananen« fehlt.

»Sie müssen Äpfel drücken«, sagt die Frau hinter mir, »das ist billiger.«

Ich will aber nicht, dass dann auf meiner Plastiktüte »Äpfel« steht, wenn Bananen drin sind. Ich mache die Kassiererin darauf aufmerksam, dass auf der Waage die Bananen fehlen. Dass da jetzt »Datteln« stünde.

»Haben Sie Taste eins gedrückt?«, fragt die Kassiererin.

»Ja.«

»Dann stimmt's auch.«

Ich gehe nach Hause. Mutter und Hund sind weg. Ich ärgere mich. Soeben habe ich die teuersten Bananen meines Lebens gekauft. Als Datteln getarnt. Dafür hat irgendjemand mein Rad wieder aufgepumpt. Wahrscheinlich Jürgen Klinsmann. Wahrscheinlich hat seine Mutter mein plattes Rad gesehen und ihrem Sohn gesagt, er solle es wieder aufpumpen. Vielleicht hat sie aber auch nichts gesagt und das Rad selber aufgepumpt, weil sie sich schämt. Heute wundert mich ohnehin nichts mehr.

Waren Bananen tatsächlich immer auf der ersten Taste? Seit der Wiedervereinigung bestimmt. Da haben alle wie blöd Bananen gekauft. Im Osten vor allem, weil man sie dort nur schwer bekam. Und im Westen auch, damit die neuen Brüder und Schwestern nicht alle wegkaufen. Ich mochte diese Zeit nicht, weder das notorische »Gegen den Osten sein« der Wessis noch den offiziell propagierten neuen Nationalstolz: »Deutsche, kauft deutsche Bananen.« Sind ja schließlich auch gesund, im Fernsehen sieht man oft Sportler, wie sie Bananen essen. Auch Fußballer. »Jetzt sind wir auf Jahre unschlagbar«, hat Franz Beckenbauer nach der Wiedervereinigung gesagt. Unerträglich fand ich das. Und ein Jahr später wurde Deutschland dann auch Weltmeister. Das fand ich noch unerträglicher. Dass Franz Beckenbauer Recht behielt. Dabei hätte Deutschland wahrscheinlich auch ohne die Wiedervereinigung gewonnen. Aber danach fragt heute keiner mehr. Es passte einfach zu gut. Diese blöde Aufbruchsstimmung, die keine war. »Wir sind wieder wer!« 1954 war ganz ähnlich, nur trägt Philip kein Rahn- oder Fritz-Walter-Trikot, sondern das von Jürgen Klinsmann. Die ganze Mannschaft von 1990 mochte ich nicht. Keine Seele, kein Esprit. Alles nur Mitläufer: Matthäus, Brehme, auch Klinsmann.

»So kann man das aber nicht sehen«, sagen die Leute. Natürlich kann man. Ich bin ein Gewohnheitstier. Ich will das gar nicht anders sehen. Und genauso wenig will ich, dass etwas anderes als »Bananen« auf der ersten Taste der Waage steht.

Am nächsten Morgen ist mein Fahrrad natürlich wieder platt, also war's doch eher die Mutter. Im Supermarkt steht immer noch »Datteln« auf der ersten Taste. Ich stelle mich in die Nähe der Waage und warte. Viele Leute kaufen Bananen. Sie drücken wie wild auf der Tastatur herum. Die Etikette kleben sie an die Seitenwand der Waage. Nicht mit mir, denken die Leute wahrscheinlich, jetzt suche ich mir das Billigste. Also Datteln schon mal nicht. Lieber Äpfel. So sind die Leute. Wieso steht da Datteln?, denke ich.

Zu Hause ist mein Fahrrad immer noch platt. Vielleicht hatte die Mutter noch keine Zeit? Ich schlage im Lexikon unter »Datteln« nach. Dort steht, dass Dreiviertel der Weltdattelernte im Irak produziert wird. Vielleicht ging's da gar nicht um Öl? Während des Irakkrieges haben alle immer nur von Öl geredet oder von Terroristen. Von Datteln kein Mensch. 75 % aller Datteln kommen heute auf jeden Fall nicht mehr aus dem Irak, so wie es da jetzt aussieht.

George Bush hat in einer Wahlkampfrede gesagt: »Die Mehrzahl der amerikanischen Importe kommen aus dem Ausland.« Vielleicht haben ihn die Amerikaner ja deswegen gewählt, weil sie dachten, da hat er Recht, der Mann. Muss gar nicht immer Öl sein, auch Datteln sind teuer.

Jürgen Klinsmann lebt jetzt ja auch in Amerika. Mit seiner Familie. Einfach so. Wie Jürgen Klinsmann seine Karriere beendete, war er mir zum zweiten Mal sympathisch. Er hörte einfach auf. Nahm keinen Trainerjob an. Nervte nicht als Experte in Sportsendungen. Machte keine Fußballübertragungen als Co-Moderator kaputt. Hängte einfach sein Trikot an den Nagel und ging. Das war weltmeisterlich. Vielleicht würde er irgendwann zurückkommen, sagte er, als was auch immer, aber vorerst … nein. Er wolle mit seiner Familie in Amerika leben, erst mal richtig Englisch lernen. Das wäre auch für George Bush was.

Mir fällt ein, dass George Bush, als er noch klein war, gestottert hat. Ob so was von so was kommt? Ob Philip später auch mal Länder bombardiert? Man weiß ja nie.

Mein Fahrradreifen ist immer noch ohne Luft. Und im Supermarkt gibt's nach wie vor keine Bananen. Zumindest nicht legal. Ganz unten auf der Tastatur der Waage entdecke ich allerdings ein zweites Schild für »Datteln« – und deutlich günstiger als auf der ersten Taste. Vielleicht haben die das einfach nur vertauscht? Ich lege meine Bananen auf die Waage und drücke die untere Datteltaste. Auf dem Klebeetikett steht »Datteln« und ein sehr billiger Preis. War der Krieg also doch zu etwas gut.

Ich will nicht, dass Philip später mal so wird, denke ich. Ich will, dass er so wird wie Jürgen Klinsmann. Er soll das blöde Trikot ausziehen und fertig. Aussteigen. Sich erholen. Etwas anderes machen. Und Jahre später, 2006 von mir aus, soll er zurückkommen. Geläutert. Erwachsen.

Man muss klein anfangen. Ich lege die Bananen zurück und tue Datteln in die Tüte. So hat alles seine Ordnung. Ich zahle mit einem guten Gefühl und gehe heim.

Ich mag überhaupt keine Datteln.

Mein Fahrrad ist immer noch platt.

Philips Mutter kniet auf der Straße und spricht mit ihrem Hund.

»Ja, wo isser denn?«

Ich grüße.

Ob ihr Sohn mal wieder an meinem Fahrrad gewesen sei, fragt sie.

Ich sage, dass ich Jürgen Klinsmann sympathisch finde, weil er mal eine Werbetonne eingetreten hat, obwohl er Weltmeister war. Ich sage, dass der einfach aufgehört hat, der hat sein Trikot ausgezogen und ist nach Amerika, und wenn der das kann, dann kann Philip … und waschtechnisch geht das doch auch nicht ewig. Ich sage, dass ich Bananen kaufen wollte, stattdessen aber Datteln mitgebracht hätte, obwohl ich die gar nicht mag, weil die aus dem Irak sind. Man muss klein anfangen. Ob Philip wohl Datteln möchte. »Hier, ich schenke sie Ihnen. Geben Sie sie ihm doch.«

»Danke. Das ist aber nett«, sagt sie.

Vor dem Zubettgehen pumpe ich mein Fahrrad auf und stelle es an die Straße. Damit Jürgen Klinsmann jemanden zum Reden hat.

Steffen Kopetzky
Das rechte Mittelfeld

Keine Position ist so von Rätselhaftigkeit durchsetzt wie das rechte Mittelfeld. Wohl gibt es eine Menge Spieler, die immer wieder auf der rechten Seite spielen, und zwar weder ausschließlich hinten, noch völlig vorne – dennoch lässt sich aber keiner von diesen dem klassischen rechten Mittelfeld zuordnen. Babbels Vorstöße etwa bringen ihn immer wieder vorübergehend auf strategische Ausgangspositionen, die man als rechtes Mittelfeld ansprechen muss; Deisler und Scholl könnte man nennen; auch Basler. Der klassischen Idee des rechten Mittelfeldes widersprechen aber bei diesen ihre zentrierend-gestalterischen Neigungen; des anderen, Baslers, unvorhersehbare Pläne zu Vorwärtsbewegungen, wie weit sie dann auch jeweils kommen mögen. Und Babbel ist nach England gegangen!

Mehr oder weniger gibt es das rechte Mittelfeld als Begriff nur noch, weil die Aufteilung des – spiegelsymmetrisch in links und rechts geteilten – Feldes eben »hinten«, »Mitte« und »vorne« vorsieht. Es ist aber nur eine scheinbare Symmetrie. »Wenn man über rechts kommt«, sagte mir zum Beispiel Karl-Heinz Rummenigge neulich beim Darts, »wenn man über rechts kommt, muss die hintere Mitte links wandern, da es sonst vorne Einbrüche gibt!« Dieser aufschlussreiche analytische Satz meines Dartsfreundes würde, bezogen auf das linke Mittelfeld, niemals akzeptiert werden. Links zu kommen ist raffiniert, da muss keine hintere Mitte rechts (ausgerechnet!) wandern, weil vorne, wenn man über links kommt, sowieso nichts anbrennen kann. Hier verbirgt sich eine psychologische Schwäche unserer rechtshändigen Kultur, die das Überraschende automatisch nach links tut, das Gewöhnliche aber nach rechts. Weshalb auch alle überraschenderweise immer von links kommen, wenn sie in die Mitte, das Tor, wollen. Die Symmetrie ist nämlich nur eine scheinbare, ideologische. In der psychologischen Wahrheit ist das Spielfeld gekrümmt, und an der Stelle des rechten Mittelfeldspielers befindet sich ein Rätsel.

Es kann insofern auch nicht verwundern, dass man einem der größten, selbstverständlich defensiv ausgerichteten rechten Mittelfeldspieler – brillant während der Europa-Meisterschaften in den Sechzigern – mit beleidigendem Unverständnis begegnete: Giovanni Trapattoni. Er legte in seinen Spielertagen das rechte Mittelfeld mit jener überraschenden Hartnäckigkeit aus, die ihm später als Trainer den billigen Spott einer verrohten Öffentlichkeit einbrachte, die sich erhaben glaubt, nur weil sie regelmäßig in fehlerhaftestem Italienisch ihre »Pizza-Mit-Allem-Und-Viel-Knoblauch« bestellt. Niemals hätte ein zum Meistertrainer avancierter linker Mittelfeldspieler, Libero oder gar banaler Mittelstürmer es vermocht, mit der Klasse *zurückzutreten*, wie der unverstandene Trapattoni sie an seinen letzten Arbeitsorten an den Tag legte. Damit teilte er das tragische Bewusstsein seiner früheren Position, die ein Rätsel ist, mit der Eleganz des wahren Gentleman, der, ohne viel Worte, durchaus *zurücktritt*, wenn es die defensive Ethik verlangt. Besser lässt sich das rechte Mittelfeld nicht charakterisieren. »Weil, wie so oft liegt auch hier die Mitte in der Wahrheit«, sagte mir Rudi Völler neulich nachdenklich beim Darts, während er eine volle Flasche Bier so entschieden öffnete, dass der Korken in einer euphorischen Kreisbewegung nach oben stieg, dann aber wie ein Stein zu Boden stürzte und liegen blieb.

Philipp Köster
Herr Berger und der Himbeergeist von Spiez
Aus Fritz Walters geheimen Tagebüchern

Man meint ihn zu kennen: Fritz Walter, Kapitän der Weltmeisterelf von 1954, Ehrenspielführer und tadelloser Sportsmann. Doch zu lesen gab es von Fritz Walter in der Regel nur Aufsätze, die offenkundig durch fremde Hand bereinigt und geglättet worden waren. Das erst vor Wochen in einer unscheinbaren Kladde entdeckte Tagebuch Fritz Walters ermöglicht nun erstmals einen ganz anderen Blick auf das legendäre Turnier. Walter schreibt offen und freimütig über seine ganz besondere Beziehung zu Sepp Herberger, über die großartige Kameradschaft in der Truppe und über den legendären Geist von Spiez.

8. Juni, Trainingslager

Unser zweiter Tag in der Schweiz. Die Laune ist am Gefrierpunkt. Denn hier in Spiez geht gar nichts, keine Tanzlokale, keine Damen, keine Restaurants. »Da hätten wir auch in Lautern bleiben können«, meckert Ottmar. Recht hat er. Erst spät abends bessert sich die Laune. Ein Quartett hat sich bei Otti und mir auf dem Zimmer eingefunden. Morlock hat zwei volle Flaschen Himbeergeist in der Minibar entdeckt. »Der Geist von Spiez«, grinst er. Wir kippen uns einen hinter die Binde. Und noch einen und noch einen. Plötzlich ist Alarm draußen, Posipal linst durch das Schlüsselloch und flüstert dann hektisch: »Achtung, Jungs, Herr Berger im Anmarsch«. Wir türmen in die Betten, ich liege mit Liebrich und Morlock unter der Decke. Ottmar löscht in letzter Sekunde das Licht und macht ebenfalls den Abflug in

Richtung Bett. Gerade noch rechtzeitig, denn schon hören wir den Chef die Tür öffnen, das Licht geht an. »Nicht atmen, Jungs«, zische ich nach unten, Morlock ächzt in meiner Beinschere. Dann geht das Licht aus, die Tür fällt ins Schloss. »Das war knapp«, lässt sich Liebrich unter der Decke vernehmen. »Beinahe hätte uns der alte Zausel entdeckt.« Plötzlich geht das Licht an, der alte Zausel hat uns geleimt und steht immer noch im Zimmer. »Nabendscheff«, murmele ich verlegen. Herberger macht auf betroffen. »Gerade von ihnen, Fritz, hätte ich das nicht gedacht.« Und Abgang mit Türenknallen. Na fein, morgen ist wahrscheinlich Dauerlauf mit Steinerucksack angesagt.

12. Juni, immer noch Trainingslager

Mal wieder Morgenandacht mit Herberger. »Männer, habe die große Ehre, Ihnen mitteilen zu dürfen«, verkündet er, »dass der Fußballbund bei Erreichen des Finales als Extraprämie ein paar Fußballschuhe für jeden Teilnehmer ausgelobt hat.« Brüllendes Gelächter. Der Chef ist eben immer für einen Scherz gut. Dann mopst sich Morlock: »Aber jetzt mal im Ernst, Herr Herberger, unter 5000 extra fürs Finale laufe ich keinen Meter.« Beifall von der ganzen Truppe. Herberger mimt den Karpfen, schnappt nach Luft: »Aber Sie sind doch Amateure, meine Herren.« Noch so ein Schenkelklopfer, Amateure, köstlich. Herberger ist wirklich in Topform. Am Ende einigen wir uns auf 4000 Steine extra für den Titel, bar auf die Hand, auszahlbar in der Kabine. Und der Chef braucht dringend Riechsalz für zwanzig Pfennig.

17. Juni, Auftaktmatch gegen die Türken

Das Bergstübl am Marktplatz ist unsere zweite Heimat geworden. Die beste Kneipe, seien wir ehrlich, die einzige Kneipe in Spiez. Frisches Bier und verschwiegenes Personal, so hat man es gern. An der Theke wird es allerdings abends eng. Adi Dassler steht hier und erzählt einen vom Pferd. Hat angeblich Schraubstollen erfunden, na, wer es glaubt. Lässiger Konter von Ottmar übrigens: »Adi, wenn ich was über Stollen hören will, gehe ich auf den Weihnachtsmarkt.« Auch Herbert Zimmermann vom Radio hat schon einen Deckel und führt das große Wort. »Keine Chance haben die Jungs, beim besten Willen nicht!« Turek geht mal rüber und klopft Herbert den Staub von der Jacke, plötzlich ist Sendepause am Tresen. Eben der Toni! Später geht es dann mit dem Opel Kapitän von Zimmermann den Hügel zum Hotel hoch. Wir haben alle ordentlich getankt, und Fahrer Turek macht zwischendurch gerne mal eine zweite Spur auf. Zimmermann kommentiert komplett vollstramm von hinten: »Turek, dieser begnadete Rennfahrer, die Zuschauer an der Strecke fragen sich bang: Wird er auch dieses Jahr den großen Preis der Schweiz gewinnen?« Riesenstimmung, dann plötzlich die Gendarmerie, das hat uns gerade noch gefehlt. Der Wachtmeister winkt uns heraus. »Allgemeine Verkehrskontrolle, die Papiere bitte.« Turek kurbelt das Fenster herunter und reicht Papiere raus, 100 Schweizer Franken müssten reichen. »Für die Mannschaftskasse!« Der Wachtmeister tippt an seine Schirmmütze. »Eine gute Weiterfahrt, die Herren!« So fährt ein Weltmeister.

19. Juni, Vorabend des Vorrundenspiels gegen Ungarn

Morgen geht es gegen die Paprikas. Soll uns aber nicht kümmern, es ist wieder mal prächtige Stimmung bei uns auf dem Zimmer. Fast die ganze Mannschaft ist angetreten, und Posipal hat ein paar adrette Kellnerinnen aus dem Bergstübl organisiert. Ottmar wirft das Grammphon an, und alle singen kräftig mit. »Du schöner Westerwald«, natürlich nicht die jugendfreie Version. Aber wer steckt wieder die Birne zur Tür herein und macht auf

Tugendwächter? Boss Rahn natürlich: »Bitte ein bisschen leiser, Jungs, andere wollen schlafen!« Der alte Spießer kann einfach nicht richtig feiern, macht lieber Männchen bei Herberger. Ottmar gießt allen nach, hoch die Tassen, einer geht noch. Gegen vier Uhr morgens werden die leeren Weinflaschen auf dem Flur aufgestellt, und Posi wirft eine fabulöse Acht ums Vorderholz, dieser Teufelskerl. Turek hingegen wird Pudelkönig, legendäre Wurftechnik, immer in den Kanal, mein lieber Mann. Alle skandieren: »Toni, du bist ein Kegelgott!« Werde am nächsten Morgen allerdings unsanft von Ottmar geweckt: »Steh auf, Fritz, wir haben verschlafen! Der Bus wartet schon.« Heilige Maria, mein Schädel brummt. Da muss mir einer nachts ordentlich was mit der Bratpfanne über den Schädel gegeben haben. Später auf dem Platz läuft nichts zusammen, die ganze Mannschaft hat ordentlich getankt gestern. Otti, Morlock, Turek und Schäfer sind voll wie zehn Russen und liegen in der Kabine. Ich spiele, habe aber ständig vier Gegenspieler um mich. »Vier Gegenspieler? Ich sehe nur einen!«, konstatiert Rahn. Aber der hat gut reden, hat gestern Abend ja auch nur Apfelschorle getrunken. Wir verlieren trotz der widrigen Umstände nur knapp mit 3:8. Quasi aus Taktik.

30. Juni, Semifinale gegen Österreich

Irgendwie sind wir weiter, trotz der Nummer gegen die Ungarn. Warum, kapiert keiner. Nun ist jedenfalls Halbfinale gegen die Nachbarn. Kann ich ja gar nicht leiden, die Brüder. Allein schon die Namen, Hanappi, Stojaspal, Zeman, kann ja keiner aussprechen. Außerdem kommen mir die Kollegen gleich komisch. »Schleich di«, zischt mir der Keeper Zeman zu, bloß weil ich seine Rippen mit dem Ellenbogen poliere. Später, wir führen bereits fünfeins, ist Zeit für Fritze Walters Spezialität. Robbe mich beim Eckball heimlich an Hanappi ran, und im Getümmel greife ich dem Kameraden herzhaft ins Gemächt. Habe die Ehre, Herr Hofrat, der singt ab sofort im Knabenchor. Ottmar lacht: »Gut gemacht, Fritz!« Gleich danach loche ich Probst mit einem gezielten Tritt die Achillessehne. Wieder Treffer versenkt, der Knabe macht den Abflug ins Tiefparterre und wälzt sich auf dem Rasen. Ich reiche ihm kameradschaftlich die Hand und lache ihn freundlich an: »War Absicht.« Fair geht eben vor.

3. Juli, Vortag des Finales

Wieder mal Besprechung im Hotel. Herr Berger hat wieder seinen Sprüchetag. Aphorismen, Schüttelreime, alles dabei. Gestern hatte er einen rausgehauen, man glaubt es nicht. Zeigefinger hoch und dann: »Der Ball ist rund.« Turek schlagfertig, schlug sich theatralisch vor den Kopf: »Hätte ich das früher gewusst, jetzt wird mir einiges klar!« Was für ein Spaß! Die ganze Mannschaft amüsierte sich. Nun quakt Herberger aber schon eine geschlagene Stunde. Kämpfe mit dem Schlaf, aber zu dumm, sitze direkt in der Luftlinie. Kann mir nichts mehr leisten. Liebrich und Schäfer spielen heimlich Karten. Ottmar, der Taktikfuchs, sitzt im toten Winkel und döst. Jetzt kommt schon wieder ein Klopfer vom Chef: »Das nächste Spiel«, hebt Herberger an, »ist immer das nächste.« Ratlosigkeit bei der Truppe, dann bequemt sich der Kollege Kohlmeyer: »Müssten Sie vielleicht noch dran arbeiten, Chef. Aber prinzipiell ein prima Spruch.« Herberger nickt zufrieden, und wir dürfen auf den Platz zum Training.

4. Juli, Finale in Bern gegen die Ungarn

Ausverkaufte Hütte in Bern. Aber die Laune ist schlecht. Präsi Peco Bauwens ist noch immer nicht mit der versprochenen Prämie rübergekommen. Die Mannschaft meutert. Turek kündigt an: »Ich kann auch mal einen durchlassen!« Außerdem ist das

Wetter mies. Herberger scheint das nicht zu stören. Er kommt kurz vor dem Anpfiff auf mich zu. Hui, auch der Chef riecht streng, tippe auf Eierlikör. Er lallt mir ins Ohr: »Fritz, das ist dein Wetter.« Ich rolle genervt mit den Augen. Von wegen mein Wetter, selten so gelacht. Es regnet seit Stunden dicke Bindfäden, und nach zwei Minuten ist meine Frisur komplett im Eimer. Eine halbe Stunde Ondulieren für die Katz. Dann Anpfiff, und die Truppe schiebt Dienst nach Vorschrift. Prompt fangen wir uns zwei Dinger, und Toni grabscht schön neben den Ball. Dann endlich schwenkt Peco auf der Tribüne den Alukoffer mit den Flocken. Na also, geht doch. Gleich macht Morlock den ganz langen Zeh, schaufelt die Kugel rein. Und noch eine Bude hinterher, dann ist Halbzeit. Herberger reicht kleine weiße Pillen. »Was ist denn das, Chef?«, wagt Kohlmeyer zu fragen. »Nennen wir es mal Vitamine«, grinst Herberger. Wir werfen die Pillen ein. Schmecken nach gar nichts, machen aber einen verdammt schnellen Fuß. Das merken wir, als es wieder losgeht. Nehme dem ollen Puskas auf hundert Meter dreißig ab. Schäfer natzt Boszik, dann fischt sich der Boss die Kugel, legt sich die Murmel von rechts auf links und gibt ein ordentliches Pfund ins linke Eck. Jetzt gilt es. Noch sechs Minuten zeigt die Stadionuhr. Oben auf der Tribüne schreit die Nervensäge Zimmermann: »Auch Fußball-Laien sollten ein Herz für diese deutsche Mannschaft haben.« Kann er ja nur sich selber meinen. Dann ist Schluss, wir sind Weltmeister. Der Chef ist ganz gerührt und haut wieder einen raus: »Elf Freunde müsst ihr sein!« Kohlmeyer wieder ganz frech: »Herr Berger, machen Sie doch einen Schüttelreim draus!« Morlock, Otti und ich, wir linsen in den Pokal. »Da passen mindestens fünf Liter rein«, schätzt Max. Das probieren wir heute Abend aus, natürlich im »Bergstübl«. Und Helmut Rahn darf Apfelschorle bestellen.

Dagmar Leupold

Warum es mich nicht wundert, dass die Franzosen schließlich doch noch Weltmeister wurden

Ein poème en prose

Das Schönste am Tor ist das *o*. Keine Sprache, in der beim Torjubel ein anderer Vokal gefeiert wird: Gol! Im Spanischen, Italienischen, Polnischen, Ungarischen, Serbo-Kroatischen, Russischen und Holländischen – um nur eine kleine Auswahl zu nennen – hat das englische *goal* Einzug gehalten; bei der Ausleihe ist das überflüssige *a* unter den Tisch gefallen. Es ist der Triumph der Lautmalerei, vielmehr der O-n-o-ma-to-po-esie. Wer schreit, will genießen. Wer trifft, will runde Sachen, globale *os* eben. Eine einzige Nation tanzt aus der Reihe (die Deutschen schreien zwar nicht gol!, haben aber immerhin ein *o* im Tor) – das sind die Franzosen. Hüter des Purismus, die nationale Putzkolonne immer auf der Suche nach Anglizismen-Ungeziefer. Die Franzosen sagen, wenn ein Tor fällt, nämlich **faire un but**. Sie müssten also, wenn ihre Mannschaft ein Tor schießt, *but!* jubeln – aber wie soll das gehen? Das spitze Mündchen, das man braucht, um *but* auszusprechen, kann man allenfalls zum Küssen der nach Kampfer und Intrige riechenden Großtante oder zum dezenten Auslutschen einer halben Zitrone gebrauchen, aber nicht zum Tor-Chor. Stellen Sie sich vor, ein Tor, *goooooool!!!!!! fällt*, und der Kommentator sagt: *on a fait un but.* Die Sponsoren würden einpacken bei so viel Verschämtheit. Derartig kleinlaut das »ü«: nicht, als hätte es einen Treffer gegeben, sondern einen Ausrutscher. Lob gebührt den Medien also dafür, dass Fußball Kommerz wurde und Quote braucht; so konnte sich das gol! auch in Frankreich durchsetzen – und, siehe da! – aus »Büttisten« wurden Torjäger und, zu guter Letzt, 1998, Weltmeister, *world champions.*

Wer also wollte die Medien schelten, ohne die der Triumphschrei des *o* in den Stadien verhallt wäre? Und hat nicht auch Trappatoni mit seinem herzerfrischenden öffentlichen Nachdenken über nicht ganz so volle Flaschen dem *o* seine Referenz erwiesen (Struuuunz kann übrigens von Glück reden, dass er kein *o* im Namen hat – *stronzo* im Italienischen ist nämlich ein richtiges Rote-Karte-Wort), und hat er, Trappatoni, nicht aus uns allen wahre *tifosi* des medialen Esperanto gemacht? Jetzt ist die Flasche sogar *völler* – aber über Umlaute und ihre Tücken wollen wir an dieser Stelle nicht sprechen.

Aus Sicht des Fußballs – des *football,* des *soccer*, des *calcio* – war das Universum schon immer so rund wie der Dollar. Le**O** K. weiß das, und **O**liver K. auch. Und für die Unsportlichen unter uns: Bereits im Lateinischen war der Mund ein Volltreffer: *os* mit langen *o.* Nicht zu verwechseln mit dem *os,* kụrzes *o,* dem Knochen. Den kann man sich brechen, in jeder Sprache.

Und zum Schluss, ganz im Ernst und jenseits von Wortklauberei, mein innigster Fußballwunsch: dass Mainz 05 – ich sollte sagen *oh five* – es endlich schafft, in die Bundesliga zu kommen!

Matti Lieske
Puskas gibt es nur einmal

Die Frage nach dem größten Verlierer des WM-Finales 1954 ist leicht zu beantworten: Das war Ferenc Puskas, der ungarische Fußball-Titan mit dem schier unfehlbaren linken Fuß. Ein unwiderstehlicher Stürmer, der in 84 Länderspielen 83 Tore schoss und in zwei der besten Fußballteams aller Zeiten spielte: der ungarischen »Goldenen Mannschaft«, die in sechs Jahren nur ein Spiel verlor, dummerweise das wichtigste, und Real Madrid, das Ende der 50er Jahre Europas Vereinsfußball beherrschte. Ein charismatischer Dauerquatscher, der kaum eine Sekunde auf dem Spielfeld verbrachte, ohne irgendwelchen Kollegen Anweisungen zu erteilen. Puskas, der strahlende Held aller Magyaren, der in den schwierigen Jahren der frühen kommunistischen Herrschaft nahezu gottgleichen Status bei seinen Landsleuten genoss – bis zum fatalen Endspiel von Bern.

Wenigstens befindet er sich in guter Gesellschaft. Es gibt eine ganze Reihe von begnadeten Fußballern, die niemals Weltmeister wurden: Stanley Matthews, Johan Cruyff, Mathias Sindelar, Lew Jaschin, Eusebio, George Best, Michel Platini, Alfredo Di Stefano, Gianni Rivera, Zico und noch einige mehr. Keinen erwischte es jedoch so unglücklich wie den kleinen Major mit dem stämmigen Leib, der schon in den Nachkriegsjahren als Jugendlicher am engagiertesten kickte, wenn der Schlachter seines Budapester Viertels Kispest Würste als Siegespreis ausgesetzt hatte. War das WM-Finale 1954 in Bern für die Deutschen ein Wunder, so war es für die Ungarn der pure Weltuntergang. Für den schussgewaltigen Kapitän des goldenen Teams war es das Inferno.

Eine zweite Chance hielt das Schicksal für Ferenc Puskas nicht bereit. Sein ungarisches Wunderteam verkraftete zwar gerade noch die sensationelle 2:3-Niederlage gegen Deutschland, den ungarischen Volksaufstand von 1956 und seine Zerschlagung durch die sowjetische Armee verkraftete es aber nicht mehr. Die besten Spieler brachen mit ihrem Land und dessen Machthabern, die Mannschaft zerstreute sich in alle Winde. Puskas verschlug es ebenso wie Zoltan Czibor und Sandor Kocsis nach Spanien, ohne seine Stars scheiterte Ungarn bei der WM 1958 in Schweden in der Vorrunde an Wales und den Gastgebern. Vier Jahre später spielte Puskas zwar noch einmal bei einer Weltmeisterschaft, doch 1962 in Chile trug er nicht mehr das ungarische Trikot, sondern das einer zwar glänzend besetzten, aber mit ihrem argentinischen Trainer Helenio Herrera heillos zerstrittenen spanischen Nationalmannschaft. Der ebenfalls eingebürgerte Alfredo Di Stefano reiste mit nach Südamerika, setzte aber keinen Fuß auf chilenischen Rasen. Offiziell wegen einer Verletzung, in Wahrheit jedoch wegen eines heftigen Streits mit Herrera. Puskas, Klubkamerad von Di Stefano bei Real Madrid, spielte zwar, schoss jedoch kein einziges Tor, und die hochgehandelten Spanier mussten nach knappen Niederlagen gegen die späteren Finalisten Brasilien und Tschechoslowakei frühzeitig und enttäuscht die Heimreise antreten. Für Ferenc Puskas muss Chile die reinste Tortur gewesen sein, eine schmerzliche Erinnerung daran, wie intensiv er acht Jahre zuvor am Weltmeistertitel geschnuppert hatte und wie schrecklich die Sache im Wankdorf-Stadion damals schief gelaufen war.

Gute Verlierer waren die Ungarn 1954 ganz gewiss nicht. Nach der jahrelangen Siegesserie, die dem Turnier vorangegangen war, gab es niemanden im ganzen Land, der nicht hundertprozentig überzeugt war, dass der Titel nur an das goldene Team gehen konnte. Inmitten politischer Wirren und Machtkämpfe, die das kommunistische Ungarn nach dem Tod Stalins zerrissen, war es der Fußball, der in dieser Zeit eine zuverlässige Oase der Freude und des Glücks darstellte. Für die WM 1950 in Brasilien hatte der Verband aus finanziellen Gründen nicht gemeldet, doch 1952 gelang mit dem Olympiasieg in Helsinki durch ein 2:0 gegen Titos Jugoslawien der erste große Wurf. Das olympische Gold – in der kapitalistischen Welt wegen des Staatsamateurismus als Erfolg minderer Güte geschmäht – sollte eigentlich nur ein Vorgeschmack auf die Triumphe sein, die dem jungen Team von Ballzauberern, das sich um Puskas rankte, noch bevorstanden. Und als die arroganten Engländer, die sich trotz ihrer Blamage bei der WM 1950 mit dem 0:1 gegen die USA ungeniert weiter als Hohepriester des Fußballs gerierten, nacheinander mit 6:3 und 7:1 abgefertigt wurden, war die Sache endgültig entschieden: Ungarn würde beim Turnier in der Schweiz endlich den Coupe Jules Rimet holen, der dem Land 1938 in Paris noch versagt geblieben war, als das Finale mit 2:4 gegen Italien verloren ging.

Umso größer war der Katzenjammer nach dem Unglückstag von Bern. Dass es bei dieser Niederlage mit rechten Dingen zugegangen war, mochte auf ungarischer Seite niemand glauben. Ferenc Puskas, der selbstbewusste und wortstarke Major, zögerte nicht, schon kurz nach dem Finale der Stimmung im Heimatland mit ersten Betrugsvorwürfen Ausdruck zu verleihen. Bis heute ist er überzeugt, dass er sein Tor zum 3:3 zwei Minuten vor Ende der Partie vollkommen korrekt erzielt hatte und der späte Abseitspfiff des englischen Schiedsrichters Bill Ling Teil eines Komplotts war. »Wir waren schon wieder am Mittelkreis, als der Linienrichter die Fahne hob«, echauffiert er sich in seiner Autobiographie, »aber wir konnten ihn ja schlecht verprügeln.« Ungarns Trainer Gustav Sebes ließ seinerseits keinen Zweifel daran, wie merkwürdig er es nach den vorherigen Demütigungen des Fußball-Mutterlandes durch die Ungarn fand, dass sowohl im Halbfinale als auch im Finale ausgerechnet englische Schieds- und Linienrichter am Werk waren. Eine Szene wie das Abseitstor von Puskas würde heute unendliche Diskussionen und Fernsehbeweise nach sich ziehen, damals jedoch war die Sache international schnell abgehakt. Im kollektiven Gedächtnis der Deutschen wurde sie auf der Stelle getilgt, lediglich im fußballerischen Legendenschatz der Ungarn ist sie verewigt. Genauso wie das brutalste von drei schweren Fouls, die Werner Liebrich an Puskas in jenem Vorrundenspiel beging, das wiederum Eingang in den deutschen Legendenschatz fand.

Angeblich absichtlich hatte Sepp Herberger diese mit 3:8 verlorene Partie abgegeben, um die Ungarn für das Finale in Sicherheit zu wiegen. Es ist jedoch kaum denkbar, dass Herberger zu diesem frühen Zeitpunkt tatsächlich schon mit dem Erreichen des Endspieles plante. Da er ohnehin von einer Niederlage gegen die Ungarn ausging, wollte er lediglich einige Spieler für das über den Viertelfinaleinzug entscheidende Türkei-Spiel schonen, außerdem hatte er beileibe noch nicht seine Idealformation gefunden. So nutzte Herberger die Gelegenheit zu Experimenten, und tatsächlich spielte sich der Endspielgewinner Helmut Rahn just in dieser Partie in die Mannschaft. Auch in anderer Beziehung erwies sich dieses 3:8 als segensreich für die Herberger-Elf. Liebrichs rüder Tritt beim Stande von 1:6 verletzte Puskas so schwer am Fußgelenk, dass er die restlichen Spiele bis zum Finale verpasste und auch dort sein Einsatz bis zum letzten Augenblick fraglich war. Als er dann, obwohl keinesfalls hundertprozentig fit, doch aufs Feld lief, war das ein Grund mehr, warum in Ungarn niemand an einem deutlichen Sieg gegen Deutschland zweifelte. Ohne ihren Torjäger hatten die Magyaren erst Brasilien in der »Schlacht von Bern« bezwungen, einem bösartigen Match mit Schlägereien und drei Platzverweisen, dann in einem begeisternden Halbfinale mit Verlängerung den Titelverteidiger Uruguay, der zuvor England mit 4:2 rausgeworfen hatte. Seit vier Jahren ungeschlagen, nacheinander glorioser Sieger gegen die beiden anderen unangefochten besten Teams der Welt, in den letzten sechs Spielen vor dem Finale insgesamt 42 Tore erzielt – wie sollten die Deutschen mit ihren bescheidenen fußballerischen Mitteln diesem Wunderteam gefährlich werden?

So unvorstellbar schien den Ungarn das 2:3 von Bern, dass auch jener Vorwurf auf fruchtbaren Boden fiel, den kein anderer als Puskas wenig später erhob. Herbergers Mannen seien gedopt gewesen, behauptete er forsch, nachdem das halbe deutsche Endspielteam – inklusive Bundestrainer – von einer Hepatitis befallen worden war. Ein Verdacht, der nahe lag und auch heute sofort ins Spiel kommen würde, wenn eine Gruppe von Sportlern eine Krankheit bekommt, die nur durch den Austausch von Körperflüssigkeit übertragen werden kann. Die Affäre um die merkwürdige Gelbsucht, die als ersten Helmut Rahn, den Siegtorschützen, befiel, wurde nie geklärt. Eine verunreinigte Injektionsnadel, mutmaßte der spätere Herberger-Assistent Dettmar Cramer einmal gegenüber Uwe Seeler, wie dieser in seiner Autobiographie berichtet. Nahe am ungarischen Verdacht immerhin, aber nicht zu beweisen, da es damals zwar schon die Praxis gab, Vitamine und Nährstoffe zu injizieren, Dopingkontrollen jedoch nicht. In Deutschland, wo die kollektive Ächtung anderer Länder gern von einschlägigen Blättern geschürt wird, sorgten die Anschuldigungen indes für einen Sturm der Entrüstung. Pusztateller und Schaschlik verschwanden von den Speisekarten der Gaststätten, so wie vier Jahre später die Schwedenplatte nach dem verlorenen Halbfinale von Göteborg gegen die vermeintlich aufgepeitschten Gastgeber. Puskas wurde zur Persona non grata erklärte, für zwei Jahre sperrte ihn der DFB für alle Spiele in der Bundesrepublik. Gnade fand er erst wieder, als er sich entschuldigt und die Äußerungen zurückgenommen hatte.

Erst lange nach dem Endspiel waren die ungarischen Spieler und ihr Trainer in der Lage, auch eigenes Versagen einzuräumen. Man habe nach dem schnellen 2:0 vergessen, »dass ein Spiel 90 Minuten dauert«, erklärte Puskas herbergerhaft, »wir hätten die Deutschen nach dem 2:0 nicht vom Haken lassen dürfen, sondern das dritte Tor schießen und ihnen den Garaus machen müssen«. Nicht die Deutschen hätten das Match gewonnen, »wir haben es verloren«, gab reumütig Torhüter Grosics zu, der noch viele Jahre später zu sagen pflegte: »Wenn man mich morgen früh weckt und an dieses Spiel erinnert, breche ich in Tränen aus.«

Dass zumindest Ferenc Puskas nicht gut verlieren konnte, verwundert kaum. Er hatte es einfach nicht gelernt. Von früher Jugend an war sein Leben eine einzige Erfolgsgeschichte gewesen. Scheitern oder gar Selbstzweifel waren unbekannte Begriffe für den forschen Buben, seit er 1943 als 16-Jähriger in die erste Mannschaft von Kispest Budapest, später Honved, aufgerückt war und sofort begonnen hatte, die altgedienten Veteranen zu deren großem Missbehagen herumzukommandieren. Sie lernten jedoch schnell, dass sie gut beraten waren, auf die Anweisungen ihres Nesthäkchens zu hören. Bald war »Öczi«, wie er allenthalben genannt wurde, die Seele der Kispest-Mannschaft, nicht lange danach auch die des Nationalteams. Öczi bedeutet »kleiner Bruder«, aber wie ein solcher benahm er sich ganz und gar nicht. »Ein Mundwerk so groß wie ein Haus«, bescheinigte ihm sein erster Biograph. Wo Puskas auftauchte, hatte er das Sagen, seine Präsenz und Überlegenheit auf dem Fußballplatz gaben dem ohnehin dominanten Charakter noch zusätzliche Chuzpe. Wenn er etwas nicht einsah, dann tat er es einfach nicht, egal, ob die Anweisung von einem Trainer, einem Funktionär oder dem eigenen Vater kam. Der war selbst ein hervorragender Fußballer in Reihen von Kispest gewesen und auch der erste Coach des talentierten Sprösslings, der angeblich schon im zarten Alter von neun Monaten die ersten Bälle dribbelte. Nur mit links, versteht sich. Vergeblich versuchte Vater Puskas, diese konsequente Einfüßigkeit zu beenden und Öczi zu überzeugen, dass man auch das rechte Bein zum Fußballspielen benutzen könne. »Wer beidfüßig schießt, fällt auf den Arsch«, entgegnete der Unbelehrbare ungerührt. Bekanntschaft mit dem Dickkopf des aufstrebenden Jungstars machte während seiner Zeit als Kispest-Trainer auch der später hochberühmte Bela Guttmann. Der wollte einen Verteidiger auswechseln, weil dieser seine Anweisungen nicht befolgte. Wie sich herausstellte, befolgte der Spieler stattdessen die Anweisungen des gerade 20-jährigen Puskas, der ihm prompt befahl, auf dem Feld zu bleiben. Keine Frage, auf wen der arme Kerl hörte. Guttmann nahm seinen Hut.

In den ersten Jahren im Nationalteam eckte Puskas mit seiner Art bei den Offiziellen des Fußballverbandes noch an und wurde sogar einmal für ein Jahr gesperrt, weil er sich in einem Länderspiel mit Gegenspielern angelegt hatte und anschließend die ungarischen Funktionäre beleidigte, die ihn zur Rede stellen wollten. Die Sperre wurde aber nie in Kraft gesetzt, und je güldener die Mannschaft glänzte, desto stärker wurde die Position ihres Kapitäns. Nicht nur für die Trainer, auch für zarter besaitete Mitspieler muss der scharfzüngige Puskas oft die Pest gewesen sein, doch das machte er locker mit seinem Humor, seiner gerühmten Kameradschaftlichkeit abseits des Spielfeldes und seinem Hang zum Wohlleben wett, von dem auch die Kollegen profitierten. In riesigen Mengen schleppten sie Schmuggelware ins darbende Land, wenn sie von Länderspielreisen zurückkehrten. Drohte Ärger, hielt Puskas, offiziell Angehöriger der Armee, den Kopf hin und bog die Dinge gerade. Der bald zum Oberst beförderte Kapitän pflegte beste Kontakte zu den Machthabern und genoss die besondere Gunst seines direkten Vorgesetzten, des mächtigen und gefürchteten Verteidigungsministers Mihaly Farkas. Der war ein Hardliner des stalinistischen Regimes, das mit Säuberungen und Schauprozessen gegen Opposition und »Abweichler« vorging und nicht gerade beliebt war im Land. Die Erfolge der Fußballer kamen da gerade recht, um die eigene Bevölkerung zu besänftigen und das Ausland zu beeindrucken – eine frühe Form der Theorie von den Diplomaten im Trainingsanzug.

Das Wohl des Fußballteams genoss bei den Politikern höchste Priorität. Was sich Gusztav Sebes, überzeugter Kommunist und seit 1949 Nationaltrainer, wünschte, bekam er auch. Die besten Fußballer des Landes wurden in den beiden Budapester Klubs Honved (Armee) und MTK (Geheimpolizei) zusammengezogen, leidtragender Klub war das beliebte Ferencvaros, das als Hort oppositioneller Gesinnung galt. Für die ungarische Mannschaft bedeutete das neue System, dass sie über zwei perfekt eingespielte Blöcke verfügte, die Sebes nahtlos miteinander verzahnte. Wo immer die Ungarn auftraten, wurde neben Technik und Tempo ihr Spielverständnis untereinander gelobt. Mochten sie noch so oft die Positionen wechseln – was sie sehr gern taten –: Jeder schien doch genau zu wissen, was der andere vorhatte. Dies war die Grundlage für einen Kombinationsfußball, wie ihn die Welt bis dahin so schnell, so flexibel und so perfekt noch nicht gesehen hatte. Außenstürmer zogen nach innen, Verteidiger rückten auf, der hängende Mittelstürmer Nandor Hidegkuti trieb sich überall herum, während dort, wo er eigentlich sein sollte, die Halbstürmer Kocsis oder Puskas auftauchten und nach Herzenslust ihre Tore schossen. Neben dem laufstarken Joszef Boszik, dem Jugendfreund von Puskas, bildete Hidegkuti das Zentrum dieses hochmodernen 4-2-4-Systems, das 1958 auch die Brasilianer erfolgreich praktizierten, und stellte die Mittelläufer in den starren gegnerischen Formationen vor Rätsel. Nie wussten sie, ob sie dieser seltsamen Nummer 9 überallhin folgen oder sich lieber um jemand anders kümmern sollten. Es ist vielleicht das größte Verdienst Herbergers, dass die Deutschen dieses ungarische Mittelfeld auf dem schweren Boden des Wankdorf-Stadions besser kontrollierten als die Gegner zuvor. Besonders Eckel lieferte gegen Hidegkuti eine große Partie.

Der Olympiasieg 1952 in Helsinki war der erste internationale Erfolg der Ungarn, für weit mehr Furore sorgte jedoch das rauschende 6:3 gegen England im Wembley-Stadion, dem sie einige Monate später in Budapest sogar ein 7:1 gegen denselben Gegner folgen ließen. Doch vor allem der Triumph in London, nach 90 Jahren die erste Niederlage, welche die Engländer im eigenen Land gegen einen Gegner vom Kontinent hinnehmen mussten, erregte globales Aufsehen. Vom dritten Tor, das Puskas aus der Drehung erzielte, nachdem er dem heranfliegenden Abwehrrecken Billy Wright den Ball nonchalant mit der Fußspitze aus der Flugbahn gelupft hatte, schwärmte die ganze Welt. Später erklärte Puskas den Treffer zum schönsten seiner Laufbahn. Nachdem sie die hochnäsigen Briten in deren eigener Löwenhöhle nach allen Regeln der Fußballkunst ausgespielt hatten, trug man die ungarischen Fußballer überall auf Händen. Während der gesamten Heimreise wurde die Mannschaft, wo immer ihr Zug Station machte, ob in Frankreich, Schweiz, Österreich oder schließlich in Ungarn, von begeisterten Menschenmengen bejubelt. Und Puskas war ihr ungekrönter König.

In einer Zeit, in der fast jeder, auch der mächtigste Politiker, fürchten musste, von einem Tag auf den anderen in Ungnade zu fallen, war Ferenc Puskas, der Liebling der Massen, nahezu unantastbar. Er scheute sich nicht, dieses Privileg weidlich auszunützen. Die Kunde von seinen frechen Bemerkungen gegenüber Machthabern wie Parteichef Rakosi oder Minister Farkas, die sich gern im Glanz der Fußballer sonnten, machte im ganzen Land die Runde. Beliebtester Adressat war Farkas. Als dieser einmal in einer schneeweißen Galauniform erschien, brach Puskas in schallendes Gelächter aus und rief: »Oha, ich dachte, es wäre der Eismann.« Und als er Farkas im Namen der Mannschaft bei einem anderen Besuch eine wertvolle Vase überreichte, der Minister sich jedoch zierte, dieses Geschenk zu akzeptieren, meinte Puskas lässig: »Nehmen Sie nur, man weiß nie, wie sich die Zeiten ändern.« Am besten spiegelt die Selbsteinschätzung des Fußballheroen auf der Höhe seiner Popularität beim Volk und bei den Mächtigen jedoch ein Satz wider, dessen Adressat ebenfalls Farkas war. Dieser hatte gescherzt, wenn Puskas so weitermache, werde er ein kurzes Leben haben, und er,

Farkas, müsse dann an seiner Stelle spielen. Puskas entgegnete ungerührt: »Minister kann jeder werden, aber Puskas gibt es nur einmal.« Man darf davon ausgehen, dass er es diesmal ernst meinte.

Dabei machte Puskas nie einen Hehl daraus, dass er vollkommen unpolitisch war. Von der gärenden Unzufriedenheit im Land, der sich anstauenden Wut, die sich im Aufstand des Oktobers 1956 entlud, hätten die Fußballer überhaupt nichts mitbekommen, sagte er später. Die kurze Reformphase mit dem gemäßigten Imre Nagy als Premierminister war 1953 von der Rakosi-Fraktion beendet worden. Diese setzte ihren ultra-stalinistischen Kurs selbst nach Stalins Tod unbeirrt fort und verschärfte die Repressionen noch, als sie ihre Macht durch Chruschtschows Entstalinisierung bedroht sah. Die Rückkehr Nagys an die Regierung im Zuge des Aufstandes währte nur kurz, dann setzte die Sowjetunion die Regierung von Janos Kadar ein und schlug unter Einsatz ihrer Panzer jeden Widerstand nieder. Die Entscheidung von Puskas, im Ausland zu bleiben, wo er mit seiner Mannschaft Honved seit Beginn des Aufstandes weilte, und 25 Jahre lang keinen Fuß mehr in sein Heimatland zu setzen, war jedoch keineswegs politisch begründet, sondern beruhte auf persönlicher Gekränktheit.

In jenen Tagen war Ferenc Puskas schon längst nicht mehr die Ikone von einst, und begonnen hatte das Sinken seines Sternes in Ungarn exakt am 4. Juli 1954 im Wankdorf-Stadion von Bern. Das verlorene Finale war ein radikaler Wendepunkt im Leben des Kapitäns der »Goldenen Mannschaft«. In nur 90 Minuten war er vom verhätschelten und abgöttisch geliebten Nationalhelden, den der WM-Titel endgültig in die Unsterblichkeit befördert hätte, zum Bösewicht und Beelzebub herabgesunken. Die Ungarn, die es nicht einen Augenblick in Betracht gezogen hatten, nicht Weltmeister zu werden, brauchten einen Sündenbock. In Puskas war er schnell gefunden. Während er selbst den Schiedsrichter und schmutzige Machenschaften der Deutschen für das Desaster verantwortlich machte, kursierten in der Heimat andere Gerüchte. Die Spieler hätten das Finale verkauft, hieß es, für ein paar Mercedes-Autos oder für harte D-Mark. Sie hätten schon vor dem Endspiel mit Alkohol und Frauen gefeiert. Nicht Sebes, sondern Puskas habe die Unglücksmannschaft aufgestellt und so das Debakel verursacht. Zumindest habe er sich aus Eitelkeit und Ruhmsucht selbst aufgestellt, obwohl er überhaupt nicht fit gewesen sei. Dabei spielte keine Rolle, dass Puskas ein reguläres Tor geschossen hatte, sowie eines, das nicht anerkannt wurde, und insgesamt gut gewesen war, wenn auch nicht so phänomenal wie sonst. Sogar die deutsche Abstammung der Puskas-Familie wurde plötzlich eifrig diskutiert.

Das Urteil war gesprochen, und in den nächsten Monaten wurde Puskas bei Auswärtsspielen von Honved so gnadenlos ausgepfiffen, dass ihn der Trainer häufig gar nicht aufstellte. Auch im Nationalteam, das seine makellose Serie zunächst fortsetzte, als sei nichts gewesen, während die Deutschen wie zum Hohn Spiel um Spiel verloren, kam er nur noch sporadisch zum Einsatz. Seine Motivation hatte sichtlich gelitten, was sich auch an der Wölbung seines Bauches ablesen ließ. Bei manch einem Bankett hatten die Spieler anderer Mannschaften gestaunt, was der propere Major an Speisen und Getränken in sich hineinstopfen konnte, obwohl er sich oft noch zurückhielt und erst hinterher im Hotel das zu sich nahm, was er für eine echte Mahlzeit hielt. Mit zunehmendem Alter ließ sich die aus der Kindheit stammende Vorliebe für fette Wurstwaren jedoch immer weniger verbergen.

Nicht nur Puskas durchlitt schwierige Zeiten. Gusztav Sebes musste erleben, wie seine Position schwächer und schwächer wurde. Der Knacks, den das Nationalteam in Bern erhalten hatte, trat immer offener zutage. Zunächst schlug er sich in weniger souverän gestalteten Partien nieder, ab 1956 dann auch in negativen Ergebnissen. Viele Spiele wurden noch gewonnen, weil so großartige Fußballer im Team standen, doch der Mannschaftsgeist, ein wesentlicher Faktor in den goldenen Jahren, war gebrochen. Gut möglich, dass sich das Team bis zur WM 1958 wieder gefangen und auf seine alten Stärken besonnen hätte, doch der Aufstand und der damit verbundene personelle Aderlass verhinderten die Auferstehung. Nicht nur Puskas und Kocsis, die zusammen 160 Tore für Ungarn geschossen hatten, nicht nur Czibor und der als politisch unzuverlässig geltende Grosics, der vom neuen Regime drangsaliert wurde, gingen der Mannschaft verloren, sondern auch die besten Nachwuchsspieler. Diese hatten bei Beginn des Aufstandes an einem Turnier in Belgien teilgenommen und komplett bei westlichen Klubs angeheuert.

Während des Aufstandes waren auch die Budapester Mannschaften von Honved und MTK, die ja Europacupspiele zu absolvieren hatten, hastig ins Ausland geschickt worden. Sie sollten erst zurückkehren, wenn sich die Lage beruhigt hatte. Die Sache zog sich hin, und in dieser Zeit kam das Angebot für eine sportlich wie finanziell äußerst attraktive Südamerika-Reise. Die neue Spitze des ungarischen Fußballverbandes verbot den Trip, nicht zuletzt auf Betreiben von Puskas reisten viele Spieler dennoch nach Brasilien. Die Konsequenz waren ein Jahr Sperre und ein Ultimatum, sich nach Rückkehr sofort in Budapest einzufinden. Empört über diese eklatante Missachtung seiner Verdienste beschloss Puskas, im Westen zu bleiben. Erst

1992 kehrte er endgültig nach Budapest zurück, wo er bis heute wohnt.

Anders als seine Teamkollegen Czibor und Kocsis, die sofort beim FC Barcelona unterkamen, hatte der mittlerweile 30-jährige und unverkennbar kugelbäuchige Ex-Major, der nun in Ungarn als Deserteur galt, Probleme, einen Verein zu finden. Bitter für einen Spieler, der nur wenige Jahre zuvor noch dollarschwere Angebote der reichsten Klubs aus Italien und Spanien ausgeschlagen hatte. Jetzt trainierte Puskas, der 18 Kilo Übergewicht selbst einräumte, zwar eine Weile bei Inter, doch die Mailänder konnten ihn wegen der dreizehnmonatigen Sperre nicht verpflichten. Zu seinem Glück war der ehemalige Honved-Manager Emil Österreicher inzwischen Sportdirektor bei Real Madrid und konnte den Präsidenten Santiago Bernabeu davon überzeugen, dass Puskas immer noch überragende Qualitäten besaß. Der Ungar unterschrieb einen Vierjahres-Vertrag über 100000 Dollar. »Nicht viel für einen fitten Puskas«, kommentierte Österreicher, »aber eine ganze Menge für einen fetten.« Der neue Real-Stürmer begann sofort mit dem Abspecken und präsentierte sich im Sommer 1958 in akzeptabler körperlicher Verfassung bei seinem neuen Klub. Fast zwei Jahre lang hatte er kein ernsthaftes Fußballmatch mehr bestritten.

Bei einer Rückkehr nach Ungarn wäre seine Karriere wahrscheinlich bald vorüber gewesen, in Madrid dagegen spielte Puskas mit neuer Motivation noch fast zehn Jahre, gewann drei Europacups, fünf spanische Meisterschaften, wurde viermal Torschützenkönig der Liga und erzielte in 372 Spielen 324 Tore. Mit 1176 Ligatoren trat er 1967 als erfolgreichster Stürmer aller Zeiten beinahe vierzigjährig ab.

Es war zunächst eine ungewohnte Erfahrung, die er im Klub

der Weltstars machen musste. Bis dahin war er überall der unangefochtene Boss gewesen, Real dagegen war die Mannschaft von Alfredo Di Stefano, der den Ruf hatte, Konkurrenten gnadenlos wegzubeißen. Puskas war inzwischen klug genug, die Führungsrolle des Argentiniers zu erkennen und zu akzeptieren. Er ordnete sich unter, ganz gegen seine Natur, und legte im letzten Spiel seiner ersten Saison den Ball brav dem mächtigen Kollegen vor, obwohl er selbst freie Schussbahn besaß. Beide hatten bis dahin jeweils 21 Tore, Di Stefano wurde also Spaniens Torschützenkönig. Von da an waren sie dicke Freunde.

Treu blieb Ferenc Puskas jedoch das Pech in großen Endspielen, das ihn auch nicht in seiner langen, meist unspektakulären Trainer-Karriere verließ, als er mit Panathinaikos Athen 1972 im Europacupfinale gegen Cruyffs Ajax Amsterdam unterlag. Als Real-Spieler musste er 1959 am Ende seiner ersten Saison von der Tribüne in Stuttgart zuschauen, wie sein Team gegen Stade Reims den vierten Europacup in Folge gewann. Trainer Luis Antonio Carniglia, der sich seiner Verpflichtung widersetzt und ihn von Anfang an schlecht behandelt hatte, stellte Puskas nicht auf und wurde auch deshalb von Bernabeu gefeuert – trotz des Europapokals. 1962 schoss Puskas zwar drei Tore im Endspiel des Landesmeister-Cups, dennoch unterlag Real gegen Benfica Lissabon mit 3:5. 1966 dann, als die Madrilenen mit dem 2:1 gegen Partizan Belgrad zum Abschluss ihrer großen Ära noch einmal den begehrten Pokal holten, saß Puskas wieder auf der Bank, weil seinen Platz im Sturmzentrum der junge Amancio eingenommen hatte. Und der Traum von einem weiteren WM-Finale war 1962 in Chile ausgeträumt, bevor er richtig begonnen hatte.

Doch wenigstens eine Ausnahme gab es: das glorreiche Europapokalfinale 1960 im Hampden Park von Glasgow, das Real Madrid vor 130 000 Zuschauern mit 7:3 gegen Eintracht Frankfurt gewann. Vier Tore schoss der Ungar, drei Alfredo di Stefano. Am Ende schnappte sich ein überglücklicher Puskas den Ball und wollte ihn als Trophäe mitnehmen. Doch dann kam der Frankfurter Erwin Stein und bettelte inständig um das gute Stück. Erst lehnte Puskas entrüstet ab, aber schließlich gab er nach. »Was sollte ich machen«, sagte er später, »der arme Kerl hatte zwei Tore geschossen und trotzdem verloren.« Ein Gefühl, das Ferenc Puskas von irgendwoher kannte.

Peter Lohmeyer
(im Gespräch mit den Herausgebern)

Mein Tor gegen David James

Im Restaurant des Hotels unmittelbar neben dem Bochumer Ruhrstadion, an einem Freitagnachmittag im November 2003. Der Tisch ist gut bespielbar, wir haben ein Aufnahmegerät und eine Kassette. Und 90 Minuten Zeit. Zu Beginn vorsichtiges Abtasten. Der Geist von Spiez wird herbeigerufen. Lohmeyer lobt die Schweiz – »wo alles schön ist, wo alles leuchtet« *– und verflucht die Schweizer, die ihm kürzlich stolz ihr neues Nationalstadion präsentierten und dort nicht nur ein Einkaufszentrum einbauen, sondern auch –* »ein Horror nach dem anderen!« *– Kunstrasen verlegen wollen. Dann wird die Weltmeisterschaft von 1970 rekapituliert. Lohmeyer (geboren im WM-Jahr 1962) eröffnet mit dem Deutschland-Spiel gegen Bulgarien (5:2), in dem er zum Libuda-Fan wurde* (»Es gab nichts Besseres!«). *Die Abendspiele gegen England und Italien verfolgte er aus seinem Versteck hinter Vaters braunem Cordsessel in Hagen.*

Goosen (geboren im WM-Jahr 1966) kontert mit einer Reminiszenz an seinen Großvater, der eine Wohnung im Bochumer Rathaus bewohnte und in der Halbzeit des WM-Finales 1974, bewaffnet mit einer tarnenden Aktentasche, Bier holen ging – wodurch er zur Bestürzung seines Enkels den Anpfiff zur zweiten Halbzeit verpasste. Außerdem war er beeindruckt von einem Foto in seinem ersten WM-Bildband, auf dem der Griff eines Schweden (2:4 gegen Deutschland in Düsseldorf) an Schwarzenbecks Hose zu sehen war. Dann wird erstmal noch weiter zurückgespielt: Kindheitserinnerungen. Lohmeyer liebte die Samstagnachmittage in der Vereinskneipe von Fichte Hagen, die der Vater seines Freun-

des Uli Richter betrieb. »Da gab's Buletten und Cola, und um Viertel vor sechs wurde der schwere Vorhang geöffnet, der den Fernseher verdeckte, und die ganze Kneipe guckte Sportschau.«

Später zog die Familie nach Stuttgart. Dort erhielt Lohmeyer – wegen des entsprechenden Trikots, das er beim Schulsport trug – den bis heute gültigen Spitz- und Ehrennamen »Schalke«. Gespielt hat er aber beim VfB.

»Dazu muss man wissen, dass wir nicht etwa die fertigen Trikots gestellt bekamen, und das Vereinslogo musste man sich auch selbst kaufen und aufnähen. Und zwar bekanntlich nicht genau auf den roten Streifen, sondern so halb versetzt. Meine Mutter hasste so was, aber die hat das da draufgenäht. Meine Mutter fuhr mich auch stöhnend mit ihrem DAF quer durch die ganze Stadt zum Training. Albert Sing war damals Trainer der 1. Mannschaft und gab uns mal 'ne Runde Negerküsse aus! Hansi Müller war in der A-Jugend. Eins meiner größten Spiele war gegen Concordia Hamburg. Und danach steht da so ein Typ vor mir, so ein Hamburger, und der sagt ›Trikottausch‹, und ich sag: ›Mensch, meinste meine Mutter macht das noch mal in meinem Leben, das da draufnähen?‹ Musste ich verweigern.«

In seiner Eigenschaft als Schalke-Fan hat Lohmeyer das legendäre Pokalhalbfinale 1984, das 6:6 n.V. gegen Bayern, live im Parkstadion miterlebt:

»Das größte Spiel überhaupt. Und ich mitten zwischen den Fans. Die Untertage-Rentner mit der Lord Extra, *so* am Zerknicken, die volle halbe Packung. Und immer geschimpft: ›Ich guck mir das jetzt nicht mehr an! Nääá, ich gehe, ich gehe!‹ Ich dachte, da holen sie die Herzinfarkte nur so aus der Truppe raus.«

Zurück zu den Weltmeisterschaften: 1982 hatte Goosen seine erste Freundin, »und da musste ich dann manchmal früher nach Hause, die Spiele fingen um 9 Uhr an. Ich hab versucht zu lavieren und so zu tun, als sei der Abend sowieso zu seinem natürlichen Ende gekommen. Aber einmal, im Korte-Park, da ergab sich dann doch ad hoc auf der Wiese ein bisschen was Heftigeres – und ich dachte die ganze Zeit, ach, du lieber Himmel, gleich spielt England gegen Deutschland.«

Das Spiel kommt ein wenig ins Stocken. Es werden nur noch Sicherheitspässe gespielt: Fans, die das Stadion früher verlassen, um als Erster beim Auto zu sein, sind unerträglich; Bier ist das einzig wahre Fußballgetränk; Fußball guckt man besser in Kneipen als alleine im Hotel; es gibt bei Fußballsendungen zu viel Musik im Radio. *Soll es wirklich Nullnull ausgehen?*

Insbesondere an Lohmeyer ist die Partie bisher vorbeigelaufen, abgesehen von einigen wenigen guten Aktionen. Der Hauptdarsteller in Sönke Wortmanns Kinofilm »Das Wunder von Bern« wirkt ein wenig müde – kein Wunder, nach den vielen Auftritten nach der Premiere des Films. Es war eher Goosen, der dem Spiel bisher seinen Stempel aufgedrückt, der seine Mitspieler immer wieder aufgemuntert und auf sie eingeredet hat.

Aber Lohmeyer, den Stan Libuda des deutschen Films, darf man nie abschreiben. Nach etwa 80 Minuten setzt er zu einem atemberaubenden Solo in seinem unnachahmlichen sauerländischen Stil an. Und es wird klar: Die größte, die weltmeisterliche Leistung Peter Lohmeyers im »Wunder von Bern« ist im Film gar nicht sichtbar. Sie liegt darin, dass er sich zurückgenommen hat. Nicht nur bei der Darstellung des Kriegsheimkehrers, den er der Rolle entsprechend sehr statisch und eindimensional, als in die Nachkriegsgesellschaft hineinragenden Fremdkörper anlegte, sondern auch als Fußballer. Dass der exzellente Kicker Lohmeyer in einem Fußballfilm mitspielt und außer dem einsamen Fallrückzieher, mit dem er seine Klasse aufblitzen lässt, sein fußballerisches Können verborgen hält, zeugt von einer Fähigkeit, sich in den Dienst der Mannschaft zu stellen, wie man sie sonst nur noch von Georg Schwarzenbeck und Hacki Wimmer kennt.

»Also, ich spiel jede Woche im Park – kurze Hose, klar – scheiß aufs Wetter, je feuchter, desto länger die Grätsche, klar auch bei Schnee; und jetzt natürlich ab und zu die Wichtigspiele. Das macht Spaß, weil man da mal auf vernünftigem Rasen spielt, und die haben jetzt auch nicht mehr alle die Lunge so, also, wenn du gegen ältere Semester spielst oder auch gegen Leute, die rauchen – also ich mein, ich rauch auch, aber da fliegt der Teer dann einfach weg. Aber es macht nur dann Spaß, wenn du's ernst nimmst. Ich hab mal ein Spiel gehabt in Worpswede – der Kanzler auch dabei, weil der ein Freund von Moritz Rinke ist, der spielte bei uns mit –, und da haben wir gegen Lok Lüppertz gespielt. Die Mannschaft von Lüppertz trat so mit argentinischen Bildhauern an, ganz harte Knochen in der Abwehr, ich sag dir, die sind reingegangen …! Bei uns waren ein paar Ex-Bremer dabei, hinten hatten wir Burdenski drin, da bin ich gleich zu ihm hin und hab gesagt: ›Pass auf, Burdenski, ich hab hier keinen Bock auf sechs-sechs oder so.‹« Und er: ›Ich auch, sowieso nicht.‹

Auch so Promispiele mit Michael Schumacher oder so, auch wenn's für einen guten Zweck ist, solche Spiele *hasse* ich. Denen darfst du dich auf einen Meter nicht nähern, ich mein, da kommst du natürlich gleich in die Zeitung, wenn du so einen foulst und einer fotografiert das, aber dann hast du auch gleich

26 Millionenklagen am Hals. So was find ich total *affig*, oder wenn sich ein Torwart dann so danebenschmeißt.

Wir haben jetzt gespielt, also unsere Elf aus dem Film, und da sind wir einen Tag nach der Premiere in Essen nach Flonheim gefahren zu Horst Eckel, mit seiner Lotto-Elf, die haben auch seit vier Jahren nicht verloren, wie damals die Ungarn. Der Zug hatte Verspätung, und wir sind quasi aus dem Zug aufs Spielfeld. Wir haben am Vorabend natürlich alle gesoffen bis fünf Uhr morgens. Und die hatten Sven Demandt, Marschall, dann den Klopp, den Trainer von Mainz, und im Tor Kleff. Und die kannten *gar* kein Pardon, was ich ja gut fand. Und dann hat Merk uns zwei Elfmeter geschenkt, die wollte ich gar nicht haben, und wir haben fünf-zwei verloren, außer 'nem Lattenknaller von mir war da nix zu holen.

Im Park läuft das so: Zum Warmmachen stell ich mich hinten ins Tor, und dann kommt der erste Ball, den fang ich ab (War ja auch mal bei Fichte Hagen im Handballtor), der erste Gegenzug, und ich bin ja dann unheimlich schnell, und dann geht's mit der Pille am Schlappen bis zum gegnerischen Tor, dann bin ich eben Stürmer. Ich hab früher in Stuttgart Mittelläufer gespielt, also so von hinten nach vorn – die Lunge schlechthin.

Einmal haben wir so ein Spiel gehabt, da hat mich dann der Sönke danach auch gefragt, ob ich bei dem Film mitmachen will. Wir, also die ›Allstars‹, haben da gegen Oer-Erkenschwick gespielt, die Traditions-Elf, die damals aufgestiegen ist, und bei uns war Frankie Mill, Anderbrügge, der Obel, Piet Klocke und irgendwie noch so ein Musiker, ›Der Wolf‹, so'n Rapper aus dem Ruhrgebiet. Der [Klaus] Fischer war Trainer. Da hab ich zum ersten Mal Fischer reden gehört, also bewusst, ich hab gedacht, wie redet der denn? Ich wusst ja, dass der von 1860 gekommen ist, aber für uns war der immer der ›Fiiicha! Fiiicha!‹, und da redet der so bayrisch. Und dann hab ich gesagt: ›Fischer, ich würde gerne durchspielen, nicht dass da gleich so Fisimatenten kommen, ich geh schon selber raus, wenn ich nicht mehr kann.‹ Und dann hab ich das Einsnull gemacht, und dann hab ich das Zweinull gemacht, und dann kam der Mill zu mir, und der Mill macht ja immer gern alles alleine, und der meint zu mir: ›Du hast früher mal richtig gespielt, oder?‹ Und ich: ›Eine Saison so'n bisschen in der C-Jugend.‹ Und da war er richtig schon angefressen. Aber das Zweinull, was ich gemacht hatte, das war die Story: Hinterher haben sie mir so Fernsehkassetten geschickt, DSF war das, die hatten hinterm Tor von Erkenschwick eine Kamera aufgebaut, und beim Zweinull war ich über'n linken Flügel gegangen, hab den Verteidiger stehen lassen und quasi dann nur noch der Torwart vor mir, und dann hab ich ihn rübergelupft, war ein sehr schönes Tor, so ins lange Eck, so halb gelupft, so rüber. Und bei diesem Fernsehbericht kam's dann: ›Lohmeyer spielte mit, aber das müssen sie sich jetzt mal anhören, was er gerufen hat.‹ Und dann ließen die das so zurücklaufen, beim ersten Mal hörtest du das nicht, und dann haben die den Ton wohl lauter gemacht und dann war das so, als ich auf den Torwart zulief, hab ich rüber hinters Tor gebrüllt: ›Mach die Kamera an!‹ Meine Fresse, wenn ich den nicht versenkt hätte … auf jeden Fall hab ich die Szene gleich in mein Bewerbungsvideo geschnitten.

Einmal hatte ich noch so ein Ding gehabt, da hat Karl-Heinz Riedle in seinem Sporthotel im Allgäu ein Prominentenspiel veranstaltet, mit den *Toten Hosen,* und Piet [Klocke] spielt auch gerne, spielt ganz ok, und [Joachim] Król war in der anderen Manschaft, und die hatten den David James, der mittlerweile *National*torhüter in England ist, war er damals noch nicht, spielte er bei Liverpool oder wie immer. Der war vorher auf der Party, und da hab ich noch gedacht, was is denn das für'n Typ? Der ist so ein Mulatte mit gefärbten Haaren, war auch mal Model für Armani oder so'n Quatsch. Am nächsten Tag steht der da im Tor und dann die siebte Minute – das weiß ich, weil mir Piet dann noch eine Postkarte geschrieben hat hinterher –, ich gehe über'n rechten Flügel, Król in der Abwehr, überhaupt kein Thema, lass ich stehen, und im Jenisch-Park in Hamburg mach ich dann noch mal einen Bogen, aber da wusste ich: ›Alter, da musst du abziehn.‹ Weil, der hatte mir vorher schon mal den Ball vom Fuß genommen, und der war so schnell unten, das glaubste nicht, ich hätt dem fast gegen den Kopp getreten, so was kannte ich überhaupt nicht. Und da hab ich abgezogen, und er war drin. Auch einer der größten Momente für mich, weil der hat sich angestrengt.«

(Aufgezeichnet von Oliver Thomas Domzalski)

René Martens

1871 – 1914 – 1939 – 1982: Immer das Elsass

Eine deutsch-französische Geschichte

Der Alptraum war mir allzu gut bekannt. Schon oft hatte mich im Schlaf die Vorstellung gepeinigt, ein wichtiges Spiel zu verpassen, weil ich mich in einem Labyrinth enger Gassen verirrt hatte. Wirklichkeit zu werden schien eine Version dieses Drehbuchs ausgerechnet am 11. Juli 1982, am Tag des Endspiels der Fußball-Weltmeisterschaft. Deutschland gegen Italien drohte ohne mich stattzufinden.

Drei Tage vorher waren mein Kumpel Matthias und ich in Richtung Elsass gefahren. Ein konkretes Ziel hatten wir nicht, festgelegt war nur, maximal eine Stunde entfernt von Straßburg zu zelten, um – sollten wir in unseren Schulferien tatsächlich mal mehr machen wollen als rumhängen – jederzeit auf Sightseeing-Tour gehen zu können. Sich in zünftigem Rahmen das Endspiel anzuschauen, würde kein Problem sein. Dachte ich.

Aber als das Finale nahte und ich mich mental allmählich auf das Spiel vorzubereiten begann, war auf unserem riesigen Campingplatz zu meiner großen Überraschung kein Fernsehgerät zu finden. Matthias nahm es gelassen, weil er sich nicht für Fußball interessierte – ich habe ihn nie gegen einen Ball treten sehen –, aber seine Stimmung änderte sich schnell. Nervös wie ein Alkoholiker, der die nächste Kneipe Kilometer entfernt weiß, drang ich darauf, irgendwo in der Nähe einen Fernseher zu suchen. Das bedeutete, wir mussten unsere schattigen Liegeplätze an einem putzigen Bächlein gegen die beiden Sitze in Matthias' kleinem weißen Kastenwagen eintauschen, der – dank

32 Grad im Schatten – garantiert einer unkomfortablen Sauna gleichen würde.

»Willst du einfach drauflosfahren, quer durch die Prärie, oder was?« Matthias verstand die Welt nicht mehr. Ja, gut, wir hatten nicht mal einen Umgebungsplan dabei, aber für Appelle an die Vernunft war ich in dieser Situation einfach nicht mehr empfänglich. Aufgeschreckt durch meinen vermutlich schwer verzweifelten Blick, setzte er sich dann aber doch ans Steuer.

Orientierungslos gondelten wir durch zwei Ortschaften, die sich in den letzten 30 Jahren nicht allzu sehr verändert haben konnten. Matthias' Miene verdüsterte sich zusehends. »Was soll denn das bringen?«, ächzte er wehleidig, und ich schwitzte – aber nicht allein, weil es heiß war, und bestimmt nicht, weil ich, der Führerscheinlose, meinen Freund als Chauffeur missbrauchte. Als wir kurz darauf endlich den dröhnenden Sound eines französischen Fußballreporters orteten und rund um die Klangquelle eine Traube von Männern ausmachten, waren es noch höchstens zehn Minuten bis zum Anpfiff.

Die ersehnte Fußball-Oase war eine kleine überdachte Terrasse, die zu einer Kneipe gehörte und mich an das Vereinsheim der Schrebergartenkolonie meiner Großeltern erinnerte. Der auf einem altersschwachen Bord aufgestellte Fernseher war nicht besonders groß, aber dies war nicht die Zeit, Ansprüche zu stellen.

Die 15 Männer, die auf der Terrasse standen oder saßen, waren groß und kräftig. Bauarbeiter vielleicht. Die Runde schien sich gut zu kennen – der offizielle Kneipenbetrieb an diesem Abend ruhte offensichtlich –, und deshalb hielten wir es nicht für angebracht, uns wortlos auf einen der Stühle zu pflanzen.

»Bonsoir, wir machen Urlaub auf einem Campingplatz in der Nähe und wollten wissen, ob wir hier das WM-Finale gucken können.« Mein Französisch war ganz solide, fand ich. Der Akzent muss unsere Herkunft dann aber doch verraten haben. Oder es war das knallgrüne Schild auf Matthias kleinem weißen Kastenwagen, das für den Malereibetrieb seines Vaters in Hamburg warb. Oder hatte jemand uns eine Leiche hinten ins Auto reingepackt, und nun tropfte das Blut von der Ladefläche, ohne dass wir es bemerkt hatten? Jedenfalls machten zwei der Männer ein Gesicht, als würden sie gleich auf den Boden spucken, die meisten wendeten sich ab, ein anderer stellte den Ton lauter.

Blitzartig wurde mir klar, dass diese Burschen die deutsch-französische Freundschaft, erfunden von werweißwiegroßen Staatsmännern, für beendet erklärt hatten, und zwar spätestens, nachdem vor ein paar Tagen der deutsche Tormann Harald Schumacher einen Kampfsprung gegen den Kopf des französischen Mittelfeldspielers Patrick Battiston gelandet hatte. Zwei ausgeschlagene und zwei abgebrochene Zähne, zwei beschädigte Halswirbel und ein erschüttertes Gehirn – so lautete das Ergebnis von Schumachers ganz persönlichem Angriffskrieg, den ich noch auf dem vertrauten Wohnzimmersofa miterlebt hatte.

Der Mann, der hier offenbar das Sagen hatte – vielleicht der Wirt –, sah am finstersten drein, und ich fragte mich, was Madame Schwab, meine Lehrerin für Französisch und Geschichte, jetzt denken würde. 1871, 1919, 1940, 1945 – wahrscheinlich wären ihr diese Zahlen durch den Kopf gegangen. In diesen Jahren fiel der ewige Spielball Elsass-Lothringen an Deutschland, an Frankreich, an Deutschland und schließlich wieder an Frankreich.

Obwohl der Wirt – wenn er denn der Wirt war – so feindselig wirkte wie der Boss einer Rockergang, der gerade seinem ärgsten Widersacher gegenüberstand, sagte er nach einer Ewigkeit der Ungewissheit plötzlich Ja. Tatsächlich sagte er zwar gar nichts, sondern grunzte lediglich leise, aber immerhin nickte er dreimal langsam. Sollten Matthias und ich, zwei aus dem Tätervolk, also doch dabei sein dürfen? Bevor der gute Mann es sich anders überlegte, griff ich mir, wenn auch eher zaghaft, den Stuhl, der der freien Seite der Terrasse am nächsten stand. Der Verlegenheit, mich an irgendjemandem vorbeidrängeln zu müssen, wollte ich mich auf keinen Fall aussetzen.

Als Matthias sah, was ich tat, wich die frisch erworbene Farbe aus seinem Gesicht. »René, Mensch«, flüsterte er heiser, und mehr musste er auch nicht sagen, denn ich wusste eh, dass er sich am liebsten sofort wieder vom Acker gemacht hätte. Obwohl die Partie noch nicht einmal begonnen hatte, wirkte er so willenlos wie ein im gegnerischen Sturmwirbel untergegangener Verteidiger kurz vor Spielende. Wenigstens schaffte er es noch, sich einen Platz außerhalb der Terrasse zu suchen, um möglichst weit weg zu sein vom Geschehen.

Vermutlich, so durchzuckte es mich plötzlich, hatte Matthias uns das alles eingebrockt. Nicht Schumacher. Wer war denn auf die Idee gekommen, ausgerechnet am Tag des WM-Finales irgendwo in der Weltgeschichte seine Duftmarke zu hinterlassen? Ich bestimmt nicht.

In den Tagen zuvor war mir allerdings auch nicht bewusst gewesen, dass man auf einer Terrasse im Elsass in einen kleinen Krieg hineingeraten könnte. Damals war ich grundsätzlich auf der Seite des Torwarts, denn 1982 war es erst ein Jahr her, dass ich meine aktive Karriere als Keeper beendet hatte, um mich in meinem Heimatverein auf die Arbeit als Pressewart der Fußballjugendabteilung zu konzentrieren. Als Schumacher im Halbfinale in Battiston hineingesprungen war, hatte ich deshalb keinen Gedanken an das Revival der alten Erbfeindschaft verschwendet, zumal ja die Aufholjagd in der Verlängerung alles überlagerte: der Anschlusstreffer des verletzten Rummenigge, Fischers soundsovieltes Tor des Monats per Fallrückzieher zum 3:3 und schließlich das erste Elfmeterschießen in der Geschichte der WM mit diesem finalen Schuss von Hrubesch, der das Ding ohne nachzudenken reinsemmelte, so, als ob er verärgert gegen etwas trat, was ihm gerade im Weg lag.

Vielleicht war ich ja wie Schumacher. »In der Euphorie des Sieges habe ich dann Battiston total vergessen«, hat er später gesagt. Als ich mich damit abgefunden hatte, unversehens in den Abgründen der Weltpolitik gelandet zu sein, und der Schiedsrichter, den ein Insert als Herrn Coelho aus Brasilien auswies, endlich anpfiff, musste ich plötzlich über die Algerier nachdenken. Ich versuchte mir auszumalen, wie verzwickt ihre Lage während des Halbfinales gewesen sein muss: Eigentlich hätten sie nicht auf der Seite Deutschlands sein dürfen, weil sie bei der WM ja das Opfer eines abgekarteten Spiels geworden waren, das die Deutschen und die Österreicher in der Vorrunde ausgeheckt hatten. Ihr Nicht-Angriffspakt hatte den Algeriern die nächste Runde vermasselt. Doch haben sie deshalb etwa das Team der alten Kolonialherrscher unterstützt? Vom französischen Kolonialismus hatte uns Madame Schwab schon erzählt. In gemäßigten Worten allerdings, schließlich fuhr sie auf dem Hinterteil ihres Golf einen CDU-Aufkleber spazieren.

Die ersten Spielzüge beruhigten mich. Doch das änderte sich, als Schumacher zum ersten Mal den Ball berührte. Unsere, nun ja, Gastgeber buhten, pfiffen und murrten, flankiert von ein paar kurzen, gehässigen Seitenblicken in unsere Richtung. So ging das immer, wenn Schumacher wieder an den Ball kam.

Links von mir saß ein Typ, der erheblich jünger war als die anderen Einheimischen, aber ein paar Jahre älter als wir, so Mitte 20. Er wirkte gelangweilt – offensichtlich, weil es in dieser Gegend nichts anders zu unternehmen gab, als mit ein paar Alten zusammenzuhocken –, aber immerhin richtete er als Einziger aus der Gruppe auch mal direkt das Wort an uns. »Mein Onkel« – er zeigte auf einen relativ kleinen Mann im beigen Hemd, der auffiel, weil die anderen unsommerlich dunkel gekleidet waren – »hatte einen Großvater, der 1914 in der Schlacht um Mulhouse auf Seiten der Deutschen gekämpft hat«, begann er plötzlich leise, als gerade ein Spieler verletzt am Boden lag. »Er ist durch eine französische Kugel gestorben, und deshalb hatten wir in unserer Familie immer so etwas wie eine kleine deutsche Ader – trotz allem, was die Nazis später hier verbrochen haben. Aber seit dem Halbfinale sind diese Gefühle tot.« Einer wie ich – zum ersten Mal elternlos im Urlaub und zudem schulisch etwas zurückgeblieben, weil ich als immerhin schon 18-Jähriger erst vor dem Eintritt in die 11. Klasse stand – konnte darauf natürlich nichts erwidern. Aber auch Madame Schwab wäre in so einer Situation wohl nichts eingefallen.

Ich suchte in der Runde nach einem optischem Halt. Immerhin tranken die Elsässer Bier, doch diese typische Fußball-Atmosphäre erweckte kein Gefühl von Vertrautheit. Warum tranken diese Franzosen eigentlich keinen Wein? Was ich trank, habe ich seltsamerweise vergessen.

Als Rossi dann das 1:0 für Italien schoss, wirkten die vorher noch so grimmigen Franzosen plötzlich wie verwandelt. Sie lachten sogar – mitunter zwar begleitet von abfälligem Mundwinkelspiel, wenn Matthias oder ich mal zufällig in ihr Blickfeld gerieten, aber immerhin. »Die Rache für unseren Patrick, du ekelhafter Boche«, schrie einer, als die Kamera den ob des Ge-

gentors bedröppelten Schumacher einblendete. Nach Tardellis 2:0 entspannten sich die Gesichter immer mehr, und der Kleinere mit dem beigen Hemd sagte plötzlich etwas in meine Richtung. Nicht mehr gehässig, eher befreit sarkastisch: »Während der Besatzungszeit im Zweiten Weltkrieg haben die Deutschen männliche Widerstandskämpfer erschossen. Mit den weiblichen konnten sie das nicht tun, das stand so in ihren Richtlinien. Deshalb haben sie die Frauen enthauptet. Ich glaube, das ist deutsche Logik.«

Ich war schon vorher ruhig gewesen, auch bei den Toren hatte ich keine Miene verzogen. Aber nun verfiel ich zusehends in eine Art Erstarrung. Sogar meine Atemtätigkeit reduzierte ich auf das Wesentliche.

Wenn ich heute an das Spiel denke, dann an eine Niederlage, die von Anfang an besiegelt war. Umso verwirrter war ich kürzlich, nachdem ich auf dem Flohmarkt eines dieser Bücher gekauft hatte, die Sportreporter immer ein paar Tage nach der WM zusammenschustern: Wie bitte, Halbzeitstand 0:0? Rossis Führungstor erst zwölf Minuten nach der Pause? Vielleicht hatte ich das Spiel von vornherein abgehakt, weil ich es mir nicht auszumalen wagte, wie die Franzosen reagierten, wenn Deutschland gewinnt. Vielleicht aber auch, weil Jupp Derwall so hasenherzig gewesen war und sechs defensive Feldspieler aufgestellt hatte, darunter den Fußball-Dadaisten Bernd Förster – und das, obwohl ich, todesmutig, für dieses Endspiel alle erdenklichen Anstrengungen auf mich genommen hatte. Wenn Bernd Förster am Ball war, buhten, pfiffen und murrten die Elsässer übrigens nicht. Sie schienen nicht einmal Notiz von ihm zu nehmen.

Nach dem Schlusspfiff – wir schlichen uns davon, allzu elegant war der Abgang jedenfalls nicht – war auch der Urlaub so gut wie gelaufen. Tags darauf spürte ich einen Juckreiz am ganzen Körper. War es die Hitze? Reagierte ich allergisch auf irgendwelche Gräser, die es daheim im deutschen Norden nicht gab? Wahrscheinlich. Auf die Idee, dass das Jucken eine psychosomatische Reaktion auf die Erlebnisse rund um das Endspiel gewesen sein könnte, kam ich nicht. Ich litt 24 Stunden Höllenqualen, dann wollte ich zurück nach Hamburg. Unbedingt. Matthias quengelte, klar. »Man kann doch nicht zu Hause bleiben, das ist doch kein richtiger Urlaub.« Aber letztlich gab er klein bei, wie am Tag des Endspiels.

In Hamburg angekommen, rekrutierte er, immerhin, zwei andere Freunde als Ersatzspieler, um gleich darauf an die dänische Ostseeküste zu fahren. Ich blieb für den Rest der großen Ferien daheim. Kaum hatte ich wieder norddeutschen Boden unter den Füßen, verschwanden die Symptome. Sie kehrten auch nie wieder.

Sogar von einer dauerhaften Allergie gegen das Elsass blieb ich verschont. Im Herbst 1997 fügte es sich, dass sich ein jobbedingter Trip mit einem Schlenker zum UEFA-Cupspiel zwischen Racing Straßburg und Inter Mailand verbinden ließ. Auf der Tribüne kam ich ins Gespräch mit einem Mann, der, ausweislich seines Schals, mit dem FC St. Pauli sympathisierte und, was sich als noch wichtiger erweisen sollte, die Geschichte des Straßburger Fußballs aus dem Effeff kannte. Am liebsten sprach Jean-Marc, so hieß der Hobbyhistoriker, über Oscar Heisserer, und die Ehrfurcht, mit der er das tat, ließ darauf schließen, dass dieser Mann Legendenstatus genießt: »In den letzten Länderspielen vor dem Krieg war er Kapitän der französischen Nationalmannschaft, aber nachdem die Deutschen Frankreich besetzt hatten, ist Herberger zu ihm gekommen, damit er für Deutschland spielt.« Ein französischer Star in der deutschen Nationalelf – ein perfider Propagandaeinfall, dachte ich. Heisserer lehnte allerdings ab, und das hat er auch getan, als ihn der Klub SS Straßburg ködern wollte. »Ein zusammen gekaufter Haufen war das, Söldnertruppe würden wir heute sagen«, schimpfte Jean-Marc. »Die Nazis haben sogar Spieler aus Österreich geholt, nur um Racing, dem Klub der Massen, für den Heisserer spielte, das Wasser abzugraben.«

Heute geht Heisserer auf die 90 zu. Die Nazis haben ihn weder erschossen noch enthauptet – womöglich war er zu bekannt, als dass sie es sich hätten leisten können.

Ich weiß nicht, ob die Bauarbeiter auf der Terrasse damals wussten, wer Oscar Heisserer ist, aber trotzdem verstand ich nach dieser Episode besser als je zuvor, was Matthias und mir am 11. Juli 1982 widerfahren ist. In größeren Gruppen Fußball im Fernsehen zu gucken, ist mir allerdings bis heute ein Greuel geblieben.

Klaus Modick

Zu wenig Kampf, zu viel Spiel

Jene frühsommerlichen Tage im Jahre 2002, als sich in Südkorea und Japan die deutsche Fußball-Nationalmannschaft durchs WM-Tunier malochte und wider alle Expertentipps bis ins Endspiel holperte, verbrachten wir auf der Ile de Ré, zu Gast bei einem frankophilen Ehepaar, das dort in einem recht idyllischen Ort ein Ferienhaus besitzt. In ihrer merkwürdigen Mischung aus fast friesischer Herbheit über den Watten und Salzwiesen einerseits, mediterranen Anklängen bei den Weinfeldern, Dorfplätzen und Häfen andererseits, ist die Atlantikinsel ein beliebtes Ferienziel. Und obwohl die Ile de Ré spätestens ab Mitte Juli ausgebucht ist, gibt es keinen Massentourismus und nur wenige Hotels. Die Sommergäste bewohnen ihre eigenen Häuser oder mieten sich ein, gehen bei gutem Wetter an die Strände, kaufen ein, kochen, essen, trinken, sitzen bei schlechtem Wetter lesend oder Karten spielend vorm Kamin, machen Fahrradtouren und Spaziergänge, spielen Boule, gehen zeitig zu Bett. Das aus der Mode gekommene Wort Sommerfrische beschreibt das erwünscht Unspektakuläre dieser Inselferien noch am treffendsten. Familien mit Kindern sieht man selten, Teenager oder junge Erwachsene fast nie; die gepflegt langweilige, beinah schon weltabgewandte Atmosphäre zieht eher gesetztere Generationen an – uns also und unsere Gastgeber (obwohl Ausländer auf der Insel selten sind; es gibt nur einige Engländer und wenige Deutsche) oder eben auch jenen alten Herrn, dessen nähere Bekanntschaft wir dem Zufall, dem Fußball und dem Fehlen eines Fernsehgeräts verdankten und dessen Geschichte hier erzählt werden soll, so weit er sie uns damals wissen ließ.

Im Ferienhaus unserer frankophilen Freunde gab es also kein Fernsehgerät – eine selbst auf der altmodischen Insel eher unfranzösische Leerstelle so genannter Freizeitkultur, die unsere Gastgeber gezielt und (für meinen Geschmack) etwas zu urlaubspädagogisch korrekt setzten: Man lese doch lieber, man unterhalte sich endlich mal wieder, pflege Gesellschaftsspiele, spiele gar Scharaden am Kaminfeuer, man döse auch nur vor sich hin. Und wen das alles nicht entspanne, für den gebe es in La Couarde notfalls ein Kino. Aber natürlich vermisste auch niemand das Fernsehgerät! Im Prinzip nicht. Eigentlich nicht. Nicht ernsthaft. Obwohl, wenn man bedenke, dass nun im fernen Ostasien die Fußballweltmeisterschaft angepfiffen werde und man trotz der erwarteten Chancenlosigkeit des deutschen Teams das eine oder andere Spiel vor dem Fernseher doch schon recht gern verfolgen würde, die Spiele der Franzosen beispielsweise, dann wäre und war schließlich durchaus nichts dagegen einzuwenden, sich ins Grand Café zu setzen.

Das Fernsehgerät über dem Tresen zeigte stoisch wie stets Pferderennen und Wettquoten, aber ein zweites Gerät im hinteren Gastraum war dicht umlagert von Sommergästen und ein paar Einheimischen. Live übertragen wurden in den folgenden Tagen die Gruppenspiele der französischen Mannschaft, wobei freilich wenig Freude aufkam, da das favorisierte Starensemble nach drei Spielen aus dem Turnier ausschied. Das Publikum im Grand Café ließ das Debakel in einer Mischung aus Empörung und Fassungslosigkeit über sich ergehen, und als die Equipe Tricolore die Heimreise antrat, ohne ein einziges Tor geschossen zu haben, boykottierten Einheimische und Teilzeitinsulaner den weiteren Verlauf des Turniers, gingen zurück an die Strände oder legten sich wieder in Liegestühle und Hängematten.

Außer uns interessierte sich kaum noch jemand fürs wenig

attraktive, dafür (oder vielleicht auch deswegen) aber überraschend erfolgreiche Abschneiden der deutschen Mannschaft, und so hockten wir während der nächsten Spiele fast allein hinten im Grand Café. Gelegentlich kam der eine oder andere Gast hinzu, trank einen Café, ein Glas Rotwein oder einen Pastis, starrte trübe und irgendwie beleidigt oder gekränkt auf den Bildschirm, um dann achselzuckend wieder zu verschwinden. Lediglich ein alter Herr, der vom Kellner stets sehr respektvoll als »Monsieur Clement« (oder »Clemand«) angesprochen wurde, fand sich zu jeder Übertragung ein. Es stellte sich bald heraus, dass er nicht nur viel von Fußball verstand, sondern auch unverhohlene Sympathien für die deutsche Mannschaft hegte. Unsere Gesellschaft schien ihm angenehm zu sein, an unseren einschlägigen Fachsimpeleien über Technik, Taktik und Aufstellungen beteiligte er sich lebhaft und sachkundig, und zwar in einem fließenden, nahezu fehlerfreien Deutsch, das nur einen ganz leichten französischen Akzent hatte, und gelegentlich musste er nach dem einen oder anderen treffenden Wort suchen. Wir hielten ihn deshalb anfangs für einen Elsässer oder einen pensionierten Deutschlehrer, vielleicht gar für einen Übersetzer oder Dolmetscher.

Als wir einmal in eine Diskussion über einen Abseitspfiff gerieten und er dabei von einer »sonnenklaren Fehlentscheidung« sprach, erkundigte sich einer von uns unvermittelt: »Wieso sprechen Sie eigentlich so gut Deutsch, Monsieur Clemand?«

»Weil ich aus Deutschland stamme«, antwortete er, »aus Hamburg, und mein Name lautet übrigens«, er buchstabierte ihn, »Kleemann, Arno, beziehungsweise schon längst, genauer gesagt seit meiner Einbürgerung 1938«, wieder buchstabierte er, »Arnaud«, während der Schiedsrichter das Viertelfinale abpfiff, das die deutsche Mannschaft gegen die USA glücklich gewann.

»Und was«, fragten wir, »hat Sie nach Frankreich verschlagen? Auf die Ile de Ré? Machen Sie Urlaub hier?«

Monsieur Kleemann nickte lächelnd. Seinen Urlaub verbringe er seit Jahrzehnten auf der Insel, in einer der Villen hinter den Dünen, und seit er sich zur Ruhe gesetzt habe, bleibe er mit seiner Frau manchmal den ganzen Sommer über hier. Seine Firma in Limoges habe er schon vor Jahren auf seine beiden Söhne übertragen. »Die fliegen aber in den Ferien mit ihren Familien lieber auf die Seychellen oder nach Ceylon und lassen sich nur selten auf der Ile de Ré blicken. Und interessieren sich leider mehr für Golf und Tiefseetauchen als für Fußball.« Er seufzte und nickte wieder vor sich hin. Melancholisch diesmal.

Wir spürten, dass dies nicht der Anfang seiner Geschichte sein konnte, sondern eher das Ende, und fragten, um den Faden nicht abreißen zu lassen, was das denn für eine Firma sei, die seine Söhne übernommen hätten.

»Eine Druckerei natürlich«, antwortete Monsieur Kleemann, und er betonte das »natürlich« so ausdrücklich, als empfinde er andere Firmen oder Metiers als reine Zumutung. »Schon mein Großvater ist ja Drucker gewesen, damals in Hamburg, und auch mein Vater war Drucker in derselben Firma. Und ich selbst wäre in dieser Firma selbstverständlich auch in die Druckerlehre gegangen, wenn sich damals, 1933, nicht der Anstreicher die Macht in Deutschland erschlichen hätte. So hat es jedenfalls mein Vater ausgedrückt, an einem nasskalten Abend im Januar, als unsere ganze Familie zum Abendbrot in der Wohnküche versammelt war. Mein Vater und seine Arbeitskollegen, seine Genossen aus SPD und Gewerkschaft, machten sich keine Illusionen. Es würde ihnen über kurz oder lang an den Kragen gehen. Alles, was auch nur entfernt nach SPD oder KPD oder Gewerkschaft roch, würde verboten werden. Alles, sagte mein

Vater, alles bis runter zum Gesangverein. Und der VfL, der ist wahrscheinlich als Erster fällig. Und Verbote sind noch das Freundlichste, was unsereiner zu erwarten hat. Verbote sind zumindest nicht lebensgefährlich. Das Lebensgefährliche kommt aber auch noch. Einige Genossen packen bereits die Koffer, um sich ins Ausland abzusetzen. So hat mein Vater an jenem Abend geredet, ruhig und sachlich. Ich war damals erst zwölf Jahre alt, aber unter der Ruhe meines Vaters spürte ich die Wut und die Ohnmacht, unter der Sachlichkeit die Angst. Ich verstand auch gar nicht alles, was mein Vater sagte. Wieso ist denn der VfL fällig? fragte ich. Was können die Nazis denn gegen unseren Fußballverein haben? Mein Vater trank einen Schluck Bier, setzte die Flasche so hart auf dem Tisch ab, dass das Geschirr klirrte und sah mich dann mit einem so traurigen Blick an, wie ich ihn vorher und nachher nie an ihm gesehen habe. Fußball, sagte er, mögen die Nazis grundsätzlich nicht. Ist denen zu proletarisch. Und davor haben sie Angst. Ist denen auch nicht hart genug. Zu viel Spiel. Und zu wenig Kampf. Und unser ...«

»Dann wäre den Nazis die deutsche Mannschaft von heute vielleicht sympathisch gewesen«, sagte einer von uns ein wenig vorlaut. »Zu viel Kampf und zu wenig Spiel.«

Monsieur Kleemann lächelte nachsichtig und schüttelte den Kopf. »Das verstehen Sie falsch, junger Mann. Damals ging's ums Prinzip, um das Spiel als solches. Es ging auch um die Organisation. Und es ging um das Milieu, aus dem der Fußball kam und in dem er gespielt wurde. Unser VfL, sagte mein Vater damals, der ist den Nazis sowieso ein Dorn im Auge. Weil er zum ATSB gehört. Und dann sagte er nichts mehr an jenem Abend, als ob damit alles erklärt wäre. Wissen Sie, was der ATSB war?«

»Um ehrlich zu sein ...«

»Die Abkürzung für Arbeiter-Turn-und-Sportbund. Das wusste ich natürlich schon mit meinen zwölf Jahren. Ich wusste es, weil unser Fußballverein das Zentrum meines Lebens war. Ich verbrachte jede freie Minute auf dem Trainingsplatz, spielte in der Jugendmannschaft, und außerdem durfte ich dem Platzwart zur Hand gehen bei der Rasenpflege, durfte bei den Spielen der Herrenmannschaft am Eingang die Karten abreißen, durfte manchmal mit in die Kabine unserer Mannschaft, durfte Taschen tragen und Getränke holen. Je näher ich an die Spieler herankam, desto eher würde ich selbst einer wie sie werden. So etwas wusste ich; zumindest hoffte ich es, aber was die Nazis gegen den ATSB und unseren VfL hatten, das wusste ich nicht. Fußball war Fußball, leicht zu verstehen. Politik war Politik. Die verstand ich nicht, und ich hatte Angst, weil die Erwachsenen Angst hatten.« Monsieur Kleemann wischte sich mit der Hand über die Augen, als wollte er etwas verscheuchen, Bilder, Erinnerungen. Oder wollte er etwas Vergessenes zurückrufen? »Verzeihen Sie, dass ich hier sentimentale Monologe halte«, sagte er achselzuckend, »aber vielleicht ist es die Kombination aus Fußball und deutscher Sprache, die das alles wieder nach oben bringt. Ich mag übrigens die Art, in der Deutsche Fußball spielen. Auch das Kämpferische. Ich habe diesen Stil immer gemocht. Trotz allem. Es ist ja gewissermaßen meine Herkunft.« Er schwieg, schob, bereit zu gehen, ein paar Münzen neben seine Kaffeetasse und sah uns an. »Haben Sie auch Fußball gespielt?«

»Als Kinder schon«, sagten wir, »als Jugendliche vielleicht auch noch, aber …«

»Sie sind zu jung«, sagte er, »um zu verstehen, wie ich das meine. Für mich war Fußball und unser Verein, wie soll ich es sagen? Die Heimat vielleicht. So etwas eben …«

»Mussten Sie denn nach Frankreich emigrieren?«

»Interessiert Sie das wirklich?« Er schien sich zu wundern. »Meine Kinder interessiert es nicht. Oder nicht mehr. Vielleicht habe ich es ihnen zu oft erzählt. Nun ja, sie sind Franzosen, und meine Enkelkinder sind es erst recht. Aber immer, wenn ich eine deutsche Fußballmannschaft im Fernsehen spielen sehe, habe ich so etwas wie Heimweh. Zurück nach Deutschland möchte ich trotzdem nicht mehr. Nach dem Krieg, während der fünfziger Jahre, war ich noch einmal da, als Offizier der französischen Armee. Unser VfL-Platz war eine Baustelle. Wohnblocks wurden da errichtet. Und im Vereinsheim wohnten Flüchtlinge. So«, er stand auf, »ich muss jetzt aber wirklich gehen. Sonst wundert sich meine Frau.«

»Nein, warten Sie«, sagten wir, »Sie wollten uns doch noch erzählen, wie Sie nach Frankreich gekommen sind.«

»Ja«, sagte er, »das wollte ich. Es dauert ja auch nur einen Café Creme.« Er winkte dem Kellner, bestellte, wartete, bis der Café vor ihm stand, rührte nachdenklich in der Tasse. »Nachdem die Nazis den Reichstag angezündet hatten«, fuhr er schließlich fort, »eröffneten sie die Jagd auf uns. Und die Polizei sah zu und rührte keinen Finger. Anfang März 1933 hatte unsere erste Mannschaft ein Heimspiel gegen einen Arbeitersportverein aus Altona. Als die Spieler in der Halbzeit in die Umkleidekabinen gehen wollten, die hinter dem Vereinsheim lagen, fuhren zwei Lastwagen mit geschlossener Plane vor. Aus einem sprangen zwanzig SA-Schläger, bewaffnet mit Schlagstöcken und Karabinern, verhafteten alle Spieler und Betreuer und brachten sie in dem zweiten LKW weg. Die Spieler durften sich nicht mal umziehen. Sie hatten noch ihre verschwitzten, mit Gras und Schlamm verschmierten Trikots an und ihre Fußballschuhe, als sie abtransportiert wurden. Die meisten kamen mitten in der Nacht nach Hause, einige erst am nächsten Morgen. Man hatte ihnen gedroht, hatte sie eingeschüchtert, man hatte sie verprügelt, manche waren blutig geschlagen. Mein Vater, der damals Spielertrainer war, hatte Platzwunden am Kopf, und sein Rücken war grün und blau geprügelt. Das war das Ende unseres VfL. Keine Mannschaft des Vereins hat je wieder ein Spiel bestritten. Als das Vereinsheim vierzehn Tage später beschlagnahmt und zu einem SA-Lokal gemacht wurde, sagte mein Vater: Hier bleiben wir nicht. Über den ATSB hatte er in den zwanziger Jahren einige Spiele im Ausland machen können, Völkerverständigung der internationalen Arbeiterklasse, unter dem Motto lief das, was den Nazis natürlich besonders verhasst war. Mein Vater hatte jedenfalls besonders gute Kontakte zu einer französischen Mannschaft aus Paris, die sogar einmal in Hamburg zu einem internationalen Spiel zu Gast gewesen war. Es war die Werksmannschaft einer großen Zeitung, in der auch Drucker mitspielten, und mit denen verstand sich mein Vater natürlich sofort. Er nahm Briefkontakt zu einem dieser Pariser Spieler auf, und im Juni 1933 verließen wir Deutschland. Wir erzählten vorsichtshalber in der Nachbarschaft, dass wir eine Urlaubsreise zu Verwandten im Harz machen wollten, nahmen nur mit, was wir in unseren Koffern tragen konnten, und fuhren dann mit einem Nachtzug nach Paris. Am Grenzübergang wurden unsere Pässe kontrolliert und unsere Namen mit Fahndungslisten abgeglichen, unser Gepäck wurde durchsucht, aber man ließ uns unbehelligt ausreisen. Und so bin ich also nach Frankreich gekommen. Die Sportsfreunde meines Vaters besorgten uns in einem Pariser Vorort eine Wohnung, mein Vater bekam bald Arbeit in der Zeitungsdruckerei, meine Mutter verdiente als Putzfrau bei wohlhabenden deutschen Emigranten etwas dazu, und in der Erwachsenenbildung der französischen

Sozialisten lernten wir Französisch. Ich ging noch ein paar Jahre zur Schule, dann wurde ich ebenfalls Drucker. Selbstständig gemacht habe ich mich erst nach dem Krieg. Ich bin von Paris in die Provinz gegangen und habe in Limoges, der Heimatstadt meiner Frau, eine eigene Druckerei aufgebaut.«

»Und haben Sie in Frankreich auch wieder Fußball gespielt?«

»Oh ja, natürlich. Erst in der Schule, dann in der Werksmannschaft. Der Fußball hat es mir leichter gemacht, mich hier einzuleben. Aber das Gefühl von Heimat, das ich beim VfL in Hamburg gespürt habe, das habe ich hier nicht wieder gefunden. Das war versunken im braunen Sumpf. Unwiederbringlich. Nur einmal noch kam die Erinnerung daran zurück, und zwar bei der Weltmeisterschaft 1938, die ja in Frankreich stattfand. Ich war gerade achtzehn geworden und außerdem eingebürgert worden; aus Arno wurde offiziell Arnaud. Meine Eltern schenkten mir eine Eintrittskarte für ein Spiel. Schon Monate vorher hatte mein Vater sich um die Karte bemüht. Die Spiele der französischen Mannschaft waren ausverkauft und die Schwarzmarktpreise unbezahlbar. Also kaufte mein Vater eine Karte für das Spiel Österreich gegen Schweden, aber drei Tage, nachdem er sie gekauft hatte, marschierte Hitlerdeutschland in Österreich ein. Als die Weltmeisterschaft begann, gab es keine österreichische Mannschaft mehr, sondern nur noch eine deutsche, in die einige österreichische Spieler eingebaut worden waren. Die Karten für das Spiel Österreich gegen Schweden konnte man eintauschen für das Spiel Deutschland gegen die Schweiz, oder man konnte sich das Geld erstatten lassen. Ich tauschte meine Karte ein, was meinen Vater schmerzte, weil er sich im Lauf der Jahre in eine Aversion gegen alles Deutsche gesteigert hatte, die manchmal zu Hass wurde. Aber es kann sein, dass er mich insgeheim auch beneidete, weil ich viel unbefangener mit meiner Herkunft umging, viel naiver, und weil für mich Fußball Fußball war und Politik etwas ganz anderes. Die beiden Spiele zwischen der Schweiz und Deutschland, es waren zwei, weil das erste 1:1 endete und die Partie – so war das Reglement damals – deshalb wiederholt werden musste, belehrten mich dann eines Besseren oder, genauer gesagt, eines Schlechteren. Das waren nämlich keine Fußballspiele mehr, sondern politische Ereignisse, Vorahnungen des Kriegs fast schon, besonders das Wiederholungsspiel. Zwischen den Schweizer Fans und den Deutschen gab es erst Pöbeleien, dann wüste Prügeleien, die französischen Zuschauer standen fanatisch hinter der Schweiz, der Schiedsrichter blieb davon nicht unbeeindruckt, die deutschen Spieler wurden mit Gegenständen beworfen und bespuckt. Gemeint waren natürlich nicht die Spieler, gemeint war Deutschland, der Nationalsozialismus, der Einmarsch in Österreich. Das Merkwürdigste war jedoch, dass die deutsche Mannschaft, in die ja zwangsweise ein paar österreichische Spieler integriert worden waren und die normalerweise gegen die Schweiz nie verloren hätte, dieses Spiel gar nicht gewinnen wollte. Jedenfalls war das mein Eindruck; vielleicht ist es auch Wunschdenken. Es kam mir so vor, als wüssten oder spürten die Spieler, dass hier kein Fußball mehr gespielt wurde, sondern ein Krieg begann. Und indem sie unter ihrem Niveau spielten, boykottierten sie die deutsche Politik und desertierten symbolisch aus diesem Krieg. Deutschland verlor 2:4, und sogar Sepp Herberger sagte anschließend in einem Interview, es sei kein Spiel mehr gewesen, sondern eine Schlacht. Diese Desertion der deutschen Mannschaft hat mich sehr beeindruckt, die Niederlage hat mich begeistert, nicht sportlich und auch nicht, weil ich sie mir, wie mein Vater, gewünscht hätte, sondern weil sie eine

Demonstration gegen den deutschen Faschismus war. Und vielleicht«, schloss Monsieur Kleemann seine Geschichte und stand auf, »sehe ich Spiele der deutschen Nationalmannschaft deshalb noch heute gern. Sie erinnern mich an etwas, was es im Fußball nicht mehr gibt. Aber Weltmeister werden die Deutschen in diesem Jahr nicht.«

»Wieso nicht?«

»Zu viel Kampf. Zu wenig Spiel.«

Rainer Moritz

Die Pfeifen der Nation

Böse und gute WM-Schiedsrichter – eine Hitliste aus deutscher Sicht

Schiedsrichter erfreuen sich selten großer Beliebtheit, das gehört zum Wesen ihres Metiers. Obwohl ihre Anwesenheit die Durchführung eines Spiels erst gewährleistet, ist ihr Ansehen bescheiden. Sie gelten als Sündenböcke und Spielverderber, und Eltern sollten Kindern, die aus einer Verirrung heraus den Berufswunsch »Schiedsrichter« äußern, streng ins Gewissen reden. Es bedarf eines psychisch besonders stabilen Naturells, um die allwöchentlichen Erniedrigungen und Beleidigungen, die die Unparteiischen ungeachtet der dargebrachten Leistungen erfahren, mühelos zu verarbeiten. Nur Hartgesottene wie der frühere FIFA-Schiedsrichter Hans-Joachim Weyland kommen zu einem Lebensfazit wie »Pfeifen begeistert und macht mich glücklich«, das Normalsterblichen unerklärlich ist.

Wer Fußball spielt, möchte Torjäger sein, wie Gerd Müller, Rudi Völler, Klose oder Ailton. Oder Libero vielleicht, wie Franz Beckenbauer, auch wenn keiner diese Rolle mehr so ausübt wie einst der Kaiser. Oder Regisseur im Mittelfeld, wie Netzer, Rivera, Overath, Cruyff, Schuster, Häßler oder meinetwegen Michael Ballack. Vorstopper oder rechter Außenverteidiger, schon das klingt nicht so, als seien damit Millionen zu verdienen oder ungezählte blonde Groupies zu erobern. Und Torwart? Waren das nicht immer diese unscheinbaren Figuren, die zu klein gewachsen oder zu ungeschickt waren und deshalb im aktiven Spielgeschehen nichts verloren hatten? »Du gehst ins Tor!« – dieser schroffe Befehl der kickenden Rädelsführer war selten als Kompliment zu verstehen, bescherte höchstens das kleine Glück, nicht zuschauen zu müssen. Immerhin kann man es auch als Torhüter zu glanzvoller Karriere bringen, kann man auf den Spuren eines Toni Turek, Lew Jaschin, Gordon Banks, Dino Zoff, Sepp Maier, Edwin van der Sar oder Oliver Kahn wandeln, dem es schließlich auch gelingt, junge Disco-Miezen an sich zu binden.

Aber Schiedsrichter? Wer um alles in der Welt will diesen Job übernehmen? Diese Aufgabe für Masochisten, die – so die vulgärpsychologische Deutung – ihren Frust dadurch kompensieren, dass sie sadistisch wirken und herrliche Kopfballtreffer wegen einer läppischen Abseitsstellung annullieren? Lassen wir Ausnahmen wie Kaiserslauterns Zahnarzt Markus Merk beiseite, der im Alter von zwölf Jahren die Regelprüfung absolvierte, so will es nicht recht einleuchten, warum sich verhaltensunauffällige Zeitgenossen freiwillig zum Dienst an der Pfeife melden. Finanziell war damit lange Zeit auch kein Staat zu machen – oder mit den Worten des ehemaligen Bundesliga-Schiedsrichters Wieland Ziller gesprochen: »Die Bezahlung ist mickerig. Das ist Schnullibulli.« Das hat sich zumindest in den oberen Spielklassen inzwischen geändert, und wer zur nationalen oder internationalen Avantgarde zählt, bedarf eines Arbeitgebers, der auf die regelmäßige Anwesenheit seines pfeifenden Mitarbeiters keinen gesteigerten Wert legt. Dennoch: Reichtümer sind als Schiedsrichter nicht zu erlangen, zumal bereits Mitte vierzig die Pensionsgrenze erreicht ist und sich auch der angesehenste Referee gezwungen sieht, die italienische Hochtonpfeife »Balilla« oder das kugellose Modell »The Fox Classic« an den Nagel zu hängen.

»Schiedsrichter« seien, so der Psychologe Henner Ertel, »nicht mit menschlichen Maßstäben zu messen« – eine Erkenntnis, die sich mühelos auch auf andere Bevölkerungskreise ausdehnen ließe. Die Gründe des Einzelnen, sich selbstbestimmt »ins ewige Abseits« (Fritz Oblong) zu begeben, sind vielfältig; am Gelde, wie gesagt, kann es nicht liegen, und auch das gesellschaftliche Ansehen, das sich als »Amtsautorität im Stadion« (Gert Hortleder) gewinnen lässt, ist bescheiden. Selbst internationale Kapazitäten wie Karoly Palotai, Michel Vautrot, Concetto Lo Bello, Alexis Ponnet oder Aron Schmidhuber verdienten sich vielleicht Respekt … und verschwanden sofort nach ihrem Abtreten aus dem kollektiven Gedächtnis.

Erst der Italiener Pierluigi Collina vermochte es zuletzt, aus dieser Anonymität auszuscheren und sich zur »Lichtgestalt« (*stern*) seiner Zunft aufzuschwingen. Die unerbittliche Konsequenz, die den barhäuptigen Collina auszeichnet, machte ihn – zusammen mit seiner markanten Erscheinung – zu einer Medienfigur, die im fernen Japan sogar dazu eingesetzt wurde, für Tiefkühlprodukte zu werben, und die auch die Herzen fußballresistenter Frauen höher schlagen lässt. Kein Wunder also, dass Collina mit *Meine Regeln des Spiels* (2003) auch als Buchautor reüssierte und somit auf den Spuren des legendären Belgiers John Langenus, Schiedsrichter des ersten WM-Finales 1930, wandelte: Auch der mit Krawatte und Knickerbocker amtierende Langenus hatte sich schriftstellerisch versucht und in den vierziger Jahren so schön betitelte Werke wie *Pfeifend durch die Welt* und *Unsere lustigen Fußballer* geschrieben. Deutsche Schiedsrichter hingegen wechselten selten ins Autorenfach; Dieter Paulys eitle Selbstdarstellung *Abpfiff* (1990) blieb Ausnahme.

Einem beliebten Reporterklischee zufolge zeichne sich ein guter Schiedsrichter durch Unauffälligkeit aus. Daran ist wenig wahr, denn selten steht es in der Macht des zwölften Mannes, sich die Art seines Auftritts auszusuchen. Natürlich braucht niemand einen wild gestikulierenden, durch übertriebene Mimik auffallenden Unparteiischen. Figuren wie das Oberhausener Unikum Wolf-Dieter Ahlenfelder, den durch die WM-Runde 1982 purzelnden Walter Eschweiler oder den Straßburger Robert Wurtz, der auf Tauchstation ging, um auch die verstecktesten Foulspiele zu erahnen, gehören eher ins Kuriositätenkabinett denn in die Ahnengalerie. Dennoch: Wo gehobelt wird, fallen Späne, und wo die Aktionen auf dem Rasen rüde ausfallen, bedarf es eines forschen Agierens, das keine Rücksicht darauf nimmt, dass von detaillierten Regelkenntnissen meist unbelastete Kommentatoren das »unauffällige« Wirken eines Schiedsrichters mit »Fingerspitzengefühl« loben möchten.

Schiedsrichter sind im Minutentakt gezwungen, Entscheidungen zu treffen, über deren Folgen sie keinen Moment lang nachdenken dürfen. Und sie schaffen so Augenblicke, die das Erinnerungsreservoir der Menschen auf immer und ewig füllen. Wer ein echter Anhänger eines Vereins ist, wird nie vergessen, was ein einziger Pfiff auslöste. Alles mag ihm entfallen sein, die Einschulung, der erste Kuss, der Hochzeitstag, aber immer bleibt es in seinem Bewusstsein, dass es eine falsche Eckballentscheidung war, die vor zwanzig Jahren die Meisterschaft kostete, und nie wird er den Namen dieses »Verbrechers« je vergessen.

Eintracht-Frankfurt-Fans zum Beispiel, ohnehin eine leidgeprüfte Spezies, werden immer an den 12. Mai 1992 denken, als ihr Team am letzten Spieltag in Rostock die Meisterschaft verspielte und mit einigem Recht dem Konzer Schiedsrichter Alfons Berg alle Schuld an diesem Debakel geben konnte. Bergs Weigerung, der Eintracht mit einem Elfmeterpfiff auf die Sprünge zu helfen, grub sich in die Annalen des Vereins ein. Nie werden sie am Riederwald diesen Namen vergessen. Und in Italien wird man noch in hundert Jahren glauben, das Ausscheiden bei der WM 2002 sei ausschließlich dem ekuadorianischen Schiedsrichter Bryan Moreno zuzuschreiben – eine Schuldzuweisung, mit der es sich die während dieser WM-Spiele wie gewohnt durch trostlosen Alibifußball aufgefallenen Azzurri mal wieder zu leicht machen.

Der gemeine Fußballfan hat keinen Grund, mit dem Schiedsrichter zu sympathisieren. Neigt er, der Fan, zu ausgesuchter Fairness, mag er gönnerhaft anerkennen, dass der einstmals schwarze Mann »ganz ordentlich« gepfiffen und keine schwerwiegenden Fehlentscheidungen getroffen habe. Gut im engeren Sinne ist der Schiedsrichter nur, wenn er aktiv zum Wohlbefinden des Fans beiträgt, wenn er die ohnehin meist unfaire Mannschaft des Gegners rechtzeitig dezimiert und mit wertvollen Elfmeter- und Abseitsentscheidungen ein konvenierendes Endergebnis gestaltet.

Was dem Vereinsmatch billig, ist dem Länderspiel recht. Die (erfolgreiche) Bilanz der deutschen National elf bei Weltmeisterschaften ist auch die Summe famoser und katastrophaler Schiedsrichterleistungen. Die deutsche Sicht der Dinge ist subjektiv, keine Frage, doch warum sollte sie nicht subjektiv sein? Schiedsrichter aus aller Welt haben deutsche WM-Spiele geleitet, die meisten dieser Herren haben wir glücklich hinter uns gelassen und finden ihre Namen gerade mal in den Tiefen von Nachschlagewerken und Datenbanken. Einige jedoch stehen fest gemeißelt im Fußballvorhof unseres Gedächtnisses; manche von ihnen haben Freude bereitet und das Abschneiden der Herberger-, Schön- oder Beckenbauer-Mannen befördert, andere hingegen fielen unangenehm auf und sind – sei es zu Recht oder nicht – bestens platziert auf der ewigen Abschussliste. An diese Gestalten wollen wir erinnern, denn sie prägten deutsche

Geschichte stärker als die meisten Politiker oder Kulturschaffenden, und ihnen gebührt ein kleines Denkmal.

Die bösen Vier

Platz 4: Unfreundlich muss die Stimmung an jenem 24. Juni 1958 in Göteborg gewesen sein. Eine Nation wollte ihren Heimvorteil nutzen und sich den Weg ins Endspiel nicht verbauen lassen. Die Mittel, die das schwedische Publikum wählte, um seine Vertreter zu motivieren, waren ungewöhnlich und stießen einem sensiblen Gegner wie Titelverteidiger Deutschland unangenehm auf. Einpeitscher stimulierten die Massen zu penetranten Anfeuerungsrufen und schufen eine Atmosphäre, die den Fairplay-Gedanken nicht in den Vordergrund stellte.

Die deutsche Mannschaft um Schäfer, Fritz Walter, Herkenrath und Eckel hielt sich in diesem Hexenkessel wacker und ein 1:1 ... bis der ungarische Schiedsrichter **Istvan Zsolt** eine Entscheidung fällte, die den deutschen Durchhaltewillen brach. Verteidiger Juskowiak, ein Haudegen alter Schule, war dem trickreichen, vor Provokationen nicht zurückschreckenden Spiel des Schweden Hamrin nicht gewachsen und trat nach. Zsolt, ein erfahrener Mann, der auch zu den WM-Endrunden 1962 und 1966 geladen wurde, sprach den Feldverweis aus, und die Temperatur im Stadion stieg weiter an. »Da wird Juskowiak vom Platz gestellt« – der erregt-klagende Aufschrei von Rundfunkreporter Herbert Zimmermann ließ sofort erkennen, dass es mit der deutschen Titelverteidigung nun wohl nichts werden würde. Die »Affekthandlung« (so Zimmermann) zu Göteborg brachte Fritz Walters Mannen auf die Verliererstraße und ließ »Hammer« Juskowiak auch im richtigen Leben nie mehr glücklich werden.

Um das Maß des Unglücks voll zu machen, verletzte sich

Fritz Walter bald nach Juskowiaks Ausraster so schwer, dass Herbergers Elf nur noch eine Neun war. »Das ist ein Cannae!«, rief der umfassend gebildete Herbert Zimmermann aus und belegte, dass die Übertreibung – 70 000 Römer mussten seinerzeit die vernichtende Schlachtniederlage bei Cannae mit dem Leben bezahlen – zum festen Bestandteil der Sportberichterstattung gehört. 1:3 hieß es am Ende, und noch Monate später litten die deutsch-schwedischen Beziehungen unter den Nachwirkungen des Gefechts von Göteborg.

DFB-Präsident Peco Bauwens glänzte wieder einmal durch rhetorische Fehlleistungen und beklagte die »Volksverhetzung« der Schweden. Selbst der wie immer untadelige Uwe Seeler erwies sich als quengelnder Verlierer (»Das war nicht sportlich«) und brachte noch fünfunddreißig Jahre später in seiner Autobiografie *Danke! Fußball* manches durcheinander: Seine Behauptung, Juskowiak habe Hamrin umgesäbelt, lässt sich durch keinen Fernsehbeweis stützen.

Wir sollten sportlicher sein und einräumen, dass Istvan Zsolt nur mittelbare Schuld am deutschen Ausscheiden trug. Aber war Erich Juskowiak nicht ungehörig provoziert worden, von jenem Kurre Hamrin, der sein Ciabatta schon damals im fintenreichen Italien verdiente? Hätte es nicht – würden Regelkenner wie Johannes B. Kerner oder Reinhold Beckmann ausrufen – auch eine Verwarnung getan, gerade in einem so wichtigen Halbfinalspiel? Und wäre es nicht verdient gewesen, wenn zum Ausgleich auch irgendein Schwede vorzeitig zum Duschen geschickt worden wäre? Nichts dergleichen geschah, und so grollen wir Herrn Zsolt immer noch ein wenig.

Platz 3: Verhasste Schiedsrichter sind fast immer solche, die für Niederlagen verantwortlich gemacht werden können. Manchmal gelingt es »Pfeifenmännern« jedoch auch im Falle eines Sieges, einen Platz auf der Erinnerungsstrafbank zu finden. Der Argentinier ***Juan Loustau*** gehört in diese Kategorie. Am 24. Juni 1990 leitete er das WM-Achtelfinale Deutschland gegen die Niederlande, eine Paarung, die seit jeher emotionale Brisanz aufweist. »Nickligkeiten«, wie es der Sportjargon nennt, bestimmten die Partie in Mailand von Anfang an, und bereits in der 22. Minute schien alles aus dem Ruder zu laufen. Publikumsliebling Rudi Völler und der Holländer Frank Rijkaard gerieten in einer undurchsichtigen Situation aneinander; eine Spucksalve – in der Zeitlupe schön zu sehen – traf das lockige Haar des Deutschen, und mit einem Mal zückte Herr Loustau Rot. Wem das Kartenspiel galt, war nicht sofort zu erkennen und brachte die Rundfunk- und Fernsehkommentatoren ins Schwitzen.

Armin Hauffe und Jochen Sprentzel durchschauten das Getümmel relativ rasch und bewerteten die Disziplinarstrafen für Völler und Rijkaard als »vollkommen korrekte Entscheidung«, während der TV-Kollege Heribert Faßbender nebst Gehilfe Karl-Heinz Rummenigge in sein vertrautes nationalistisches Getöse verfiel. Faßbender/Rummenigge, ohnehin seit Adam & Eve das gruseligste Duo in der Geschichte des öffentlich-rechtlichen Fernsehens, wähnten sich als Zeuge eines »Skandals« und forderten die FIFA-Verantwortlichen auf, Juan Loustau zurück in die »Pampas« zu schicken. Faßbenders Einfluss reichte nicht aus; der Gefallen wurde nicht gewährt. Immerhin, ein wenig Volksaufhetzung war Faßbender & Co. geglückt; Deutschland siegte nicht zuletzt dank Jürgen Klinsmann 2:1, und im darauf folgenden Viertelfinalspiel gegen die Tschechoslowakei durfte der Österreicher Helmut Kohl (sic!) pfeifen, der es – wen wundert's? – sehr gut mit den Beckenbauer-Buben meinte. Herrn

Loustau haben wir trotzdem nicht aus dieser Liste gestrichen, denn ungestraft stellt niemand unseren Rudi vom Feld.

Platz 2: Ohne Frage, dieser Ehrenplatz gebührt dem Peruaner ***Arturo Yamasaki,*** der im »Jahrhundertspiel« der WM 1970 eine erbarmenswürdige Leistung bot und natürlich schuld am deutschen 3:4-Ausscheiden gegen Italien war. Die denkwürdigen Minuten dieser Verlängerung von Mexico City sind oft beschrieben worden. Was Yamasaki, der bereits 1962 und 1966 zu WM-Ehren gekommen war, dazu verleitete, sich blindlings auf die italienische Seite zu schlagen, ist bis heute ungeklärt. Die Ansammlung seiner Fehlentscheidungen beeindruckte und trieb dem gebeutelten Rundfunkreporter Kurt Brumme die Tränen in die Augen. Der wackere WDR-Mann lief zu Hochform auf; Schreckensausrufe wie »Das ist unmöglich«, »Er sieht nichts« oder »Wen er alles verwarnt, weiß ich nicht« brachten das Brumme-Fass zum Überlaufen, zumal sich das Spiel nicht nur als hochdramatisch, sondern auch als »schlechte Mailänder Oper« erwies. Abwechselnd monierte Brumme Yamasakis Fehlpfiffe und das Zeitschinden der Italiener, die den sterbenden Schwan in zahllosen Varianten gaben. Höhnische Kommentare wie »Burgnich ist soeben verstorben« machten aus diesem Spiel einen Reportageklassiker.

Wie nachhaltig das deutsche Volk unter Yamasakis grausamer Herrschaft litt, zeigt sich darin, dass auch die Dichter und Denker das historisch Einmalige der Kanonade von Mexico begriffen und verarbeiteten. Ror Wolf vergaß in seinem WM-Gedicht 1970 den unangenehmen Peruaner nicht: »Der Catenaccio knirscht. Die Riesen wanken. / Mazzola fällt vor lauter Elend um. / Als Seeler blutet, bleibt die Pfeife stumm. / Das hat man Yamasaki zu verdanken.« Und auch Bernward Vespers autobiografischer Roman *Die Reise* hielt im historischen Abstand von mehreren Jahren fest, wie selbst linke Wohngemeinschaften in Fußballfragen lautstarken Patriotismus nicht scheuten. Wir zitieren Vespers Stimme: »Ja, diese verdammten Spaghettifresser, die verzögern, die den Vorsprung halten wollen, die foulen, die sich mit flehender Gebärde an den Schiedsrichter wenden, die sich auf den Rasen schmeißen, als wären sie tödlich getroffen. (...) ›Kann man den Schiedsrichter auswechseln?‹ ›Wie kann man einen offensichtlichen Fehler des Schiedsrichters korrigieren?‹ Ja, verdammt, der bestechliche Gott der Schlachten: der Schiedsrichter, der Verräter, der heimliche Überläufer, der den deutschen Sturm zersetzt.«

»Der bestechliche Gott der Schlachten« – diese kräftige Wendung wird Arturo Yamasaki (ein Name, den wir – abgesehen von Uwe Seeler, der ihn in seiner Autobiografie als »Yamakasi« erinnert – nie aus dem Gedächtnis verlieren werden) nicht abstreifen können. Nachgeborene Schiedsrichter werden es schwer haben, ihn vom zweiten Platz der Hassliste zu verdrängen.

Platz 1: Dieser gehört – man ahnt es – einem Duo, dessen Unseligkeit selbst die unheilige Allianz Faßbender/Rummenigge weit in den Schatten stellt. ***Gottfried Dienst*** aus dem schweizerischen Basel und ***Tofik Bachramow*** aus dem lettischen Riga gebührt der Spitzenplatz, ohne jeden Zweifel. Zu niederträchtig war es, was diese beiden – kein Mensch erinnert sich übrigens an den Dritten im Bunde – in der Verlängerung des WM-Finales England gegen Deutschland 1966 anrichteten. Ich selbst sah dieses Spiel im Tiroler Ferienort Tannheim und beendete mein harmloses Gartenspiel mit einer gleichaltrigen Dortmunder Urlaubsbekanntschaft rechtzeitig, um die entscheidenden Minuten der Verlängerung am Bildschirm zu verfolgen. Was damals geschah, ist hinreichend oft aufnotiert worden; Gerhard Henschel und Günther Willen haben alles Wissenswerte in ihrem Buch *Drin oder Linie? Alles übers dritte Tor* festgehalten.

Maßgeblich ist Uwe Seelers diesmal völlig zutreffender Kommentar »Von dem Tor möchte ich nicht mehr sprechen, denn es war ja keins«. Die Schuld am Geschehen in der 110. Spielminute ist unterschiedlich verteilt. Als ungünstig erwies es sich, dass Deutschlands junger Abwehrspieler Wolfgang Weber den Ball nach Hursts Lattenunterkantenschuss nicht im Spiel beließ und ihn per Kopf über die Seitenauslinie beförderte. So entstand dumme Zeit für Nachdenklichkeit, und Gottfried Dienst fand Muße, über das Gesehene zu sinnieren und Kontakt mit seinem Helferlein Bachramow aufzunehmen. Dienst selber müssen wir vorhalten, im Zweifelsfalle nicht für den Angeklagten – für Keeper Tilkowski und seine Vorderleute – votiert und das offenbar verwirrte Agieren des Letten ernst genommen zu haben.

Im Nachhinein – Schiedsrichter sind darin geübt – versuchte sich der noch Jahrzehnte später zu diesem existenziellen Moment interviewte Dienst plump aus der Affäre zu ziehen. Von Anfang an sei ihm durch die Fahnenhaltung Bachramows klar gewesen, dass dieser einen regulären Treffer habe anzeigen wollen. Papperlapapp!, rufen wir da aus und sehen die TV-Bilder genau vor uns, die einen konfusen Linienrichter zeigen, der in ungünstiger Perspektive zum Vorgang stand und alsbald seine Seitenlinie verließ, um hilflos in der deutschen Spielhälfte herumzutapsen. Nein, nein, Herrn Bachramow glauben wir keine Sekunde lang, dass er diese blitzschnelle Aktion überschaute, und noch heute ärgere ich mich darüber, dass dieser mit einem unschönen Bart ausgestattete Lette den von sich eingenommenen Engländern damals zum WM-Triumph im eigenen Land verhalf.

»Kein Tor, kein Tor!«, so hatte es unser Herbert Zimmermann völlig richtig erkannt, und auch Fernsehkollege Rudi Michel ließ ein spontanes »Nicht im Tor!« folgen. Genützt hat die Reporterweisheit nichts; Michel behielt nur mit seiner resignierten Prognose »Das wird nun wieder Diskussionen geben« Recht.

1993 verstarb Bachramow, Dienst 1998.

Wer Hass sät, soll auch Liebe ausschütten, und deshalb gab es im langen Lauf der Geschichte auch Unparteiische, die beide Augen zudrückten und es gut mit dem deutschen Team meinten. Sie sollen nicht unerwähnt bleiben.

Die guten Vier

Platz 4: Der Norweger **Rune Pedersen** ist auf indirekte Weise zu loben. Seine nachhaltigste Wirkung im internationalen Raum erzielte er am 4. Juli 1998 im französischen Lyon, als er dem furchtbaren Treiben der von Berti Vogts trainierten Nationalmannschaft ein Ende setzte. Pedersens konsequentes Zücken der roten Karte, als Christian Wörns in der ihm eigenen grobschlächtigen Art einen kroatischen Spieler fällte, leitete die deutsche 0:3-Niederlage ein und war der Anfang vom Ende der quälenden Vogts'schen Amtsperiode. Wie nicht anders zu erwarten, erwies sich Trainer Vogts als schlechter Verlierer und versuchte billige Verschwörungstheorien zu verbreiten: »Das haben andere Leute zu verantworten.« Zwei Spiele noch – auf maltesischem Boden – durfte Vogts mit Leichenbittermiene als Bundestrainer agieren. Danach war Schluss, und allein deshalb sind wir Rune Pedersen dankbar. Was danach kam – Pensionär Ribbeck –, war freilich auch nicht besser, und so hätte man es im Falle Wörns vielleicht doch bei einer tiefgelben Karte belassen können ...?

Platz 3: Von ***William Ling*** spricht niemand, und auch in Sönke Wortmanns Film *Das Wunder von Bern* findet der englische Referee keine nennenswerte Erwähnung. Das ist ungerecht, denn Mr. Ling ist allein deshalb zu loben, weil er das WM-Endspiel 1954 gegen die favorisierten Ungarn rechtzeitig abpfiff und Reporter Zimmermanns flehentlichen Appell an den Uhrzeiger, sich schneller zu drehen, wohlwollend beherzigte.

Nicht vergessen sei zudem, dass Bill Ling, der damals bereits im 47. Lebensjahr stand, kurz vor dem rechtzeitigen Abpfiff ein Tor der Ungarn – völlig zu Recht, wie zu vermuten ist – wegen Abseitsstellung nicht anerkannte. Und auch nicht vergessen sei, dass Ling bereits dem eigentümlichen Vorrundenspiel Deutschland gegen Ungarn vorstand. Die debakulöse, im Nachhinein zur genialen Herberger-Tat erklärte 3:8-Niederlage gegen die Pußta-Söhne sah den deutschen Zerstörer Werner Liebrich rustikal zu Werke gehen und dem ungarischen Stürmer Ferenc Puskas derart zusetzen, dass dieser das ganze Turnier über stark beeinträchtigt blieb. William Ling sah in Liebrichs zupackender Art nichts Verwerfliches und ließ die Tat des Lauterer Stoppers ungesühnt – Kompliment!

Platz 2: Es überrascht nicht: Wer auf der Schiedsrichterbeliebtheitsskala ganz nach oben kommen will, sollte in irgendeiner Form dazu beigetragen haben, dass Deutschland zu Weltmeisterehren kam. William Ling machte es in dezenter Weise vor, und zwanzig Jahre später fasste sich sein Landsmann ***Jack Taylor*** ein Herz und half der deutschen Mannschaft um Helmut Schön, am 7. Juli 1974 das Weltmeisterschaftsendspiel gegen die Niederlande zu gewinnen. Metzgermeister Taylor aus Wolverhampton machte es sich nicht leicht und tarnte sein Wohlwollen äußerst geschickt. Bereits in der allerersten Spielminute ahndete er – zu Recht, wie man zugeben muss – ein tölpelhaftes Foul der Deutschen mit Strafstoß, und der holländische Haudrauf Johan Neeskens ließ sich nicht zweimal bitten und drosch den Ball in Sepp Maiers Kasten.

Was war das damals für ein Schrecken im Sülzbacher Haus einer befreundeten Familie, wo wir das Endspiel in getränkefreudiger Runde genießen wollten! Musste das wirklich sein, werter Herr Taylor, bereits nach wenigen Spielzügen auf Elfmeter zu entscheiden? Mein Deutschlehrer wollte noch in der Woche darauf nicht einsehen, dass eine zu einem solchen Zeitpunkt gefällte drakonische Entscheidung recht und billig sei. Mein Hinweis, ein Spiel dauere neunzig Minuten, und eine Minute sei wie die andere, wollte nicht fruchten; beharrlich hielt Lehrer Roland Herrmann an seiner Auffassung fest, dass Schiedsrichter Jack Taylor nicht angemessen gehandelt habe.

Wie auch immer: Die ausgleichende Gerechtigkeit ließ nicht auf sich warten, und der Frankfurter Bernd Hölzenbein machte sich eine Erkentnis zunutze, die vielen Stürmern helfen würde: Wo ein Hindernis ist, muss dieses nicht immer kraftvoll genommen werden; wo ein Stolperstein liegt, da mag man sich ihm hingeben und seine widerspenstige Materialität zum Anlass eines Sturzes nehmen. So tat es Hölzenbein: Er schlängelte sich in den Strafraum ein; das Bein des Holländers Jansen stellte sich ihm entgegen, und der fragile Stürmer fiel – was Herrn Taylor die Gelegenheit gab, neuerlich auf den Elfmeterpunkt zu zeigen.

Wie es weiterging, ist bekannt: Breitner verwandelte, dann traf Müller, und fertig war der zweite Gewinn eines WM-Titels. Bernd Hölzenbeins Sturz beschäftigt die Nachwelt bis heute; ja, es hat sich fälschlicherweise eingebürgert, diesen Strafraumfall als »Schwalbe«, als irrtümlich gegebenen Elfmeter, zu deuten.

2003 bezeichnete der Publizist René Martens in seinem Buch *Elfmeter! Kleine Geschichte einer Standardsituation* Hölzenbein als »Vater der Schwalbe« und unterstellte Schiedsrichter Taylor, auf eine hessische Finte hereingefallen zu sein. Dieser Geschichtsklitterung sei scharf entgegengetreten: Der spontanen Wahrnehmung von Radioreporter Oskar Klose – »Man zieht ihm die Beine weg: richtige Entscheidung« – ist nichts hinzufügen, und Hölzenbeins nachträgliche Reflexion des Geschehenen – »Ein Foul bleibt ein Foul. Aber sagen wir so: Ich habe mich dann nicht mehr gegen die Erdanziehungskraft gewehrt« – ändert daran nichts.

Jack Taylor hat das alles fein gesehen, und wohl auch deshalb wurde ihm vier Jahre später die seltene Ehre zuteil, mit einem Abschiedsspiel geehrt zu werden. Gänzlich untergegangen im Sumpf der Geschichtsschreibung ist übrigens das Faktum, dass Hölzenbein in der zweiten Halbzeit ein noch klarerer zweiter Strafstoß versagt wurde. Gerne würde ich dies bei einem gemütlichen Videoabend einmal veranschaulichen.

Platz 1: Nicht jeder fragwürdige Elfmeter ist hilfreich. Kluge Schiedsrichter, die sich beliebt machen wollen, wägen ab, wann und wo sie ein sehr verstecktes Foul erspähen und die Pfeife an den Mund setzen. ***Edgardo Codesal Mendez*** aus Mexiko machte alles richtig, am 8. Juli 1990, als er im WM-Finale erkannte, dass mit der alternden argentinischen Truppe um Diego Maradona kein Blumentopf mehr zu gewinnen war. Eine Weile – genauer 84 Minuten lang – sah sich der elegante Mexikaner an, was die um ein Raubein reduzierten Gauchos zu bieten hatten. Dann schritt er zur Tat, auch mit Blick darauf, eine unschöne Verlängerung verhindern zu können. Rudi Völler drang in den Strafraum ein und stürzte im Zweikampf, irgendwie. »Jetzt gibt's Elfmeter!«, rief Reporter Sprentzel glücklich aus – und da er wohl ahnte, dass Fortuna die Hand im Spiel hatte, ergänzte er sich selbst aufmunternd: »Wirklich zu Recht!«

Seien wir ehrlich: Hätte Edgardo Codesal Mendez nicht auf Elfmeter entschieden, wäre diese Szene heute vergessen. Andreas Brehme hätte nicht zum 1:0 verwandelt, und wer weiß, ob Franz Beckenbauer jemals als in sich gekehrter Triumphator über den römischen Rasen hätte wandeln können? Keiner hanebüchenen Fehlentscheidung hat sich Codesal Mendez schuldig gemacht, und auch der wenig später ausgesprochene zweite Feldverweis gegen die heißblütigen Argentinier ging in Ordnung. Vorwürfe erntete der Schiedsrichter kaum, und seiner anschließenden Funktionärslaufbahn stand nichts im Wege. Zum rechten Zeitpunkt hatte er – aus zugegeben deutschem Blickwinkel – das Rechte getan; die Kämpfer um Lothar Matthäus, Pierre Littbarski und Jürgen Kohler mussten sich ihres Sieges nicht schämen, und so steht Edgardo Codesal Mendez hier auf der Spitzenposition.

*

Schiedsrichter sind – wie ausgeführt – einsame Menschen. Selbst da, wo sie hilfreich agieren, werden sie vergessen. Während echte Fußballfans keine Mühe haben, sich an verblichene Sturmreihen des Wuppertaler SV oder unbedeutende Strafraumszenen aus der Bundesligasaison 1965/66 zu erinnern, bewahren sie den Wohltätern an der Pfeife kein ehrenvolles Angedenken. Nur Versager wie Bachramow ätzen sich im Gedächtnis ein, und wäre diese Hitliste nicht auf Weltmeisterschaften beschränkt, so kämen viele andere Namen hinzu. Wer beispielsweise sein Herzblut für Borussia Mönchengladbach gibt, wird dem Holländer Leonardus van der Kroft bis an sein Lebensende nie Absolution erteilen, jenem gemeinen Übeltäter, der 1976 verhinderte, dass sich die Borussia gegen Real Madrid im Europapokal der Landesmeister durchsetzte.

Welch weites Spielfeld tut sich hier auf! Schließen wir nachdenklich, schließen wir mit den Worten des Soziologen Thomas Fatheuer: »Das Spiel selbst beruht auf einer Balance zwischen der Regel und ihrer Verletzung, zwischen Ordnung und Gewalt. Diese Balance hat der Schiedsrichter zu halten, und sie ist äußerst fragil.«

Bernd Müllender

Holland ist Weltmeister

Ein Kneipengespräch über Frauen, Fußball und Feiertage

Beteiligte Personen:
Klaus-Kaa, Verlagsvertreter
Olli, Galerist
Spargel-Jürgen, Versicherungskaufmann
Theo, Studienrat
Jan, Antiquitätenhändler,
allesamt Fußballfreunde jenseits der 40

1 anonymer Bundesliga-Schiedsrichter
Karen, eine junge holländische Kellnerin
viele Freundinnen, Ex-Partnerinnen und Gattinnen, verflossene WM-Begleiterinnen
1 Innenministerium
1 Mutter
1 Rudi Völler
sowie Herbert Zimmermann, Kurt Tschenscher, David Beckham, Zinedine Zidane, Sammy Kuffour, Francesco Toldo, Birgit Prinz und andere Fußballprominente

Ort: eine abendliche Szenekneipe irgendwo, stadionnah

Es war ein Tag, wie er zum Glück selten vorkommt. Denn es gibt kaum etwas Schlimmeres als eine Spielabsage im letzten Moment. Das Besuchsritual ist gestartet, die ganze innere Vorfreudeselbstprogrammierung längst angelaufen, man meint die

Stehplatzwurst schon zu schmecken – und dann stellt der Schiedsrichter, diese Memme, die Unbespielbarkeit des Platzes fest, nur weil es etwas regnet.

Die fünf trotteten vom Stadion in ihre Stammkneipe. »Dieser Schiri wollte nur selbst nicht nass werden. Seit die DFB-Gecken diese modischen bunten Leibchen tragen, werden sie immer eitler. Früher hätte es das nicht gegeben«, moserte Galerist Olli. »Ja, früher«, äffte ihn Jan nach, der als Antiquitätenhändler eine besondere Beziehung zum Vergänglichen hatte und jetzt sprach, als wäre er sein Vater und seine Mutter gleichzeitig, »früher war alles ganz anders und …«

»… besser!«, echoten die anderen weitgehend synchron.

Der erste gemeinsame Lacher saß. Die erste Runde kam. »Früher«, bemerkte der dicke Jürgen, den alle nur Spargel nannten, »früher, zu Zeiten der Herren Eschweiler, Tschenscher und Biwersi konnte man ja auch Schwarze Sau rufen, und es war klar, wer gemeint ist. Prost die Herren.« Und er nahm den ersten tiefen Schluck. Deutsch-Studienrat Theo, gebürtiger Ullaschmidtstädter, wusste im Heimatidiom zu berichten: »In Aachen, bei der Alemannia, ist das ja besonders tragich und chlimm. Die spielen ganz in Chokoprinten-Chwarz, und wenn die Zuchauer *Schwarze Sau* brüllen, glauben die Spieler, sie wären gemeint!« Jan grinste sein charmantes Grinsen: »Kein Wunder, dass aus der Alemannia nie was wird. Ja, Theo, Fußball ist manchmal komplexer als sogar Mario Basler gestrickt ist. Kommt nur keiner drauf. Prost zusammen.«

Ach, es war schön, Freund des Fußballs zu sein, andere Fußballfreunde zu haben und entlang dieses banalen Hobbys bisweilen zu kleinen semiklugen Bemerkungen und Fachanalysen fähig zu sein. Besonders Jan hatte trotz des versauten Stadionabends beste Laune. Noch.

»Musst du nicht dein Innenministerium anrufen, Olli?« fragte Klaus-Kaa. Als »Innenministerium« bezeichnete Olli gern seine Frau. Er kokettierte fast bei jedem Fußballtermin damit, dass er erst um Erlaubnis fragen müsse, ob seine Absenz mit dem Familienleben in Einklang zu bringen sei. Geschickt hatte er seine Freunde stets im Unklaren gelassen, wie ernsthaft das Genehmigungsritual ist. Jetzt aber sagte Olli sehr eindeutig: »Der Spieltag gehört uns, egal, ob ein Spiel stattfindet. Das muss auch mein Innenministerium akzeptieren.«

Die anderen grinsten. Spargel gefiel das Thema nicht besonders, weil seine Frau einen Spielausfall wohl mit der selbstverständlichen Erwartung verknüpfte, dass er dann gleich nach Hause komme. »Du kannst ja mitteilen, dass es später werden könne, weil das Spiel ausgefallen ist«, stieß Olli nach. Theo wusste zu definieren, dass es »grundsätzlich zwei Sorten Fußballmänner gibt«: diejenigen, die daheim ihre Fußballfreizeit stets neu aushandeln müssen, und die, die ihre fußballbedingte Abwesenheit kurzerhand mitteilen. Wobei Erstere nicht unbedingt die besseren Menschen seien, weil beim Verhandeln und Gewichten so manches Mal geschummelt werde wie bei Bernd Hölzenbein zu seinen besten Schwalbenzeiten. Jan und Klaus-Kaa zuckten demonstrativ die Schultern: »Luxusprobleme.« Die beiden waren Singles.

Da sagte Spargel: »Meine Herren, wir sollten mal wirklich ernsthaft über den 4. Juli reden.« Jan zuckte wieder, diesmal jedoch zusammen wie Steve Martin in »Tote tragen keine Karos«, wenn er den Begriff »cleaning woman« hört. »Nicht das jetzt«, dachte er. Die anderen schienen Spargels Vorschlag jedoch gar nicht gehört zu haben, weil im selben Moment die zweite Runde kam.

»Was macht ihr überhaupt hier?«, fragte beim Abstellen der

Gläser die Kellnerin, eine dieser jungen Studentinnen im 15. Semester, die einem so schmerzlich das eigene Altern spiegelten, »spielt heute Abend nicht euer FC Treterclub? Oder ist es den Herren mittlerweile zu kalt im Stadion?« Karen hieß die Gute. Alle liebten ihren netten holländischen Akzent und ihre große Klappe. »Frauen sind der natürliche Feind des Fußballs«, frotzelte Spargel-Jürgen sehr grundsätzlich zurück. Das hatte er im Film »Das Wunder von Bern« aufgeschnappt. Karen tat so, als hätte sie das nicht gehört. »Fußball«, sagte sie nur mit drei Ausrufungszeichen und ging zurück zum Tresen.

Spargel freute sich, dass das Unterthema Frauen und Fußball gestoppt war. Denn er hatte viel Wichtigeres zu sagen. Seine Einwürfe sollten dem weiteren Abend den rechten Drive geben. Einwürfe, die härter sein sollten als jeder Schuss von Roberto Carlos. Und den anderen zunächst genauso krumm erschienen. »Wir sollten uns endlich an den USA ein Beispiel nehmen. Ein vorbildliches Land. Für Fußball und überhaupt. Es mag erschreckend klingen, meine Herren, aber es ist so.«

Schon immer hatte Spargel-Jürgen seine Fußballfreunde mit kühnen Ideen, unerwarteten Einfällen und mancherlei Geschmacklosigkeit zu überraschen gewusst. Das aber war wirklich ein starkes Stück. »Ach, Spargel, das ist doch totaler Scheiß«, polterte Klaus-Kaa, dass man meinte, Rudi Völler schimpfen zu hören, »regnet es bei den Amis nie oder warum?« Spargel war ungewöhnlich ernst. »Nein, ich meine es höchst grundsätzlich.« Die anderen schauten ihn so entsetzt an wie Oliver Kahn den Kollegen Sammy Kuffour, wenn der ihm mal wieder aufs Nasenbein gesprungen war.

Olli wollte schon in die Tiefe der dämmrigen Kneipe einen Notruf absetzen: »Ist zufällig ein Arzt anwesend? Dringend. Gefahr!« Aber Klaus-Kaa handelte bereits. Er rief nach Karen.

»Entschuldigung«, versuchte er sich in ihre warmen Augen einzuschmeicheln, »gute Dame, können wir ausnahmsweise auch mal rückwärts bestellen? Ich meine – sozusagen entstellen. Dieser junge Mann hier«, und er deutete auf Spargel, »hat deutlich zu viel getrunken. Er wird verbal übergriffig.«

Klaus-Kaa begann sogar, der armen Karen die Causa zu erklären, was jedoch auf mäßiges Interesse stieß. »Es geht immer noch um euren Fußball, um hup Duitsland hup?«, versuchte sie sich in ihrer liebsten Mischung aus Sarkasmus und gespielter Langeweile. »Natürlich«, sagte Kaa und gab das Mantra aller Ballfreunde zum Besten, »es wird bei allen Themen des Lebens immer auch um Fußball gehen. Bringen Sie unserem Freund US-Spargel bitte entweder ein Minusbier oder einen Alkoholentwerter.« Kaa war schon immer ein Mensch, der das Wortspiel liebte und mit seiner Formulierungskunst andere umgarnen und einwickeln konnte. Weshalb er als jahrgangsbester Verkäufer im Verlag (»Der verkauft dem Leibhaftigen die Heilige Schrift partienweise«) auch das Kaa als Spitznamen bekommen hatte – wie die doppelzüngige Schlange aus dem Dschungelbuch.

Karen war Pragmatikerin: »Schickt ihn zu unserem Oralklo. Rückwärtstrinken am Kotzbecken hilft meistens«, riet sie. Und machte sich wieder an ihr Abendwerk: anderen Menschen beim Alkoholkonsum zu dienen.

Am Nebentisch stritten lautstark zwei vom Leben gezeichnete Lehrerinnen (sonnengegerbte Haut, Ferienschlussphasendepressionen), ob eine Frühpensionierung mit 50 nicht viel zu spät komme. »Was man sich heute alles anhören muss«, murmelte Jan mürrisch, »dagegen sind Franz Beckenbauers Reden ja eine Wohltat.« Er nippte so lustlos an seinem Bier, wie Dortmunds Brasilianer manchmal auf dem Platz umherjoggen. Das schwere Mobiliar der rustikal-gemütlichen Kneipe drückte zusätzlich auf sein Gemüt. 4. Juli – dieses Stichwort war wirklich sehr unschön! Dabei ahnte er noch nicht, wie aufwühlend der scheinbar harmlose Fußballersatzabend enden sollte – gerade für ihn.

Spargel hatte erstmal geschwiegen. Er liebte es, das Gespräch zu »lesen« wie ein Spielmacher, gerade wenn es sich in viele Richtungen verirrte. Das kam ihm entgegen – da konnte er genau im richtigen Moment überraschend zuschlagen, plötzlich und hammerhart wie Emma einst gegen Spaniens Iribar. Jetzt setzte er den nächsten Schlag: »Ich meine«, hub er schließlich mit erneut befremdlich ernstem Gesichtsausdruck an, »wir sollten die Amerikaner beneiden. Die haben den 4. Juli als nationalen Feiertag. Wir sollten ihnen darin folgen.«

Es war an Theo, die Fäden zusammenzusuchen. »Und was hat das mit Fußball zu tun? Ich meine, wir wollen unsere klugen Plaudereien nicht mit provokanten Äußerungen über dieses kulturlose Volk verplempern.«

Spargel blieb gelassen. »Am 4. Juli ist Independence Day. Und wir? Warum ist der 4. Juli nicht auch unser Feiertag? Wir sind an einem 4. Juli erstmals Weltmeister geworden. 1954: Das Wunder von Bern. Der Tag ist doch psycheprägender und volksverbindender als die Unterzeichnung irgendeines Grundgesetzes von 1949. Oder als das späte Erbeuten dieser ostdeutschen Separatistenzone.«

Jan wurde plötzlich energisch: »Ach, jetzt hör auf mit dem Unfug. Drei Mal sind die Deutschen schon Weltmeister gewesen. Da hätten wir schon drei Feiertage. Bei dem sprichwörtlichen Glück der Nationalelf muss man in ein paar Generationen ganze Feierwochen einführen. Ich brauche wohl nicht zu erläutern, was das für unsere Volkswirtschaft hieße. Völliger Quatsch.«

Klaus-Kaa wandte sich Jan zu. »Erst bist du so still heute. Und jetzt so aggressiv. Sag mal, mein Freund, war es bei dir nicht besonders dramatisch, wie du zum Fußball gekommen bist?« Jan wollte abwimmeln. »Na komm, du hast mir mal vom Fußball-Drama mit deiner Frau Mutter erzählt.«

Nun weiß jeder halbwegs küchenpsychologisch Gebildete, dass es beim Begriff Mutter spannend werden kann wie beim Elfmeterschießen. »Erzähl!«, sagten die anderen, so synchron es nach drei großen Bieren noch geht. »Ich lass mich aber mit Betroffenheitsgeschichten nicht vom Thema abbringen«, murrte Spargel dazwischen, »mein Konter wird kommen.«

»Also, es war so, meine Herren Schlauschwätzer«, legte Jan los, »bis ich knapp zehn war, habe ich mich überhaupt nicht für Fußball interessiert. Mein Vater, selbst weitgehend fußballabstinent, soll sogar mal gesagt haben: Das ist ja gar kein richtiger Junge. Dann kam die WM 1966. Ich wollte das gucken. Alle in der Klasse guckten. Deutschland gegen Schweiz war das erste Vorrundenspiel. Aber die gestrenge Frau Mama sagte: Nur die erste Halbzeit, Jan, du musst morgen früh in die Schule.«

»Oje, ich ahne, worauf das hinausläuft«, schaltete sich Olli ein, »ein schwerer pädagogischer Fehler. Mein Gott, wie grausam.« Ja, sagte Jan, »durch Entzug der Droge mitten im Erstkonsum bin ich erst recht angefixt worden«.

Jan erzählte weiter. »Erste Halbzeit hab ich gesehen, es stand 3:0. Dann hieß es ab ins Bett. Ich hab aber heimlich durch den Türschlitz weitergeguckt, sogar durchs Schlüsselloch. Habe mein Dope also illegal bezogen. Mit zitternden Knien und schlechtem Gewissen. 5:0 ging es übrigens aus.«

»Natürlich, Tore von Held, Haller zwei und Beckenbauer

zwei«, sagte Kaa. Er hatte im Kopf einen extra Arbeitsspeicher für Ergebnisse. Jan berichtete, dass er während der WM 1966 zum glühenden Fußballfreund geworden war. Aber das Schlimmste sollte noch kommen: »Am Finaltag hatten mich die Eltern auf Verwandtenbesuch verschleppt. Und der Gipfel der Fußballignoranz war, dass wir während des Endspiels wieder nach Hause fuhren!«

Mitfühlend sahen ihn die anderen an. »Während eines Finales! Aber das ist ja Folter«, meinte Spargel, »ein Fall für die UN-Menschenrechtskommission, Kindsmissbrauch, den Eltern gehört das Sorgerecht noch während der Nationalhymnen entzogen.« – »Ja, Eltern können so grausam sein«, sagte Jan, »und sie wissen gar nicht, was sie anrichten.« Und er erzählte weiter: »Wenigstens das Autoradio lief ja. Manchmal wurde aber ausgemacht, weil der Vater sich am Steuer konzentrieren musste. Dabei war kein anderer Wagen unterwegs, das war schon wie ein autofreier Sonntag mit sieben Jahren Vorlauf. Beim dritten Tor standen wir wahrscheinlich brav an irgendeiner roten Ampel. Stellt euch vor, Tofik Bachramow wedelt sich in Wembley den Unfug seines Lebens zusammen, und wir warten in der Einsamkeit einer ländlichen Landstraße mit deutscher Ernsthaftigkeit darauf, dass die Ampel auf Grün umspringt. Ich hätte geheult, wenn ich nicht ein so starker Junge gewesen wäre.«

»Mein Gott, solche Erfahrungen müssen dich ja zum wahren Fußballjunkie gemacht haben«, tröstete der drogenkundige Olli, »das prägt lebenslang.« Selbst in der Erinnerung fühlte sich Jan mau, freute sich aber über den Zuspruch der Freunde und erzählte vom Halbfinale in Mexiko, vier Jahre später: »Das haben wir geguckt. Vater, Mutter, ich und unser Hund Molly, ein dürrer grauer Miniaturschnauzer. Als Schnellinger in der

90. Minute traf, habe ich, völlig von Sinnen, den Hund genommen und fast bis unter die Decke geworfen vor Extase. Da wurde der Herr Vater böse und hat die Glotze erstmal ausgemacht. Es gab Streit. So habe ich die Verlängerung des Jahrhunderts zum Teil verpasst.«

Der historisch versierte Kaa versuchte ihn aufmuntern: »Aber du hast 1966, wenn auch unbewusst, immerhin Herbert Zimmermann im Radio gehört, den berühmten 4.-Juli-Zimmermann aus Bern 1954. Der hat damals nämlich auch kommentiert, was kaum jemand weiß und nur besondere Menschen wie du, Jan, mitbekommen haben, die eben nicht vor der Glotze saßen. Du solltest deinen Eltern dankbar sein.«

Jan schaute zerknittert wie Michael Kutzop nach dem verschossenen Elfer 1986 gegen die Bayern: Erstens diese freche Ironie, und zweitens: selbst da musste das Unglücksdatum schon wieder fallen. Literaturfreund Olli versuchte noch mal zu trösten. »Auch andere sind schwer traumatisiert. Peter Rühmkorf zum Beispiel, der Dichter und Büchner-Preisträger, hätte das Finale 1954 fast verpasst. Seine Freundin wollte ihn besuchen in Hamburg. Das gab Ärger.« – »Aber er hat es eben nur fast verpasst«, sagte Spargel. »Habt ihr wegen einer Frau schon einmal ein WM-Endspiel verpasst?« – »Nicht mal ein Vorrundenspiel!«, prahlte Theo, der zweifach Geschiedene mit den vier Kindern von drei Frauen.

»Frauen«, dozierte Olli, »haben ein seltsam schizophrenes Verhältnis zum Fußball, das erleben wir doch bei jeder WM neu. Auch die desinteressiertesten Damen, die Fußball sonst für eine Mischung aus Pest, Cholera und HIV halten, gucken manchmal, und die Endspiele sowieso. Und biedern sich sogar mit Fachwissen an nach dem Motto: Du, den Rummenigge kenn ich auch und den Kleinen mit den Säbelbeinen, wie heißt er noch, irgendwas mit -arski hinten ...«

Theo, der besonders großherzige Gutmensch, dem man den gewerkschaft- und kirchlich engagierten Gesamtschulförderstufenvertrauenslehrer und sein Sternzeichen Waage immer wieder anmerkte, widersprach: »Ist doch schön, wenn Frauen mitgucken. Da können sich die Geschlechter für 90 Minuten endlich mal versöhnen.« Jan fühlte sich provoziert: »Na ja, entsöhnen passt wohl besser als versöhnen. Ich habe es selbst erlebt. WM 1986. Am Abend nach dem Finale der großen Argentinier mit Maradona gegen Deutschland haben Hannah und ich uns getrennt. Quasi als Verlängerung des Spiels. Erst greift Toni Schumacher daneben, dann ich irgendwie mit Worten. Sie war genervt vom Fußball. Riesenstreit, Schreierei. Schluss. Fast zwei Jahre waren wir zusammen. Und nach zwei Halbzeiten – aus und vorbei.«

Während der kurzen Stille mannhafter Betroffenheit sah Spargel die Chance gekommen, »nach Jans kleinem persönlichen Intermezzo« das Interesse wieder auf sein Thema zu lenken: »Der 4. Juli war immer ein guter Tag für den deutschen Fußball. Erst die Wunderstadt Bern, logo. Dann 1974, das Halbfinale gegen Polen, die Wasserschlacht von Frankfurt.« Halt, rief das Lexikon Klaus-Kaa. »War das nicht der 3. Juli?« »Ja, schon«, schummelte sich Spargel zurecht, »aber die euphorische Vorbereitung aufs Endspiel – die begann am 4. Juli. Und dann haben wir Holland weggefegt.«

Jan berichtete stolz, dass er beim WM-Finale 1974 sogar Augenzeuge gewesen war. Als 17-Jähriger. Die anderen waren schwer beeindruckt. »Welch wundervolles Jugenderlebnis muss das gewesen sein nach dem schrecklichen interruptiven Erstkontakt in der Kindheit«, schlaumeierte Olli. »Tja«, sagte Jan,

»ich hatte halt viel nachzuholen. Und manchmal tue ich das wohl heute noch …« Eine Bemerkung, die weitgehend unterging. Robbie Williams jaulte sein »Feeeeeeel!« gerade besonders intensiv durch die Lautsprecherboxen. Hätte nur noch gefehlt, dachte Jan, dass Bruce Springsteen läuft, »Born on the fourth of July«. Jan hasste das Lied.

Spargel ließ sich derweil nicht mehr bremsen. »1990, meine Herren, Deutschland-England, war das nächste titelweisende WM-Halbfinale. In Turin. Und wann? An einem 4. Juli. Wieder wirkte die Magie des Fußballfeiertages. Pierce und Waddle scheitern an Illgner und am Mythos. Und wieder wurden wir Weltmeister ein paar Tage später. Im Übrigen ist der 4. Juli sogar für den gesamten deutschen Sport eine große Marke: 1993 holten die Basketballer sensationell den Europameistertitel – am 4. Juli.«

Klaus-Kaa ging derweil mit seinem Handy online. »Ich wape mich mal eben durch zu den Frauen.« Ein paar Minuten dauerte es, begleitet von rundentypischen Kommentaren (»Was der Kaa so alles mit den Frauen anstellt«), dann erklärte er: Nein, das Frauen-Nationalteam habe nie an einem 4. Juli ein großes Spiel gewonnen. »Aber immerhin ist Deutschland seit Oktober 2003 nicht nur Weltmeister, sondern auch Weltmeisterin«, bemerkte Olli.

Theo versuchte zu protokollieren. »Okay, halten wir fest: Männer, Frauen, Fußball und meinetwegen auch Fußballerin sind ein weites Feld, nicht immer leicht zusammenzubringen. Aber denken wir noch weiter. Wenn der 4. Juli für den deutschen Fußball, also auch für uns, wirklich so eine überragende Bedeutung hat und wenn wir im Privaten um die überragende Bedeutung der Frauen in unserem Leben wissen, ob mit der Mutter – nicht wahr, Jan! – oder mit unseren Ehefrauen und Partnerinnen, dann könnte man das Dasein sogar perfektionieren, ja optimieren.« Theo machte eine Kunstpause. »Also nur mal so angedacht: Wenn man zum Beispiel an einem 4. Juli zum ersten Mal Sex hatte. Also der erste persönliche große Feiertag.« Und zu Jan gewandt: »Und möglichst nicht dabei gestört werden …«

Jan erschrak. Das war nicht fair von Theo. Er kannte als Einziger, zumindest teilweise, die sehr unglückliche Geschichte vom Verlust seiner Jungmännlichkeit. Warum musste er hier damit loslegen? Theo blinzelte verstohlen zu ihm rüber. Jan antwortete mit einem verkrampften Lächeln. Allmählich wurde ihm der Abend wirklich unangenehm. Olli fand die Idee derweil großartig. »Auch wenn es nicht sehr wahrscheinlich ist. Aber bei jedem 365. kommt es ja hin. Und ich setz noch einen drauf. Derjenige lernt dann eine Frau kennen, die am 4. Juli Geburtstag hat. Das wäre eine echte Herausforderung. Wahrscheinlich die Erfüllung schlechthin.«

Jan bekam innerlich einen besonders schmerzhaften Steve-Martin-Moment und fühlte sich wie gelähmt. Tapfer sein, dachte er, während Realist Spargel, als Finanzwirt allen Zahlen auch außerhalb der Bundesligatabelle zugetan, schon gerechnet hatte: »Na ja, die Chance steht bei weniger als 1:1 000 000. Nur der Sechser mit Superjackpotzusatzzahl im Lotto ist seltener. Also, das ist ja so wahrscheinlich, als würde Bayer Leverkusen deutscher Meister. Oder als holten unsere kleinen holländischen Freunde irgendwann den Welttitel.« Alle lachten. Karen holte gerade die leeren Gläser ab. »Noch eine Runde?«

Olli blieb hartnäckig. »Trotzdem interessant, beziehungstechnisch und fußballbezüglich. So eine Viertjuli-Beziehung wäre ja mannigfaltigen Belastungen ausgesetzt. Jeder Geburtstag von ihr fällt auf Spargels Fußballfeiertag, so weit, so gut. Aber was wäre 1998 gewesen? Lyon, das Aus gegen Kroatien.

Auch das war an einem 4. Juli. Das magische Datum war gegen das dämonische Dasein von Berti Vogts machtlos. Und daheim? Deine Liebste feiert gerade Geburtstag, und du trauerst über die tumben Bertibuben – falls bei denen dein Deutschland-Gen auch noch dominiert hat. Oder du freust dich, so wie das ja bei dir war, Jan. Ich glaube, so eine Kombination würde keine Beziehung auf Dauer aushalten.«

Jan sprang auf. Als er vom Oralklo wieder kam, war er blasser als Carsten Ramelow. Und der Schrecken stand ihm immer noch im Gesicht.

Die anderen hatten sich bei Jans Abgang einen Moment verwundert angesehen, sich dann aber gleich der nächsten Runde und der nächsten Zukunft zugewandt. »Das nächste große Finale, bei der EM 2004, ist übrigens schon wieder an einem 4. Juli. Und das Halbfinale 2006, wenn wir die McBerti-Schotten rächen und die Holländer in Dortmund mit 6:0 rauskegeln werden, ist ein …« Trotz der späten Stunde und der vielen nicht entstellten Biere wusste jeder in der Runde, was er zu sagen hatte, diesmal in besonders perfekter Synchronität: »… 4. Juli.«

Theo machte beim Bezahlen die völkerversöhnendste Bemerkung des Abends. »Apropos Holland. Holland ist übrigens auch Fußball-Weltmeister. In Holland wird der 4. Juli ebenfalls Feiertag.« Natürlich verstand das niemand. »Ausgerechnet Holland. Das hätten wir doch mitbekommen«, murrte Spargel. Theo triumphierte: »Na, habt ihr das Wunder von Bern nicht zu Ende geguckt, oder waren eure Augen da schon trüb vor lauter Tränchen? Im Abspann stand zu lesen, dass ein Jan Holland den deutschen Weltmeister Karl Mai gespielt hat. Also ist Holland auch Weltmeister. Manchmal sind die unwahrscheinlichsten Dinge einfach wahr.«

Karen hatte zwar gelächelt, aber Theos tollkühne These vom Tulpenlandtitel schien ihr doch ziemlich egal. »Das macht bei dir dann 18,60«, sagte sie nur kühl. »Versteh wer die Frauen«, dachte Theo, »das muss sie doch anrühren, dass sie Weltmeisterin ist. Stattdessen nennt sie mir einen deutschen Fußballclub.«

Jan wollte jetzt allein sein. Karen hatte ihn beim Abschiedsgruß noch angeguckt, als verstünde sie, warum er plötzlich so traurig war. Aber das war ihm wahrscheinlich nur so vorgekommen: Was wusste die Gute schon? Jan lief noch ein wenig um die Ecken. Und er dachte an all die kuriosen Zufälle in seinem Leben, an all seine wahren 4. Julis. Wie er tatsächlich an einem 4. Juli von Passanten aufgeschreckt wurde damals am Strand bei Biarritz, beim ersten Mal, mit seinen zarten 16 und der gar nicht so zarten Janine, was ihm nachher vorgekommen war wie die logische und schicksalsgemeine Fortsetzung seiner unfreiwilligen Interruptiv-Initiation Jahre zuvor beim Spiel Deutschland-Schweiz. Und er erinnerte sich an die lange Beziehung mit Christa, die immerhin dreizehn ihrer 4.-Juli-Geburtstage durchgehalten hatte. Aber dann eben gescheitert war. Der Fußball war zwar nicht schuld an der Trennung, das nicht, aber hilfreich war seine Leidenschaft auch nicht gerade gewesen, vor allem wenn bei ihren Geburtstagsfeiern mal wieder ein wichtiges Fußballspiel geguckt werden musste. So manches Mal hatte er gehört: »Du mit deinem Fußball.« Und hatte sie nicht ausgerechnet auf ihrer Geburtstagsfeier, am 4. Juli vor drei Jahren, die ersten Blicke mit diesem blöden Arschloch von Tino ausgetauscht? Sie hatte.

Der 4. Juli ist Gift für die Liebe. Terminsensibel hatte Jan immer wieder festgestellt, wie sehr auch andere ihre Probleme mit dem Schreckensdatum haben. Forrest Gump zum Beispiel machte 1976, genau am 200. Geburtstag der amerikanischen Unabhängigkeit, seiner geliebten Jenny einen Heiratsantrag. Forrest, du Schwachkopf!, würde er heute noch während des Films in den Kinosaal rufen, denn das kann nicht gut gehen. In der nächsten Szene war Jenny abschiedslos gegangen.

Und Jan erinnerte sich wehmütig an die wundervolle Affäre während der WM 2002. Mit dieser Marie aus München. Wie sie miteinander gevögelt hatten, dass die Matratze noch Tage danach Muskelkater gehabt hätte, wenn Matratzen dieses Gefühl kennen könnten, so genussvoll, laut, wild und leidenschaftlich. Und dann hatte diese hemmungslose Marie – und nicht etwa er als der vermeintlich dafür prädestinierte Mann – im ersten Moment, da sie beide mal wieder zum Luftholen gekommen waren an diesem warmen Sommernachmittag, gesagt: »Mach doch mal die Glotze an. Mal sehen, wie es bei Dänemark gegen England steht.« Schon da hatte er sein Glück nicht fassen können, dass die feindlichen Welten sich derart miteinander versöhnen ließen. Und erst recht, als sie dann gemeinsam ein paar Minuten guckten und er beiläufig sagte »Fick it like Beckham«, als sie beide schallend gelacht hatten über diesen platten Männerkalauer und Marie die Glotze gleich wieder ausgemacht und sich erneut auf ihn gestürzt hatte. Vor-Spiel, Nach-Spiel, Bei-Spiel, Bei-Schlaf. Fußball und Sex, gleichzeitig. Das war mitten im Juni die Heiligsprechung des 4. Juli gewesen. Die Grundakkorde des Liebesaktes und alle Herbergerschen Erkenntnisse hätten an diesem Tag erweitert und völlig neu definiert werden können.

»Manchmal ist das Verhältnis zwischen Männern, Frauen und Fußball ganz einfach«, dachte Jan, »aber eben nur ganz, ganz selten. Und dann ist es ein großes Geschenk.« Und so schön und intim, dass er dieses Erlebnis auch seinen besten Fußballfreunden Olli, Spargel, Theo und Klaus-Kaa nie erzählen würde. Den Anfang vom Ende mit Marie konnte Jan auf den großen Streit am 6. Juli festlegen. Er war immer noch unsicher, ob das Schicksal sich um 48 Stunden vertan hatte oder ob er aus dem Datum Hoffnung schöpfen sollte. Marie hatte bald danach einen Italiener kennen gelernt. Irgend so einen Toldo oder Maldini.

Er schlenderte durch die Straßen. Es störte ihn nicht, dass der Regen heftiger geworden war und dieser blöde Schiedsrichter im Nachhinein Recht bekam mit seiner Spielabsage. Vielleicht, dachte Jan, sollte ich heiraten. An einem 4. Juli. Und weil, da hatte Kaa mit seinem Mantra doch Recht, alle wichtigen Themen des Lebens mit Fußball zu tun haben, am besten während einer Weltmeisterschaft; das wäre angemessen, das hätte Stil. Vielleicht schon bei der nächsten WM, und dann gleich im Stadion? Vielleicht eine Mitweltmeisterin aus Holland? Am besten gleich die Kellnerin Karen.

Jan schüttelte die nassen Haare. »Manchmal bin ich ein Spinner«, dachte er, »ob das wohl am Fußball liegt?« Der Regen wusch seine Tränen von den Wangen. Am nahen Stadion hatten sie endlich das Flutlicht ausgemacht.

Diskussion und Namen sind frei erfunden.
Jans Geschichte ist wahr.

Zum nebenstehenden Gedicht
»Der Linienrichter gibt Tor«

Die dramatische Verlängerung des Endspiels der Fußball-WM 1966 zwischen England und Deutschland war die eigentliche Geburtsstunde meiner Fußballsozialisation und weckte meine Begeisterung für dieses Spiel zwischen Glück und Verstand. Allerdings war ihr ein vier Worte starkes Geburtstrauma eingeschrieben: »Der Linienrichter gibt Tor!« Eine Entscheidung, deren Absurdität mich zutiefst irritierte. Sie hatte scheinbar überhaupt keinen Sinn und stimmte mit den Tatsachen nicht überein. Zugleich schuf sie aber eine neue, sehr schmerzhafte Tatsache (das Wembley-Tor!) und drohte die Welt, d. h. mein damaliges Bild der Wirklichkeit, aus den Angeln zu heben. Für einen neunjährigen Knirps starker Tobak. Schön, dass sich endlich Gelegenheit findet, diesen Satz vom Fußball- ins (anagrammatische) Wortspiel zu überführen.

Jürgen Nendza

Der Linienrichter gibt Tor

Bin irre rot. Rede: Gilt nicht!
Ich lern grob drei Tritte in
Error. Bitte dich, Grit, Lenin
ein Nil-Bett? Richtig, Ror: Der
Libro reinigt den Trichter,
Don bringt irritiert Elche,
Lin ordert Bein-Gicht. Irrte
'n Tierleder-Tor? Richtig, bin
Irrlicht in Endbier-Grotte.
Gin recht? Brr, die Torlinie
in old GB: Ein Trichter irrte,
der Rinienrichtel gibt Tor!

Zum nebenstehenden Haiku »Toda Poroso«:

Die Aufstellung bei »Toda Poroso«:
5-7-5 Haiku-Spielsystem, 59 Spieler aus den Spielkadern aller 32 Teilnehmernationen bei der Fußball-WM 2002 in Japan und Südkorea. Die Anfangsbuchstaben der Gedichtzeilen hintereinander gelesen ergeben den Satz (Akrostichon) »WM in Japan und Suedkorea«.

Jürgen Nendza

Toda Poroso

Waldoch Nesta Goor,
Mendez Karic Rommedahl,
Inamoto Noor.

Nakata Toldo,
Jancker Given Dudek Butt.
Andrade Suffo!

Paulista Issa,
Allbäck Makelele Yoo,
Nakata Sylva.

Utaka Tukar?
Nakayama Heskey Parks,
Delgado Crespo.

Soldo Baya Sonck,
Udeze Pule Xavi,
Ercan Thuram Vonk.

Dida Doni Du,
Kelly Kalla Kaka Kehl –
Olic Blanco Wu!

Reyna Karpin Ahn,
Erdem Walem Ramelow,
Alvarenga: Kahn.

Dieter Nuhr

Der Fußball, die Zeit, Platon, mein Hirn und ich ...

Fußball ist sinnlos. Das muss vorweggeschickt werden für all jene, die es für möglich halten, dass mir die existenzielle Belanglosigkeit jedweder Form von Sport nicht bekannt sei. Jeder halbwegs mit Resthirn versehene Mitbürger weiß, dass es im Leben Wichtigeres gibt, als einem Ball hinterherzulaufen. Leider ist dies dem vegetativen Teil des – vor allem männlichen – Menschen nicht so leicht verständlich zu machen. Das menschliche Ich, so weiß die Wissenschaft, ist weit mehr als das Bewusstsein, dessen scheinbar autarke Entscheidungen überlagert werden von Motivationen aus dem Bereich des Unbewussten, des Vegetativen, des Vernebelten, jenes großen vorbewussten Deliriums, das Freud auf das Geschlechtliche reduzierte, weil er den Fußball noch nicht wirklich kannte – und als Wiener ja auch nicht kennen konnte, ist doch der Sport dort bis heute nur in karikaturesken Ansätzen zu erleben ...

Versuche, in den Teil des Hirns vorzudringen, der bei einer Schwalbe im Strafraum Gewaltbereitschaft auslöst, sind bisher ohne Ergebnis geblieben. Wir kennen die Verkrüppelung des Sapiens beim Homo, wenn das limbische System erstmal seine Tätigkeit aufnimmt. Dennoch weiß niemand, warum und wann genau aus dem Homo Sapiens ein Homo Ludens wird, ein spielender Mensch, der aber bei drohender Niederlage zu einem Wesen mutiert, dessen Zugehörigkeit zum Tierreich allzu deutlich wird.

Was also ist es, das den Menschen antreibt, ein Stück Lederimitat in einen Kasten von 7,32 Meter Breite, 2,44 Meter Höhe und wechselnder Tiefe hineinzutreiben, ohne dabei die für diesen Zweck am besten geeigneten Gliedmaßen, die Hände, zu verwenden? Und noch erstaunlicher: Was bringt Menschen dazu, anderen Menschen bei diesem Treiben zuzusehen?

Wenn ein Zweck dieser Handlung nicht zu erkennen ist, so scheint es sich um eine Tätigkeit zu handeln, deren Wesen sinnfrei ist. Sie zielt auf das Ästhetische und ist somit reine Kunst. Die Schönheit der Blutgrätsche, die den Menschen von hinten erst seiner Standfestigkeit und dann seiner Achillessehnen beraubt, liegt in ihrer allegorischen Qualität. So ist auch das Leben: Abwehr und Angriff, ein Wechselspiel von Deckung und Sturm – und am Ende siegt nicht immer der Beste, sondern der »mit den Eiern« (Oliver Kahn).

Es ist die Ausgewogenheit des Teams, die den Erfolg ausmacht, denn alle werden gebraucht, der Filigrantechniker und der Treter, der Mörder und der Sanfte, der Held und der Loser, wie im Theater. Alle Typen müssen besetzt werden. Doch in Deutschland ist immer einer der Wichtigste: der Kämpfer, der Held der Grasnarbe, der seinen Körper einsetzt für die gute Sache, der nach beidbeinig gestreckt durchgeführter Amputation des gegnerischen Schienbeins mit hoch erhobenen Armen jegliche Schuld von sich weist und mit pathetischer Mimik jede Absicht leugnet, ja als absurde Unterstellung geißelt, bevor er nach Erhalt des gelben Kartons angewidert auf den frisch gemähten Rasen rotzt, das ist große Kunst, eine Vorstellung, die in deutschen Stadttheatern selten in solcher Vollkommenheit präsentiert wird.

Der Mensch, befreit von den scheinheiligen Normen einer vordergründig moralischen, aber doch im Wesen gewinnorientierten Ellbogengesellschaft, offenbart sich auf dem Fußballplatz als Objekt eines sich selbst bedingenden Gewinnenwollens, als Sklave seiner eigenen Erfindung und wird so zum Spielball seiner selbst gesetzten Regeln, deren oberste lautet: Mach ihn rein!

Wie konnte es also dazu kommen, dass ich selbst in den Bann dieses Spieles geriet, wo ich doch sein zynisches Wesen und seine bloße Abbildhaftigkeit längst erkannt hatte? Alles begann an jenem 3. Juli, am Tag vor dem Großen Endspiel, der großen Wundertat von Wankdorf, des vom Klerus übersehenen Mirakulums der Meister von Bern, die mit nur drei Torschüssen aus einem zerstörten Land eine knospende Weltmacht zauberten, die erst wieder zerbröselte, als Lothar der Senile den Absprung nicht pünktlich schaffte und den dreifachen Weltmeister mit seinen stolpernden Gehilfen zurück in den Orkus der Bedeutungslosigkeit stürzte – doch ich greife vor …

Ich war damals noch gar kein richtiger Fan. Ich war eine Eizelle im Stock meiner Mutter, schon damals ballförmig, aber unwissend um die Bedeutung meiner schicksalhaften Verstrickung in das Ganze, das Leben, das ewig Runde, das am Ende ins Eckige soll. Ich lag da, ein potenzielles Leben, ein Anderer, der einmal Ich sein sollte, und tat, was in meinen Möglichkeiten lag, wartend auf den Absprung, die große Chance, zur richtigen Zeit am richtigen Ort zu sein, da wo der Samen hinfällt, ein Knipser in spe, eine Art Torjäger mit einmaliger Schusschance, entschlossen zuzuschlagen, einzunetzen, zu verwandeln, zu treffen bei der einzigen Möglichkeit, die sich mir bieten würde.

Mir war klar, dass ich möglicherweise noch Jahre auf der Bank würde schmoren müssen, aber was war das gegen die Chance, die sich mir bot, Mensch zu werden, vielleicht auch nur ein Fußballfan, egal?

Am 3. Juli 1954 gaben sich meine Eltern das Ja-Wort und reisten am Tag darauf, an jenem Wundertag, Endspieltag, Finaltag in die Flitterwochen, den Gepflogenheiten der Zeit entsprechend nach Übersee, Borkum, um dort, auf Grund der Feierlichkeiten (oder körperlicher Beschäftigungen, die man sich bei seinen eigenen Eltern so gar nicht vorstellen kann ...) gänzlich uninformiert, die seltsamen Veränderungen zu schnuppern, die der Fußball über Nachkriegsdeutschland brachte.

Menschen mit Zylinderhüten flanierten über die Straßen, jubelndes Personal eines impressionistischen Gemäldes, Freude, Meer und gute Luft, gepaart mit dem großen, über der Insel schwebenden Gefühl: Wir sind Deutsche, aber wieder ein Teil der Weltgemeinschaft, was heißt hier Teil, wir sind die Besten, wir sind Weltmeister! Als Herrenmenschen gescheitert, haben wir etwas gefunden, was uns doch über den Rest der Welt erhebt, wir können vorzüglich gegen einen Ball treten, sogar besser als Ungarn oder Italiener, von Österreichern ganz zu schweigen, die damals noch kein Feindbild waren, sondern den Deutschen Meister von vor etwas mehr als zehn Jahren stellten ...

Vielleicht war es dieser Geist, der auch mich damals prägte. Die Paarung meiner Eltern begann im Einklang mit Helmut Rahns Meisterschuss, ein Meisterschuss, den mein Vater vielleicht an einem regnerischen Schneetag in Wesel am Niederrhein im Januar 1960 im Geiste und dann auch im übertragenen Sinne physisch wiederholte, als er mich zeugte, unter Schmerzen gebohrt, so sein etwas altväterlicher Witz, den er seit dieser Zeit in stetiger Wiederholung mehrmals wöchentlich vorträgt.

An jenem Januartag muss ich gerannt sein, wie es zu dieser Zeit nur Armin Hary konnte. Millionen Mitbewerber habe ich hinter mir gelassen, lauter piffige kleine, beschwänzte Zellen, wie ich eine war, bloß langsamer oder nicht so geschickt oder weniger ehrgeizig. Ich war heiß, wusste um die Bedeutung des entscheidenden Tages, den ich vielleicht im Unterbewussten schon sechs Jahre vorher erlebt hatte, als Außenstehender, als einer, der noch nicht dran war, einer, dem sein erstes Endspiel noch bevorstand, der aber seine Qualifikation bereits geschafft hatte, blubb, versenkt, verwandelt, nicht lange nachgedacht, sondern draufgehalten und zack, war das Ding drin, hundertprozentige Trefferquote.

Ich wuchs heran, Weihnachten eingeschult, 1966, zwischen zwei Kurzschuljahren, die aus der Verlegung des Versetzungstermins von Ostern auf den Sommer resultierten. Schon groß also war ich, auf den Ernst des Lebens eingestimmt, aber im Sommer des Jahres eben noch nicht Teil der großen Staatsmaschinerie, noch nicht desillusioniert von Obrigkeit und Repression, wie die anderen, Studenten meist, sonst wäre mir sicher nicht naiv entgangen, was Schiedsrichter Gottfried Dienst (unschuldig, da im Glauben an die Unfehlbarkeit des russischen (!) Linienrichters) verbrach, das Tor eines Stadions zum Synonym zu machen für an Deutsche begangene Verbrechen: Wembley.

Ich habe es nicht bewusst erlebt, nicht dieses dritte Tor, nicht Emmas Klebe, des späteren Kaisers Einstand oder das nachweltmeisterschaftliche Aufbegehren der ewig Betrogenen, der Deutschen, die erst vom serbischen Thronfolger, dann von einem Österreicher in den Krieg und dann von einem Russen am Spielfeldrand in die dritte Niederlage des Jahrhunderts gezogen wurden. Der Aufstieg der NPD, 68, die RAF, war nicht alles am Ende Teil eines sich selbst radikalisierenden, sich rückkoppelnd ins Unendliche steigernden Prozesses deutschen Beleidigtseins, des endlosen Sich-als-Verlierer-Fühlens, sei es als Vertriebener, sei es als der Meinungsfreiheit beraubter Faschist oder als anarchisch schießwütiger Ideologe und ultralinker Herrenmensch, an dem die Welt genesen sollte im roten Untergrund?

Da war es nicht mehr als Ironie des Schicksals, dass uns dann u. a. ein maoistischer Pavian im Endspiel 74 doch noch an die Weltspitze schoss. Ich lernte: Dass nun die Roten überall waren, lag nicht nur am Farbfernsehen – und fand es prima! Linkssein war ebenso Mode wie überall Faschismus zu entdecken, in falscher Wirtschaftsform, falscher Musik und falschen Hosenmarken. Und wo Frieden die Menschen bewegte, da war kein Ort für Angriff. Schon die Rhetorik der Kicker klang faschistisch: Von Sturm und Schuss war da die Rede, von deutschem Sieg über den rechten Flügel. Die Zeit war anders. Man trank zusammen, sieben Tage lang, man trank zusammen, nicht allein, wie es die Bots auf friedensbewegten Demonstrationen sangen, Marschmusik für Antimilitaristen, die damals noch an Rettung glaubten, an diese heile Utopie, in der die globale Kommune den Frieden mit der Aromateekanne rettet.

Wo war da Platz für leeres Ballgeschiebe? Der Ball war Sinnbild für jeden von uns, Getretene waren wir, solidarisch mit allen, die ein Spiel verloren hatten, aber nicht für ewig abgestiegen sein sollten, mit all denen da draußen, die sich in Nicaragua, El Salvador oder Chile mühten, bessere Menschen zu sein als diese Imperialisten, der Westen, das Kapital, die Deutschen, alle, außer uns. Und wir verachteten die, die den Ball in alle Ecken des Globus trieben, kein Abseits mehr anerkennen wollten und die Weltmeisterschaft unter sich ausmachten.

Der Fußball war auch hier ein Gleichnis. Die Schäbigen regierten, kein Beckenbauer mehr, der wenigstens nicht wie ein Deutscher spielte. Es spielten Briegel, Dremmler oder Hrubesch, Ballverbieger, wandelnde Zeugnisse des Spielkulturverfalls. So war ich nicht zu motivieren, abgestoßen von den Widerlichkeiten der Welt, die eine deutsche Mannschaft ohne jede Klasse zweimal Vizeweltmeister werden ließ, die abscheulich war und niederen Wesens. Woraus den Antrieb nehmen? Woher Visionen?

Wo ein Lothar Matthäus zur Lichtfigur stilisiert werden konnte, da war nicht Heimat, war kein Leben, bis weit in die 90er. Er war unser Land, weigerte sich, das eigene Abgehalftertsein zu akzeptieren, konnte nicht aufhören, verneinte die für jeden sichtbare Senilisierung, indem er mit noch nicht ausgewachsenen Mätressen aus Münchner Geld- und Gieradel Bohème und Lust am Leben simulierte, wurde zur fleischgewordenen Bewegungsunfähigkeit eines Landes, das in die Jahre gekommen war. Und dass der Mann so alt wie ich war, machte es mir nicht leichter. Auch ich musste erkennen, dass das Leben endlich ist, dass der Ball zwar immer noch rund, aber ein Spielgerät für andere war, die in der Champions League kickten und meine Söhne hätten sein können, biologisch wenigstens …

Die Zeit war verflogen. Ein letzter Hauch war 1990, ein kurzes Glimmen, dann noch einmal, '96, Bierhoffs Golden Goal, wieder in Wembley, die Zeit ein Kreis, ein Funkenflug, vorbei. Das Land in Agonie, von Regeln erwürgt, von unrealistischen Ansprüchen zerfressen, ein zerrumpeltes Spielfeld, Reformwillensbekundungen der Reformunfähigen, Lippenbekenntnisse der Pfründesicherer. Es waren die kleinen Dinge, die nun das Fußballherz am Schlagen hielten, ein glücklicher Sieg auf den Färöer-Inseln, ein Weiterkommen gegen österreichische Vereinsmannschaften, ein Nullnull gegen Finnland, eine siegreiche Frauenmannschaft.

Da stehen wir nun, im Herbst der Liga, des Landes, des Lebens, wie ihn Rilke einst beschrieb: Wer jetzt keine Spieler hat, der kauft sich keine mehr.

Wir sind der Vizeweltmeister, der ohne Gegner ins Finale kam, Geister einer vergangenen Zukunft. Und doch: Auch jetzt könnte noch ein Werden sein. Gibt es denn nichts, was uns heute noch das Gefühl vermitteln könnte, ein aufwärts Gehen sei möglich? Es gibt!

Wir müssen nur weit genug zurückdenken, da gab es einen, der uns mit seinem Geist aus diesem Nichts des Seins erretten könnte. Im alten Griechenland, wo heute Rehhagel den Philosophen gibt, da lebte einst ein Mann, der uns schon kannte, bevor wir existierten, der schon vor über 2300 Jahren wusste, wie schattenhaft und schemenartig unsere niedere Welt ist, gemessen an dem, was die Idee des Wahren, Schönen, Guten uns als Maß anheim gibt: Platon.

Er wusste: Alles Reale ist nur die schattenartige Ausformung einer vollkommenen, göttlichen Idee, einer besseren, zeitlosen Welt. Alle Wahrnehmung ist Tand, das Ideal den Sinnen entzogen. Ist es nicht das, was wir empfinden, wenn Deutsche einen Ball treten?

Die Hirnforschung hat es bestätigt: Das was wir meinen zu sehen, zu greifen, ist doch für unser Ich nur als Signal im Hirn vorhanden, kann ebenso gut vom Hirn erdacht wie wahrgenommen sein, Fata Morgana, trügerische Fantasie eines gelangweilten Gottes.

Vielleicht waren alle deutschen Niederlagen in Lyon oder Brügge oder Dnjepropetrowsk nur ein übles Machwerk zerrütteter Synapsen, ein Neuronenfeuerwerk. Alles im Kopf! Alles da oben drin? Von Manchester bis nach Madrid, sind das vielleicht gerade mal zwanzig Zentimeter? Vielleicht erstreckt sich unser ganzer Horizont bloß vom linken bis zum rechten Ohr? Welches Ohr überhaupt? Und wem erzähle ich das? Wo sie das gerade lesen, dürfte ich eine kurze Frage stellen: Existieren Sie? Und wenn ja: Sind Sie ganz sicher?

Ich denke, also bin ich. Von Fußball keine Rede, nicht mal

vom Laufen, von Bewegung. War ich überhaupt eiförmig im Bauche meiner Mutter? War nicht schon diese Allegorie eine große Lüge, ein Teil des all umfassenden Betruges, den wir Leben nennen? Das große Rennen, Treten, Siegen und Verlieren, war alles Spuk? Wir werden es erfahren, wenn diese Existenz einer anderen Platz gemacht hat – wenn sie nicht ewig ist, denn kann nicht auch die Zeit erfunden sein, Erinnerungen? Sind wir nicht vielleicht morgen wieder 20 und glauben, niemals älter gewesen zu sein, gewachsen in einer linearen Zeit, die es so gar nicht gibt, einer Zeit, in der wir uns, wie uns die Physiker glauben machen, in Wirklichkeit bewegen wie in einem dreidimensionalen Raum? Nichts spricht dagegen, viel dafür. Wir wissen nichts.

Doch sollte ich morgen wieder zufällig ganz jung sein, ein Spermium vielleicht, dann werde ich wieder laufen, den Gegner beiseite grätschen und wenn irgend möglich am Ende wieder verwandeln. Wir haben keine Alternative. Das Leben ist nie null zu null. Der Ball muss ins Tor, wie wir hinaus müssen in diese irreale Welt, in der alles Sein unerklärlich ist, alles fiktiv, alles elektronisch, alles virtuell, aber Bälle immer noch mit der Hand genäht werden, in Marokko oder sonst wo, von flinken Händen für flinke Füße.

Wir wissen es nicht. Aber wenn uns der Ball vor die Füße fällt, dann schießen wir. Vielleicht steht irgendwann wieder Toni Turek im Kasten vor mir und ruft mir zu: »Nicht schießen! Warte! Bis 1960! Das ist deine Zeit! Und dann fang von vorne an! Das Wunder des Lebens kann man nicht oft genug erleben! Und grüße deine Eltern auf Borkum, Homo Sapiens!« Toni war wunderbar. Ein Platon zwischen den Pfosten. Wir haben es nur nicht gewusst. Wie auch? Wenn doch nie etwas zu wissen ist.

Carola Roenneburg
Hier regiert die FGG

»Sehr geehrte Frau Buhr! Heute ist wieder Fußballweltmeisterschaft! Mit Frankreich! Wenn Frankreich gewinnt, wackelt diesmal ihr Bett! Währenddessen haben wir eventuell eine Hausgeburt! Es könnte etwas lauter werden.«

Diese Notiz zum WM-Endspiel, angebracht an meiner Wohnungstür, sollte Frau Buhr vorbereiten. Mehrfach schon hatte meine Nachbarin in den vergangenen Wochen bei mir Sturm geklingelt und sich über Lärm sowie wackelnde Wohnzimmerlampen beschwert. »Was machen Sie da?«, giftete sie dann, »catchen sie?«

Noch jedes Mal hatte ich, eine ansonsten vorbildlich ruhige und sockentragende Mieterin, Frau Buhr freundlich über die besondere Lage unterrichtet: dass zurzeit ein wichtiger sportlicher Wettbewerb, die Weltmeisterschaft im Fußball, ausgetragen wurde und ich die Spiele der französischen Mannschaft mit meiner Fußballguckgemeinschaft (FGG) im Fernsehen verfolgte. Dass ihr Eindruck, wir catchten, vermutlich auf eine spontane Maßnahme Herrn Awals zurückzuführen war, der sich beim lang ersehnten 1:0 gegen Paraguay auf den Boden geworfen hatte. Vorfälle dieser Art ließen sich kaum kontrollieren, hatte ich erklärt, leiser würde es wohl auch erst werden, falls Frankreich sich aus dem Turnier verabschiedete, woran mir im Übrigen nicht gelegen sei, denn … An dieser Stelle kehrte Frau Buhr mir gewöhnlich den Rücken zu und stieg schnaubend wieder die Treppen hinab.

In ihrer Entstehungsphase traf sich die FGG noch im öffentlichen Raum: Welt- oder Europameisterschaftsspiele verfolgten wir in Programm-Kinos oder in jenen italienischen Lokalen, die 1990, als Italien WM-Austragungsort war, in Videobeamer und Leinwand investiert hatten, damit ihnen das Personal nicht davonlief.

So angenehm es auch war, Fußball wie von einem teuren Haupttribünenplatz zu verfolgen, so lästig fielen uns bald die Begleitumstände. Später als eine Stunde vor Anpfiff durfte man nirgendwo auftauchen, wollte man nicht auf gute Sicht und einen Stuhl verzichten; Speisen und Getränke gingen ins Geld oder kamen nie an. Darüber hinaus lässt das öffentliche Fußballgucken viele Mitmenschen ihre Erziehung vergessen – im Dunkel des Kreuzberger Eiszeit-Kinos etwa betitelte die antifaschistische A-Jugend fremdländische Schiedsrichter als »Kanaken«; in der Trattoria gebärdeten sich deutsche Gäste doppelt so fußballverrückt wie die Wirtsleute, egal, wie schlecht die italienische Mannschaft spielte. Vielleicht wollten sie aber auch nur ihren Kellner gnädig stimmen (s. o.).

Mit den Jahren klüger und weiser geworden, beschlossen wir 1996, auf Auswärtsspiele zu verzichten. »Was wir brauchen, ist Ruhe, Konzentration, kalte Getränke und ausreichend Knabberzeug«, fasste FGG-Gründungsmitglied Weiß unsere damaligen Bedürfnisse zusammen, »das alles kann praktisch geregelt werden.« Die EM '96 verbrachten wir noch wochenweise in den geräumigsten Wohnzimmern der FGG, jeder Besucher brachte Erdnussflips und Dosenbier mit. Zwei Jahre später aber entwickelten wir ein bis heute gültiges Patenschaftssystem: Je nach Neigung richten die FGG-Mitglieder, die übrigens außerhalb großer Fußballereignisse nur auf Geburtstagsfeiern und Massenpicknicks zusammenkommen, die Spiele einer Nationalmannschaft aus. Die Paten entscheiden sich freiwillig für ihr Team, aus organisatorischen Gründen soll es jedoch eine Favoritenrolle innehaben oder wenigstens als Geheimtipp gelten. Eine gewisse Affinität zur jeweiligen Nationalküche ist inzwischen wünschenswert, aber weder Bedingung noch England-Gastgebern gestattet.

So kam es, dass 1998 alle Partien mit deutscher Beteiligung bei den Eheleuten Gester-Bunske verfolgt wurden, Daten-Dieter für die Japaner zuständig war, der Fairness halber aber auch die Holländer übernommen hatte, und Italiens Auftritte von einer Münchner Exilantenwohngemeinschaft betreut wurden. Frau Thege konnte sich nicht qualifizieren, da sie einen Fernseher mit ungenügend großem Bildschirm besaß. Ihrem Einwand, für die kleinen Mannschaften (Chile, Rumänien) sei das Gerät doch geradezu ideal, wurde nicht stattgegeben. Die Angelegenheit war zu ernst, was sich auch an einer erbitterten Debatte über die Vergabe des Eröffnungsspiels zeigte bzw. darüber, ob die Awals Brasilien-Gastgeber sein konnten, da Frau Awal hochschwanger war. Nein, das war nun doch zu riskant. Frau Awal sollte sich schonen, befanden wir. Die übrig gebliebenen Spiele wurden wahllos verteilt, und Daten-Dieter speicherte vorsorglich die Nummer der Hebamme in seinem Mobiltelefon.

Was mich betrifft, so hatte ich im festen Glauben an meinen WM-Tipp und in dem Bestreben, mir auf lange Sicht weite Wege ersparen zu können, auf Frankreich gesetzt, das kulinarische Angebot um Käse und Chablis erweitert und – gut gewählt, denn am Abend des 12. Juli durfte ich das Endspiel ausrichten. Meine Mannschaft hatte es ins Finale geschafft.

Die FGG sammelte sich lange vor dem Spiel bei mir. Längst hatten alle anderen Gastgeber verkraftet, dass ihr Team ausgeschieden war, jetzt hielten alle zum Nachbarland. Selbst Gester-Bunskes, die erst im letzten Moment die Seiten gewechselt hatten – als Frankreich die Niederlage Deutschlands gegen Kroatien rächte und die »Schwalbenschurken« (Herr Bunske) aus dem Turnier warf –, trugen weiße Hemden und blaue Hosen, Frau Bester sogar angeblich rote Unterwäsche. Ich verteilte blaue und weiße Schürzen, und dann ging es ans Werk: Die FGG-Küchenmannschaft kochte ein Zinedine-Zidane-Ehrencouscous für 14 Personen. Zwei Kilogramm gehackte weiße Zwiebeln griffen uns zwar heftiger an als der unverdiente Untergang der tapferen Spanier im Kampf um das Achtelfinale, dennoch zupften wir weiter Koriander, schnitten Gemüse klein und entbeinten eine prächtige Lammkeule. Mit nordafrikanischen Würzpasten, Kreuzkümmel, Safran und Rosinen versehen, kam das Gericht auf den Tisch, wir erhoben unsere Gläser: »Allez, les bleues!«

Nach dem Abräumen widmeten wir uns der Fortführung älterer Traditionen. Gemeinsames Fußballgucken bedeutet auch, an einer Reihe von bewährten Ritualen festzuhalten, etwa der Wahl des bösartigsten Schiedsrichters (der Spanier Garcia Aranda) oder des hässlichsten Trikots (Bulgarien). Bevor wir den Fernseher einschalteten, ermahnte uns Herr Weiß zum letzten Mal, dass, wer zuerst »Abseits!« brüllt, nicht vom Abwasch befreit wird. Wir richteten uns zum letzten Mal auf unseren Plätzen ein. Gespannte Stille herrschte, unterbrochen allein von leisen Knurpsgeräuschen aus der hinteren Reihe – Frau Awal vernichtete eine Tüte Erdnussflips. Ihr Nachwuchs hatte sich inzwischen auf den Kopf gestellt, sich also in die Startposition begeben. Während die Nationalhymnen gespielt wurden, tauschte ich einen Blick mit Herrn Awal. Er verdrehte die Augen flehend Richtung Zimmerdecke, und ich wusste, woran er dachte: an ein Geburtshaus ohne Fernseher. Ich lächelte ihm aufmunternd zu und deutete mit einer beschwichtigenden Geste auf den Fernseher.

Frankreichs Mannschaft war, wie heute jeder weiß, in großartiger Form. Schon in der 27. Minute schoss unser Fußballgott Zidane sie in Führung, kurz vor der Halbzeit legte er das 2:0 nach. Ein Tumult brach aus, die FGG lag sich den Armen und jubelte. Frau Awal wuchtete ihren beeindruckenden Bauch vom Sofa und erklärte, jetzt beruhigt, aber endlich das Badezimmer aufsuchen zu können. Gleich darauf ging es in die Pause, und wir simpelten fröhlich fach: »Wenn sie jetzt nicht nervös werden, wenn sie jetzt nicht verkrampfen, schaffen sie es.«

Aus dem Flur ertönte ein Schrei. Frau Awal, nicht zu verkennen. Panik brach aus, besonders bei Herrn Awal. »Wo ist mein Telefon?«, kreischte Daten-Dieter. Wir drängten aus dem Fernsehzimmer und fanden Frau Awal vor der geöffneten Wohnungstür, die Hand an der Kehle. Draußen stand Nachbarin Buhr. »Das hörte sich so komisch an im Treppenhaus«, stammelte Frau Awal, »da wollte ich nachsehen und hab so einen Schrecken –«

»Was ist los bei ihnen?«, tobte Frau Buhr, die Fäuste schüttelnd, »sind sie verrückt geworden, wissen sie eigentlich, wie spät –«

»Frau Buhr«, sagte ich bestimmt, »halten sie jetzt einfach durch, dann haben sie zwei Jahre Ruhe.« Und schloss die Tür.

Die zweite Halbzeit sorgte bald dafür, dass wir den Vorfall vergaßen: Desailly wurde vom Platz gestellt! Die Brasilianer in Überzahl, und noch 22 Minuten! Wir wurden nervös und verkrampften. Wie leicht konnte jetzt – aber da kam der Konter, rasch und umsichtig ausgeführt, und Petit war zur Stelle. »Drei-Null!« grölten Gester-Bunskes, »jawoll!« Herr Awal warf sich auf den Boden und hämmerte mit den Fäusten auf die Dielen ein, Herr Weiß stürzte auf den Balkon, um Wunderkerzen zu entzünden, der Rest der FGG hopste entfesselt durch die Wohnung. Ich rannte in die Küche, um den Crémant zu holen, von dem ich vorher wohlweislich geschwiegen hatte. Man weiß ja nie.

Während ich die erste Flasche öffnete, hörte ich die Türklingel. Für einen kurzen Moment war mir danach, hinauszustürzen und Frau Buhr zu umarmen – mais non, besser doch nicht.

Frank Schulz
Deutschland – Karin 0:6

In einer Bar in Mexiko,
da saßen wir und war'n so froh.
Herz As in Spiel und Liebe,
das war unser Ziel,
Caramba.

Heino, »In einer Bar in Mexiko« (1970)

»Piss …«, sagt Stan Libuda und setzt, mit den Armen balancierend, die rechte Ferse an die linke Pike.

»… pott«, sagt Overath und tut das Gleiche, allerdings sicheren Standbeins.

»Piss …«, sagt Stan Libuda.

»… pott«, sagt Overath. Ihre blonden Ponys verstricken sich ineinander. Zwischen die Spitzen ihrer Fußballschuhe passt keine Quartettkarte mehr. »Piss«, sagt Stan Libuda und setzt seine Stollen auf Overaths Rist.

»Arschgesicht«, sagt Overath, zieht das Knie ruckartig an, stoppt jedoch rechtzeitig ab und bietet sein Kabinettstückchen dar: Er schließt die Augen – aber so, wie ein Kaiser beleidigte Leberwurst mimte, obwohl er den Narren mit einem Fingerschnippen aufknüpfen lassen könnte –, hebt die Nase mit einem vornehmen Dreh, streckt die Zunge heraus, zu einer Rinne gerollt, schießt mit dem satten Laut eines Luftgewehrs Qualster ab, hebt die Lider wieder und verfolgt die Flugbahn aus den Augenwinkeln, allerdings nie bis zum Aufprall, damit er schon handeln kann, während die anderen noch staunen. Wegen der

Kraft und Eleganz dieser Übung war Sepp Maier eine Zeit lang geradezu verknallt in Overath, ehrlich.

Diese Pisspott-Arie jedes Mal, findet er, sagt es aber auch diesmal nicht, ist beknackt, saubeknackt. Gewählt wird sowieso immer in der gleichen Reihenfolge.

Overath winkt ihm mit dem Zeigefinger. »Morten. Sepp Maier, mein ich.« Er weiß, er wird nur deshalb immer als Erster gewählt, weil außer ihm keiner das ganze Spiel im Tor bleiben will – nicht mal Uwe Seeler, obwohl der genauso 'ne Flasche ist wie er. Wer ihn, Sepp Maier, in der Mannschaft hat, muss keine Debatten darüber befürchten, wann man denn bitteschön selbst mal ins Tor wechselt, Arschgesicht.

»Schnellinger«, kommandiert Stan Libuda. Schnellinger und Uwe Seeler treten gleichzeitig vor. »Du bist Uwe Seeler, Arschgesicht«, sagt Schnellinger. »A-a-ach ja«, sagt Uwe Seeler und nimmt den Schritt zurück. Jedes Mal das Gleiche. Und dann hat er auch noch ein graues und ein grünes Auge, ehrlich. Wie kann man nur ein graues und ein grünes Auge haben.

»Gerd Müller«, sagt Overath, und während der zu ihm geht, geht Uwe Seeler zu Stan Libuda. »Dafür kriegen wir aber Maczek, wenn er kommt«, sagt Uwe Seeler. *Dafür,* ehrlich – saunsportlich, mit seiner eigenen Schwäche zu wuchern. Na gut: Maczek aus Stade. Maczek, der Rocker. Ruppt wie 'n Weltmeister. Schon sechzehn, ganz andere Liga. Kommt sowieso nicht. Bloß weil der anderthalbmal mitgespielt hat, hat Uwe Seeler Schiss, dass der jetzt immer mitspielt.

»Geschenkt«, sagt Sepp Maier. Auf diese Weise nimmt er Uwe Seeler den Wind aus den Segelohren. Und zweitens meint er es ehrlich, ehrlich. Denn *wenn* Maczek käme, käme wahrscheinlich auch Karin. Karin Kolk in der Mannschaft, das bedeutete zwar wieder Niederlage – aber was für eine! Als Torwart hat

Sepp Maier Karin Kolk die ganze öde Spielzeit von ihrer Schokoladenseite gehabt. Sie trug Schnürschuhe zum Minirock, und dauernd gingen die Schnürbänder auf, und dann musste sie die wieder zubinden, und dazu musste sie sich runterbeugen, und das machte sie einmal sogar im Stehen und pflaumte ihn, ihr Rapunzelhaar hing ins Gras, kopfüber unter der Achsel hindurch an: »Mund zu! Milchzähne werden sauer!« Irre, ehrlich. Sauirre. Aber eher hätte er den Teufel getan, als ein Sterbenswörtchen zu verraten. Die würden ihn die ganze Zeit nur verarschen, die Arschgesichter.

Stan Libuda gewinnt die Seitenwahl, Overath den Anstoß. Sepp Maier trottet in sein rostiges Tor.

Gleich ein Fehler von Gerd Müller. Stan Libuda grätscht vor Overath in den Pass, klebt sich das runde Leder an den Schuh, dribbelt locker auf Sepp Maier zu – »Torwart rauuus!«, schreit Gerd Müller, zu faul oder zu stolz nachzusetzen – und semmelt das Ding ins lange Eck. Witzlos, sich auch nur zu rühren. 0:1 in der ersten Minute. Da das Tor kein Netz hat, steht ein kleiner Ausflug ins Fichtenwäldchen an. Erdiger Geruch und Nadelduft, kratzende Zweige, reißende Dornen. »Beeilung!«, schreit Gerd Müller.

Abschlag Sepp Maier. Der klappt ganz gut. Grundsätzlich allerdings wird sein Körper nie begreifen, wie man einen runden, hüpfenden Gegenstand dazu zwingt, das zu tun, wovon man träumt: Als er einmal die Pille unterm Aufschrei des ganzen Dorfes nur noch einzuspitzeln brauchte, hat er sich am Pfosten des Bücherregals sogar einen blutigen Zeh geholt und ist schreiend aufgewacht.

Dass man besser nicht mit Pike schießt, ist klar, aber wie man mit dem *Spann* zuhaut, ohne dass es einem das Standbein unterm Arsch wegreißt – das kapiert Sepp Maier nicht, ehrlich nicht. Oder wie man dribbelt. Libuda und Schnellinger, Overath und Gerd Müller dribbeln, als sei der Ball ein Yo-Yo am Schuh. Sepp Maier hält sich glimpflich *ohne* Ball auf den Beinen.

1:1 durch Schnellinger. Beim Konter kann Sepp Maier gegen Uwe Seeler klären, per Faustabwehr.

Sepp Maier liebt es nicht gerade, dieses harte, ungefüge Drecksding zu fangen oder auch nur wegzufausten. Na ja, immer noch besser als der Selbsthass, den er im Feld empfindet, wenn Overath oder Schnellinger ihn überspielt, als sei er nicht lästiger als eine Eckfahne.

»Boodoo!« Mama. Ein Glück, Abendbrot. »Ich muss los!«

»Gut, Abpfiff«, ordnet Schnellinger an. »Und denk an Plan X!«

*

Wie Glühwürmchen haben die Zeiger der Armbanduhr phosphoresziert …

Was ist das, was er bei dem Anblick manchmal empfindet? Es ist das gleiche Gefühl, das manchmal sein Bauchfell versengt, wenn er zusieht, wie sich die Rücklichter des Schienenbusses entfernen, während er die Riefen des Trafo-Reglers zwischen den Fingern spürt. Oder wenn ihn das magischblaue Äuglein hypnotisiert, das aus dem Tacho leuchtet, sobald Papa das Fernlicht einschaltet. Oder wenn eine Zigarette im Dunkeln orangefarben aufglüht.

Es ist warm und dunkel im Zimmer, so warm und dunkel, wie er sich das Innere seines Bauchs vorstellt. Sepp Maier schlägt das Federbett bis über die Knie zurück. Genau am Dreh- und Angelpunkt seiner Pyjamahose ist wieder *das*. Wenn ein Knoten etwas fühlen würde, dann wäre es *das* …

Allerdings ist es Zeit für Plan X. Er wird mitmachen, obwohl er saumüde ist. Nicht wegen der Weltmeisterschaft – was soll daran so doll sein –, aber immerhin kann er mal ausprobieren, wie die neongrünen Frotteesocken zwischen dem Saum der engen schwarzen Feincordbeine und den Wildlederschuhen im Dunkeln aussehen, seine besten Klamotten.

Er schaut noch einmal auf die leuchtenden Zeiger. Könnte man vorher noch schaffen. Sepp Maier langt unter die Matratze. Das Taschentuch ist allerdings kaum mehr zu gebrauchen. Verkrustet wie der Lappen, der am Morgen überm Rand des Kleistereimers gehangen hat.

Eines Tages wird dieses Taschentuch wieder im Schrank liegen, nicht nur sauber, sondern rein, gebügelt und gefaltet. Er braucht es nur so lange unter der Matratze liegen zu lassen, bis es weg ist, und dann muss er ein-, zweimal aussetzen, und dann liegt es wieder im Schrank.

Würde auch mal wieder Zeit. Doch wird er einen Teufel tun und Mama das sagen. Er ist ja saufroh, dass die Prozedur ohne Worte klappt, ehrlich. Auch wenn der Schock vom ersten Mal immer noch tief sitzt. Oder gerade deswegen.

Sepp Maier schüttelt es ein wenig aus. Wird schon gehen. Er horcht in die Finsternis über ihm, wo Mama wohl immer noch tapeziert – gerade verstellt sie die Trittleiter –; im Radio läuft bestimmt immer noch das plattdeutsche Hörspiel.

*

Er hat sich den Fußknöchel verknackst, als er übern Zaun gestiegen ist. Gebückt humpelt er zum ersten von Hein Beeckens vier Lloyds Alexander TS, die – grad bricht die rauchgläserne Bewölkung auf – im Mondlicht matt schimmern. Ist noch einigermaßen mild draußen. Mit gefletschten Zähnen hält er sich den Oberschenkel, obwohl der gar nichts abgekriegt hat, und lugt über das Dach des Autos. Das Fenster des Wohnzimmers ein weißes, schwebendes Parallelogramm im Dunkel jenseits des Zauns, die Trittleiter ein spitzer Winkel, aber wo ist Mama? Hat sie etwa gehört, wie er aus dem Fenster gesprungen ist, und guckt jetzt nach? Wird gleich auch dort das Licht angehen? Jeder einzelne Schlag von Sepp Maiers Herz hört sich an, als pralle ein Medizinball auf den Hallenboden. Ah, jetzt balanciert sie mit einer Bahn Tapete die Leiterstufen hinauf. Gott sei Dank, ehrlich. Sollte Plan X auffliegen, könnte er die ersten zwei Wochen der Sommerferien vergessen, ehrlich – zumal, wenn der Jammerlappen so ausfällt, wie Schweinchen Schlau es in der Mathe-Stunde heut morgen angedroht hat.

Als das Streichholz zischt, flammt auch das Gefühl wieder auf. Das Fähnchen Schwefelgeruch, die knisternde Tabaksglut, der beizende Rauch, der Schwindel von der Dosis Gift und der Triumph, ihn allein durch Männlichkeit zu überwinden …

Der grelle blinde Fleck im Blickfeld, den die Flamme hinterlassen hat, ist hartnäckig. Egal. Die Zigarette in der hohlen Hand, hinkt Sepp Maier rundrückig aus der Deckung der Lloyds über den Hof in den Nachtschatten der rauschenden Eichen. In Richtung Stadt knattert ein Auto, dem Klang nach wahrscheinlich der Käfer von Gerd Müllers großem Bruder. In Beeckens Wohnzimmer flackert es bläulich hinter den leuchtenden Volantgardinen, aus dem Fensterspalt dröhnen die Ätherstimme des Fernsehkommentators und der muskulöse Zungenschlag von vier Vätern – Gerd Müllers, Stan Libudas, Overaths und Sepp Maiers. Lautstärke: spitze, ehrlich. Die müssen grad über Jugendliche mosern, ehrlich.

Die bleichen Inseln des Hofes meidend, huscht er aus dem

Schatten der Eiche in den Schatten des Mähdreschers und aus dem Schatten des Mähdreschers in den Schatten des Schuppens an Beeckens Haus. Papas Stentorstimme: »Nu bün ick mol gespannt!« Und deutlich sogar noch der leiser gesprochene Satz hinterher: »Häs' noch 'n Beer, Hein?« Rauch von Zigarren qualmt aus dem gekippten Fenster wie aus einem Herdofen, der nicht mehr zieht.

»Häs nich sehn, wie de Itakers gegen de Juden speelt hefft?« Overaths Vadder.

»Ick sech Erna glieks beschäid, Horst ... Stimmt, dat wör nich dull.« Hein, Gerd Müllers Vadder. »Null-null. Över gegen Mexiko hefft se veer-een –«

»Und wi gegen de Tommies, dat wör doch de Hettrick von Gerd Müller, stimmt doch, oder nich! Dree-null, oder nich!« Overaths Vadder.

Drei-*zwei!* hätte Sepp Maier am liebsten gerufen. Er kann sämtliche Ergebnisse des Viertelfinales aus dem Effeff: Deutschland-England 3:2 n.V., Uruguay-UdSSR 1:0 n.V., Italien-Mexiko 4:1, Brasilien-Peru 4:2. Er hat sich sogar die wichtigsten Ergebnisse aus den Vorrunden eingebimst, Deutschland-Marokko 2:1, Brasilien-CSSR 4:1, Bulgarien-Deutschland 2:5, Italien-Israel 0:0 und so weiter. Damit hat er auf dem Schulhof schon eine Elfer-Packung Stuyvesant gewonnen, einen Kakao und ein funkelndes Fuffzigpfennigstück.

Er zieht noch einmal an der Zigarette, zermalmt sie unterm Absatz des Schuhs; dann drückt er sich die Bretterwand entlang, die nach Holzschutzmittel stinkt – wenn jetzt jemand aus dem Fenster guckt, ist er geliefert –, schmiegt sich an die Backsteinflanke des Hauses, und vor Angst beinah quiekend kriecht er unter dem Fenster entlang – der Tenor von Overaths Vadder schneidet in die Ohrmembranen wie eine Polizeisirene –, huscht hinkend durch die Pforte, mit einem Gefühl, als sei ein Fadenkreuz in seinen Rücken tätowiert, hinüber über die Zufahrt, und klopft an die Tür zum ehemaligen Schweinestall – zweimal lang, zweimal kurz, zweimal lang.

»P-, Parole?«, flüstert jemand durch den Türschlitz, neben der Pappe mit der Aufschrift *Jugentgruppe Hagen.* Uwe Seeler.

»Mach auf, du Arschgesicht«, flüstert Sepp Maier.

»Nnnndas … das ist nicht die P-, hier Parole. U-u-u-und das … hier Klopfzeichen war auch falsch. A-, a-, andersrum. Zweimal … kurz, zweimal –«

»Mach *auf*«, zischt Sepp Maier; »du krichs' auf'e Fresse!« Der Riegel klackt, und das Quietschen der Tür hallt durchs halbe Dorf. »Mensch«, zischt Sepp Maier und blickt sich nach dem Fenster um, »die wollte Beecken doch ölen!«

Uwe Seelers Wangen glühen. »Keine … hier Klarnamen, du A-a-a-, hier Arschgesicht!«

Eine Kerze auf der Kartoffelkiste, eine auf dem nackten Boden. Sitzgelegenheiten angeordnet in Krampenform: besudelte Matratzen in Sträflingsdessin die Wände entlang und eine Leiche von Sofa in Rotzgrün. Die Fenster mit Decken verhängt, mit Kissen, Säcken und Lumpen verstopft. Die Lautstärke des Fernsehers und die Kommentare von dort drüben, aus Beeckens Wohnzimmer, dringen in Moll, aber mühelos durch.

Es sind alle da, und ihre Schatten plustern über die kasperbunten Poster, mit denen die Wände tapeziert sind. Gerd Müller lugt durch eine ehemalige Rohrleitung in der Wand zu Beeckens Wohnzimmerfenster hinüber. Danach stopft er wieder den Riesenkorken hinein – geklaut aus dem Schullabor –, damit der Zigarettenrauch nicht nach außen quillt. Overath prüft sein Fußballquartett, das er überall mit sich herumschleppt – wie die bekloppte alte Fitschen ihr Gesangbuch –, und nuckelt hin und wieder an einer Sinalco. »Peace«, raunt Sepp Maier.

»Maul, Morten«, zischt Schnellinger. »Der hat kein Ton, der Scheißkasten, und 'n Bild auch nich! Und dafür riskier ich mein Arsch! Mein Alter macht mich alle. Wenn *der* –«

»Hör auf zu flennen, Bartels, du Memme«, nuschelt Stan Libuda. »Das wird schon noch.« Er macht sich an der Antenne des Fernsehers zu schaffen – das mit dem Transport hat also geklappt. Mehr aber auch nicht, anscheinend. Schnellinger leuchtet ihm mit einer Taschenlampe.

»Keine … hier Klarnamen«, raunt Uwe Seeler, wie berauscht von dem magischen Begriff, und fingert an einer noch aalglatten, aber bereits geöffneten Zwanzigerpackung Stuyvesant herum. Seine Wangen glühen. »Vielleicht muss der g-g-g-, hier geerdet werden oder wat weiß ich.«

»Maul, Friedrichs«, nuschelt Stan Libuda und dreht an einem Drehschalter. In dem dichten, lautlosen Schneetreiben auf dem Bildschirm bewegen sich nun grob gerasterte schwarzweiße Schemen, verzerrt wie in einem Spiegelkabinett.

Das war's mit Plan X, ehrlich.

*

»Nu geiht los!« hat man kurz darauf Overaths Vadders Stimme dröhnen gehört, und vier Minuten später ein gemeinschaftliches Aufraunen; weitere vier Minuten später aber gelähmtes Schweigen – während das Tosen im Fernseher von drüben maximal anschwillt und der dramatische Tenor des Kommentators dagegen anklagt. Dann die Stimme von Overaths Vadder: »Dat gift dat doch gor nich! Dat dröf doch nich wohr sien! Wieso hett de Schulz dor denn nich –«

»Schulz?« Papas Stimme. »Dor har Beckenbauer ingriepen müsst! Beckenbauer, Beckenbauer har dor –«

Gerd Müllers Vadder: »Nu teuf man af. Dat güng jümmer so los, un noher …«

»Nnnn-«, hat Uwe Seeler geraunt, »nnnhier, null-eins oder wat.« Im hiesigen Fernseher hat Ringelpiez im Schneetreiben geherrscht. Stan Libuda und Schnellinger haben längst aufgegeben und wie Lokomotiven rauchend auf gegenüberliegenden Matratzen gehockt. »Ich geh nach Hause«, hat Schnellinger drei-, viermal gesagt, ist aber sitzen geblieben. Overath hat gähnend sein Quartett durchgemischt. Und Sepp Maier hat Gerd Müllers Angriffe auf seinen Hosenlatz pariert. »EKG«, hat Gerd Müller geflüstert. »Nur 'n kleinen EKG!«

»Ek-, Ek- … hier, EKG?«, hat Uwe Seeler geraunt, »was nnn … hier, was das denn!« Das weiß natürlich keiner von ihnen – außer Gerd Müller. »Eierkontrollgriff«, hat der geflüstert, und die ganze Mannschaft hat sich überhaupt nicht wieder eingekriegt, nur ein Schnalzen und Gnickern und Hecheln, so tonlos wie der Fernseher, und als sie, erhitzt bis in die Haarspitzen, fast ersticken, öffnet sich quietschend die Tür – Riegel vergessen, Arschgesicht! –, Gänsehaut auf Sepp Maiers Unterarmen, und jemand stolpert herein. Sepp Maier erkennt sie augenblicklich am bestürzend kurzen Glockenrock. Neben der Erinnerung an das Filmplakat zu *Schulmädchenreport 3. Teil* sein derzeitiger Lieblingsfetisch, dieser Rock. Eben noch, vorhin im Bett, hat er genau die Vision gehabt. *Rückwärts* tritt sie ein, den Hintern in den Raum gestreckt, um ihn von einer Kralle zu befreien, die starrt vor Siegel-, Reif- und Totenkopfringen. Ihr Gekicher, dann eine Wendung des Kopfs – ein Karussell goldener Strähnen –, und dann tönt Karin Kolk: »Was denn hier los!« Sie pustet einen Haarschnörkel aus dem Gesicht und streicht ihn hinters Ohr. Bei dieser Geste schlägt Sepp Maier jedes Mal, aber auch jedes Mal die Augen nieder.

»Psssst«, macht Stan Libuda. »Mach die Tür zu!«

»Was machst – wieso bist du nicht im Bett!? Weiß Mama, dass du hier bist? Mach mal die Tür zu, Maczek.« Maczek. Auch das noch, ehrlich.

»Sei doch ma leise!«, nuschelt Stan Libuda. »Weiß *Papa*, dass *du* hier bist?«

»Was'n hier los«, leiert Maczek und wankt in die Kerzenlichtsphäre. »Kinnergarten, oder was.« Besoffen, auch das noch.

Karin schultert seinen linken Arm. Seine stümperhaft bemalte Jeanskutte über der Lederjacke ist an der Brust ausgebeult. In den hochgezogenen Mundwinkeln, an den Wurzeln seiner Frettchenzähne, steht je ein Gischtflöckchen. Er kann nicht mehr gerade gucken, und sein Kopf mit den schwarzen Nesselhaaren kegelt auf Karins rechter Schulter hin und her. »Aua. Pass doch auf«, sagt Karin. »Stück mal 'n Rück«, sagt sie zu Uwe Seeler.

Der schnellt von seinem Matratzenplatz wie von einem Katapult, schlägt einen Bogen um das Paar und verpflanzt sich nach gegenüber, zwischen Overath und Schnellinger gequetscht. Karin lädt Maczek zwischen Stan Libuda und Sepp Maier ab, und Maczek knallt mit dem Hinterkopf gegen die Wand, dass ihm der Putz über den Zickzack-Scheitel krümelt und Sepp Maier der Atem stockt.

»Aua«, sagt Maczek träge, grinst und nestelt in der Innenseite seiner Kutte. Sein Hals ist übersät von heiermanngroßen, schinkenfarbenen Flecken bis hoch ans Kinn. Was hat *der* denn da! Lepra, oder was. Saubrutal, ehrlich. So was hat Sepp Maier noch nicht gesehen. Er guckt Gerd Müller an. Auch der gafft.

»Seid doch mal leise, Mensch«, sagt Stan Libuda und horcht,

den Mund panisch geöffnet. Gerd Müller nimmt den Korken raus und peilt durchs Rohr. »Luft ist rein.«

»Maczek, Maczek«, flüstert Karin. »Scheißegal«, sagt Maczek und zerrt eine Pulle *Saurer Pit* aus der Kutte. Karins Lippen sind geschwellt, ihre Augen blitzen vor beinah keuscher Gier – Neugier –, aber der Bau ihrer Schenkel, die Textur der Haut spotten schon lange jeder Unschuld. Um Gottes willen, auch *ihr* Hals ... ehrlich, sind sie *beide* krank? Die sind doch nicht krank, so lebhaft, wie die sind. Karin Kolk jedenfalls. Sepp Maier merkt sein Herz in den empfindlichen Mulden unter den Ohren.

Karin schwingt die Hüften herum und lässt sich zwischen Maczek und Sepp Maier fallen. Der Ausläufer ihres sauwarmen Hinterns begräbt zwei seiner Finger unter sich, und nach dem Schock teilt sich Sepp Maiers Blut zwei Ziele: seinen Kopf und das Gegenteil.

*

Und dann ist das Spiel erst richtig losgegangen. »Grabowskiii!«, tönt es von drüben aus dem Fernseher, und gleich darauf die Väter wie ein Rudel Hirsche: »Ouuu! *Tschunnn*gejungejungejunge ...« »Das waren gut und gerne fünfunddreißig Meter«, tönt der Kommentator, und Karin wispert mit leuchtenden Augen: »Ehrlich jetzt, seid ihr irre, oder was? Wenn *das raus*kommt.«

Stan Libuda schnieft. »Kommt ja nich raus.« Er schielt auf den Schundschwager zur Linken, der die Flasche ansetzt wie der Jäger sein Horn. Es gluckst. Der Kornfluss bildet ein umgedrehtes Psi – der Hauptarm mündet in Maczeks Maul, die Nebenarme rinnen, als entsprängen sie den schütteren Enden seines Schnäuzers, Kinn und Hals hinab in den violetten Magierkragen.

Karin ignoriert auch die zweite Warnung ihres Bruders und lehnt den Kopf mit leuchtenden Augen an Maczeks Schulter. Der Druck auf Sepp Maiers Finger lässt ein wenig nach, zu wenig, um sie herausziehen zu können. Zöge er sie heraus und Karin Kolk bemerkte es und verarschte ihn, dann könnte er sich nur noch aufhängen, ehrlich.

Maczek setzt den Flaschenboden auf seinem Hosenlatz ab, schrägen Pegels, bläst die Backen auf, selbst die Schlupflider scheinen sich zu blähen, und fängt sich gerade noch. Dann brabbelt er irgendwas wie »Boeing, Boeing«, rutscht in eine halbwegs stabile Position – Kopf auf der eigenen Schulter, die gestützt vom Ellenbogen – und sagt ab sofort gar nichts mehr. »Freistoß, jawoll«, tönt es von drüben. »Wer schießt? Bereit macht sich Löhr.«

»Ihr seid ja 'n paar Herzchen«, wispert Karin und richtet sich wieder auf, um Maczeks heikle Haltung nicht zu gefährden. Wenn Sepp Maiers Finger singen könnten, würden sie jetzt »Ich bin verliebt in die Liebe« anstimmen. Oder »Wunder gibt es immer wieder«. Oder »The Witch« von The Rattles.

Der *Saure Pit* entgleitet Maczeks zur Flosse erschlaffenden Hand, und Stan Libuda fängt die Pulle ab, prüft das Etikett, reibt über die Öffnung und setzt an. »*Al*fred«, wispert Karin. Stan Libuda schluckt, setzt die Flasche ab, schluckt aber weiter – anscheinend muss man das Zeug stopfen –, kriegt stiere Augen und flüstert: »Nich übel, ehrlich. Wie Si–«, er atmet tief, »–hinalco.«

»Ehrlich?« Overath schiebt sein Quartett in die Gesäßtasche, wo schon der silberne Stahlkamm steckt, erhebt sich und tappt hinüber, albern wie Charlie Chaplin.

»Ich geh nach Hause«, flüstert Schnellinger.

»Was macht ihr hier eigentlich«, wispert Karin.

»Fußballgucken. Weltmeisterschaft, ehrlich. Deutschland–Italien. Halbfinale. Spannend, ehrlich«, hechelt Sepp Maier, »aber Fernseher geht nicht.« Zum ersten Mal guckt sie ihm mitten ins Gesicht. »Warum wirst du denn so rot! Du bist ja rot wie 'n Pavianarsch!« Die anderen kriegen sich gar nicht wieder ein. Das leiseste Getöse der Welt, aber in Sepp Maiers Ohren dröhnt's, ehrlich. Ein stummer Orkan, ein Strudel, er kann sich aufhängen, ehrlich. Sie streicht ihm mit den heißen Fingerkuppen über die Wange, auch das noch. Gleichzeitig wird der Hitzedruck auf seiner Hand immer stärker. Mensch! Gleich wird sie platt sein wie das *Milky Way*, auf dem er mal eingeschlafen ist. Sepp Maier weicht grinsend und mit niedergeschlagenen Wimpern ein Stückchen zurück.

Gerd Müller, neben ihm, wagt nicht zu kichern. »Der ja auch«, wispert Sepp Maier und zeigt mit dem Finger auf ihn. »Quatsch«, zischt Gerd Müller und schaut im Dunkel seines Bobs dabei zu, wie sein Finger sich in einem strohigen Loch selbstständig macht. »Was pulst *du* denn da?«, wispert Karin. »Du bist ja 'n *ganz* Schlimmer.« Gerd Müller hört sofort auf damit.

»Aber jetzt! Jetzt wieder die Italiener – mit Boo-nin-*seg*-naaaa«, tönt es von drüben, und der Chor der Väter heult auf. »Minsch, *pass* doch op!«, grölt Overaths Vadder. »Keen wör dat denn; Held, de Bleudmann?«

Overath wischt sich die Lippen. »Ehrlich«, flüstert er und reicht die Buddel Uwe Seeler. »Schmeckt dufte.«

»Nnnn«, summt Uwe Seeler. Er weiß nicht, wohin er gucken soll.

»Los, Arschgesicht.«

»Nnnn«, summt Uwe Seeler. »S-s-s-, hier selber A-a-a-, hier A-a-a-gn, -schgesicht. Gnnnn.«

»Du bist ja süß«, flüstert Karin. »Gehst du schon zur Schule?« Die anderen kriegen sich überhaupt nicht wieder ein. Man hört nur ein Gehechel und Gegnicker, das Knatschen der Matratzen unterm Gewicht der trudelnden Jungenkörper, das Pfeifen des besinnungslosen Maczek, von drüben aus dem Fernseher das Geplapper des Kommentators über dem mexikanischen Stadiongejohl und hin und wieder schrill einen Triller – und das Gestöhne und Geschimpfe der Väter. Uwe Seeler steckt sein Köpfchen unter einen Flügel, und die anderen werden ein bisschen verlegen.

»Gib mir auch ma 'n Schluck«, wispert Karin Kolk.

»Ich geh nach Hause«, flüstert Schnellinger.

Drüben passiert etwas. »*Tschunge*jungejungejunge ...« Das Ratschen von kleinen Gardinenrollen auf Schienen, ein dumpfer Laut, dann kurz Stille und dann, in das Nachfedern eines Fensterrahmens hinein, glasklare Akustik: »Na, wenn dat man allet gout geiht ...«, »Will noch eener 'n Beer? ERNA!«, »Ick schnapp mol 'n beten frische Luft ...«

»Licht aus!«, zischt Overath, und weil alle mit offenem Mund dahocken, rappelt er sich selbst auf, bläst wie von Sinnen auf die Flammen der Kerzen ein, und dann ist es finsterer als in der Abstellkammer, in die Mama Sepp Maier früher einmal gesperrt, als er vier Spaliere Gartenerbsen geplündert hat. »Was s-s-s-, hier was s-s-s- gnnn-, -oll'n der Quatsch!«, zischt Uwe Seeler mit einem fiependen Unterton und schnappt nach Luft. Der Satz hätte ihm fast den Garaus gemacht.

»Psssst!«, zischt jemand, der Himmelsrichtung nach zu urteilen Overath.

Draußen knirschen Schritte auf der Zufahrt. Aus dem Fenster meckert Gerd Müllers Mudder: »Nee, ji supt jo wat wech, dat is jo – hotzfidori noch mol. Und dat rögt jo wie in 'n Reukerstall, hier! Kann ick glieks wedder de Gardin' waschen!« Geklirr von Flaschen.

»Denn häs wat to doun! Kumms nich op dumme Gedankens!«

»Finger wech«, kreischt Gerd Müllers Mudder.

»Lot mien Fru in Ruh!«, tönt Gerd Müllers Vadder so nah, als säße er unter ihnen. Zigarrengestank dringt durch die Ritzen.

»Ach jo«, stöhnt Overaths Vadder ebenso nah. »Ick gleuf nich, dat unse dat noch schafft«, ruft er, als stünde Gerd Müllers Vadder nicht neben ihm, sondern wäre in einen Brunnen gefallen.

»Teuf man af«, ruft Gerd Müllers Vadder, als wäre er tatsächlich in einen Brunnen gefallen.

Karin Kolk duftet nach Veilchen und Fusel, nach Rauch und Frau. Plötzlich merkt Sepp Maier, dass sie ihm auf den Hals atmet. Er hockt da, sein Nacken starr wie ein Holzscheit. Da, fünf heiße Tupfen im Nacken. Der Flaum dort, sein ganzes Deckhaar elektrisiert, wie manchmal im Winter, wenn er den blauen Wollpulli mit den Schneemännern drauf auszieht. Die Dunkelheit pulsiert blutrotgerastert. Auf dem rechten Ohr hört er, wie sie einatmet und dann schnaubt, auf dem linken Ohr hört er den Lärm des Fernsehers von drüben und Gerd Müllers Mudder mit Papa und Stan Libudas Vadder reden und wie die Schritte von Overaths Vadder und Gerd Müllers Vadder sich in Richtung des Lloyd-Fuhrparks entfernen, und im selben Moment spürt er einen ringförmigen Druck im rechten Schlüsselbeintal, und heiß, wund und nass wölbt sich die Haut der nagend saugenden Molluske entgegen.

Er schnauft leise und stoßweise, wie im Fieber, und obwohl es stockdunkel ist, gratuliert er sich zu dem Entschluss, die grünen Frotteesocken und die Feincordhose und die Wildlederschuhe angezogen zu haben, wenn er die andere Scheißhose angehabt hätte, dann hätte er sich gleich aufhängen können, und als es kaum noch auszuhalten ist, hebt er die Linke und schaut dorthin, wo die Armbanduhr sein müsste, aber er sieht nur noch *eine* phosphoreszierende Linie. Entweder ist es Mitternacht, oder er hat einen blinden Fleck im Auge. Und als er die glühwürmchengrüne Linie im Finstern verschwinden lässt, merkt er, wie sein Halsfleisch noch einmal eingesogen wird, warme kleine Nasenböen auf seiner Haut, und dann leckt sie noch einmal die Wunde aus, es schmatzt so laut, dass er fast platzt, und da passiert es, irgendein Arschgesicht versucht, den Knoten zu lösen.

Na dufte, ehrlich, jetzt kann er auch die Unterhose unter seine Matratze klemmen. Ob Mama sich dann immer noch an ihr Schweigegelübde hält? Bei Klamotten ist sie empfindlich, ehrlich.

*

Als die Halbzeit vorüber gewesen ist und das Wohnzimmer drüben wieder komplett bemannt, hat Stan Libuda eine Kerze wieder angemacht, und Karin hat ihr Werk betrachtet, indem sie Sepp Maiers Kopf ein wenig zur Seite bog wie Doktor Curtius im letzten Winter, als er Mittelohrentzündung hatte. »Geil geworden«, hat sie geflüstert, und das war das erste Mal, dass er dieses Wort hörte. In den Gesichtern von Overath und Stan Libuda, die den besten Blick hatten, haben Schnellinger und Gerd Müller und Uwe Seeler gelesen, dass Fußball Kinderkram war, ehrlich.

Da steht Uwe Seeler auf und tappt ein paar Schritte, damit er besser gucken kann. Er steht da und gafft auf den gestreckten

Hals von Sepp Maier, die rechte Hand zitternd in seiner eigenen Schlüsselbeinmulde; dann wirft er einen scheelen Blick auf Maczek, der leise und regelmäßig knurrt wie ein böser, aber betäubter Hund, und dann, Sepp Maier anfunkelnd mit Augen so groß wie die beiden größten Glasmurmeln in Sepp Maiers Schrank im Kinderzimmer – eine grau, eine grün –, flüstert er etwas, das ihm seine Fußballkameraden nie im Leben zugetraut hätten, ehrlich: »Sch-sch-sch-, hier, sch-sch-sch-; nnnnnnng-tück ma 'n Rück.«

Und dann holt er tief Luft und pustet die Kerze wieder aus.

»*Und* –«, grölt der Fernsehkommentator, und die Väter von Overath und Gerd Müller, von Libuda und Sepp Maier machen »Ouuuuuu!!«, »*Tschunnn*gejungejungejunge!« »Riesenchance für Seeleeeeeer!« grölt der Fernsehkommentator von drüben. Die Gläser klirren, Zigarrenrauch strömt ins Freie und verfliegt in der Luft, doch sein Aroma bleibt. Die Eichen rauschen, die Nacht ist nicht kalt – um die sechzehn Grad, leichter Wind, leicht bewölkt. Die vier Lloyd Alexander TS glänzen im Mondlicht, und Sepp Maiers Mutter kleistert die letzten fünf Bahnen ein und öffnet das Fenster. Bis hierher hört sie den Fernsehkommentator: »Overath?!! – Latteeee!!!«, und der Pegel der Erregung ebbt auch die nächste halbe Stunde nicht ab, bis er den vorläufigen Höhepunkt erreicht, als der Fernsehkommentator schreit: »Schnellinger gleicht auuuuus!« Die Männer schreien mit, minutenlang, als hätte jeder Einzelne von ihnen im Lotto gewonnen und bräuchte bis an sein Lebensende keine Kartoffeln mehr zu roden und abends keine Eichenholzsplitter aus dem Handballen zu ziehen, keinen Mörtel mehr anzurühren und keine Eternitplatten zu zersägen – schreien so ausdauernd, bis selbst Sepp Maiers Mutter sich einsam mitfreut. Als Gerd Müller das 2:1 erzielt, geht sie ins Bett, und beim 2:2 durch einen Fehler von Held schläft sie schon fast. Das 3:2 für Italien drei Minuten später erreicht sie nicht mehr, aber beim 3:3 durch Gerd Müller dringt noch einmal Geheul in den Wald ihres Schlafs, verhallt aber.

*

Dass Deutschland doch noch 3:4 verloren hat, erfährt sie erst am nächsten Morgen gegen sechs, beim Aufstehen, von ihrem Mann, der gerade bleich wie eine Leiche aus dem Badezimmer kommt und kopfüber ins Bett zurückfällt, wo er vor sich hinstinkt wie ein angekokelter Maischebottich, bis sie ihn eine Stunde später wachrüttelt. Sie weckt auch ihre Töchter und dann, allerdings mit ganz ungewohnter Mühe, ihren Sohn, der mit Schal geschlafen hat und behauptet, er sei erkältet. Er lehnt ihr Angebot ab, ihn zu untersuchen, desgleichen das Fieberthermometer, und geht zur Schule, sogar ohne den geringsten Versuch, sich von ihr krankschreiben zu lassen. Um halb acht sind alle aus dem Haus, und sie beginnt, das restliche Wohnzimmer zu tapezieren.

Mittags, bei Meta Hinck im Laden, trifft sie Margret Bartels. »Moin, Käthe«, sagt sie. »Na, hast du deinen Bengel auch schon vertrimmt?« Und dann berichtet Margret Bartels, dass *ihr* Bengel heut Nacht mit Schal geschlafen und behauptet hat, er ist erkältet. Er ist aber trotzdem zur Schule, und zwei Stunden später hat's bei ihr an der Tür geklingelt, sie war grad am Bügeln. Berta Friedrichs hat dagestanden und erzählt, dass ihr Sohn kaum wachzukriegen gewesen ist und überall am Hals Flecken gehabt hat. Ihr Sohn hat alles gestanden. Daraufhin sind sie beide zu Tine Duttheney und dann »alle Mann« zu Erna Beecken und haben sich den Jugendraum angeguckt, und da hat einer von diesen Stader Rockern dringelegen, der stank wie ’ne Brennerei.

Jetzt sind Berta Friedrichs, Tine Dutthenev und Erna Beecken bei Hertha Kolk und wollen ihr mal was erzählen über ihr »kleines Flittchen«, wie Erna Beecken sich ausgedrückt hat. Ihr, Margret Bartels, ist das zu dumm. Und sie hat eigentlich bloß noch eben schnell einkaufen wollen und dann bei ihr, Käthe Morten, vorbeischauen. »War dein Göttergatte auch so besoffen?«

*

Am selben Tag, dem 18. Juni 1970, warf Overath sein Fußballquartett in den Müll. Was er vierunddreißig Jahre später bereut, als er entdeckt, dass es bei einer Internetauktion tausend Euro hätte erzielen können. Und nie wieder seither gab er sein berüchtigtes Spuckkunststück zum Besten.

Wenn Uwe Seeler in den Spiegel schaut, erinnert er sich bis heute an seinen Verrat – sein linker Schneidezahn ist seit dem 18. Juni 1970 ein bisschen abgeschrägt. Dabei *konnte* er gar nicht anders handeln: Seine Mutter wollte ihn zum Hautarzt schleppen und sah erst davon ab, nachdem er sie aufgeklärt hatte.

Wenn Stan Libuda seine rechte Faust betrachtet, erinnert er sich bis heute, wie er seine Schwester rächte – den Mittelhandknöchel ziert seit vierunddreißig Jahren eine bleiche Narbe. Und obwohl als Einziger unbefleckt, wurde er am härtesten bestraft. Er musste die ganzen Sommerferien auf dem Hof arbeiten.

Schnellinger hat seit vierunddreißig Jahren keinen Schluck dieses sausauren Zitronenkorns mehr getrunken, ehrlich, und wird das auch die nächsten vierunddreißig Jahre nicht tun (selbst Zitronendrops, -kuchen und -schokolade mied er jahrelang), und Gerd Müller hat sich betrunken mit dem Auto totgefahren, als er zweiundzwanzig war.

Karin Kolk heißt immer noch Karin Kolk, hat nie anders geheißen und wird wohl auch nie mehr anders heißen als für immer Karin Kolk, *die* Karin Kolk. Und Sepp Maier hat bis heute nie gern Fußball gespielt, Weltmeisterschaften aber seit dem 17. Juni 1970 stets sehr gern gesehen. Außerdem kennt er seit dem 18. Juni 1970 den Namen des Gefühls, das ihn angesichts im Dunkeln blauleuchtender Fernlichtanzeigen, glühender Rücklichter und wie Glühwürmchen phosphoreszierender Armbanduhrzeiger bis heute mitunter befällt: Es heißt Sehnsucht.

Hajo Steinert
Ich bin Garrincha

Für Friedrich und Marie

Die Aborigines in Australien trieben es mit ausgetrockneten Hodensäcken von Kängurus, die Fidschianer mit Pampelmusen, die Chinesen mit federgefüllten Ledersäcken und die Azteken mit Kugeln aus Rohgummi. Gierige Männer auf Hawaii spielten mit einem »Po-Po«. So nannten sie ihren Knäuel aus Blättern und Lumpen. Und Garrincha? Er spielte in seiner Kindheit mit Mangos. Garrincha! Brasilien! Der Junge aus dem Urwald. Bester Dribbler aller Zeiten, Rechtsaußen aller Rechtsaußen, Rastelli auf dem Rasen, erster Pop-Star meines Lebens. 1962 war alles Fußball. 1962 war alles Pop.

In den Wintertagen knäuelten wir ein oder mehrere Paar Wollstrümpfe zusammen und kickten im Flur. Büchsen und Gummibälle waren drinnen zu laut, der Stoffball von »Steiff« zu teuer. Luftballons, mit denen es sich wie in Zeitlupe köpfen ließ, schwebten nur zu Karneval und nach der Kirmes durch den Flur. Nach der Konferenzschaltung in »Sport und Musik« im Westdeutschen Rundfunk am Sonntagnachmittag kommentierten wir, mein Freund Günti und ich, jeden Spielzug auf einer Länge von fünf Metern und einer Breite von einem Meter und fünfzig im Stile unserer Lieblingsreporter Jochen Hageleit und Toni Kahl. Die Stadionatmosphäre bekamen wir hin, indem wir mit brüllaffenartig geöffnetem Mund ein- und zugleich ausatmeten. Für meine Mutter hörten sich die raunenden Atemgeräusche wie das letzte Röcheln von zwei um ihr Leben kämpfenden Asthmatikern an. Für uns war es nur die Kulisse im Stadion. Sta-di-on! Ein Gänsehautwort. Mindestens

80 000 waren Günti und ich. Beim Texten orientierten wir uns instinktiv an den im Radio übermittelten Leistungen unserer Helden in der Oberliga West, die Bundesliga gab es noch nicht.

Die am Ende des Flurs geöffnete Tür zum Wohnzimmer war ein Tor. Die gegenüberliegende Haustür das andere. Gab es im Radio ein Länderspiel, war uns der Flur zu klein, wir stürmten nach dem Schlusspfiff durchs Treppenhaus, die Plastikpflaume unterm Arm, ins Freie. Wir waren Uwe Seeler, Helmut Haller, Albert Brülls, Berti Kraus, Charly Dörfel oder Willi Koslowski. Wir waren immer Stürmer, niemals Verteidiger. Wir spielten die spektakulärsten Szenen auf dem Bürgersteig nach. Einer gegen einen, manchmal zwei gegen zwei, manchmal spielte man auch, wenn sonst keiner »runter« durfte, gegen sich selbst. Unser Tor war das mit einem engmaschigen Eisengitter geschützte Kellerfenster, dessen unterer Rahmen etwa dreißig Zentimeter über dem Bürgersteig lag. Wir mussten also, um ins Tor zu treffen, den Ball ein wenig lupfen. Dieser satte Klang, wenn die »Pille« einschlug!

Plastik- und Gummipillen waren der neueste Schrei. Es gab sie im Kaufhof und vereinzelt auch im Spielwarengeschäft. In allen Größen und Farben, nur Punkte durften sie nicht haben, das waren Bälle für Mädchen. Plastikbälle ersetzten unsere Vollgummibälle. Die sprangen zu sehr auf. Aber Plastikbälle waren zu leicht. Nichts Schlimmeres für den jungen Fußballer, als die wirre Flugkurve eines sauber getretenen Balls zu verfolgen, der statt auf dem Spann des Mitspielers irgendwo »in der Walachei« landet. Der Wind. »Feste drauf« heißt die Anfeuerung, seit Fuß und Ball eine Einheit bilden. Ein fester Charakter braucht einen festen Ball; ein fester Ball in der Jugend verheißt einen festen Schuss im weiteren Leben. Ein Lederball musste her. Das sah selbst mein Vater ein. Für ihn war Sport gleichbedeutend mit Abhärtung. Und nichts härtete seiner deutschen Meinung nach so ab wie Turnen. Wenn schon diese »Hackerei« mit dem Ball, dann wenigstens mit einem strammen Spielgerät.

Ich bekam meinen ersten Lederball 1958 zum sechsten Geburtstag, meinen zweiten zum zehnten am 14. Februar 1962 und dazu meinen ersten *Kicker.* Die Auslosung der vier Gruppen à vier Mannschaften in Chile hatte längst stattgefunden. Am 19. Januar. Deutschland würde in der Gruppe B gegen die Schweiz, Italien und Gastgeber Chile spielen. Im Estadio di Santiago. Fassungsvermögen: 78 000. Mein Lederball roch wunderbar, er war hellbraun und wunderbar glatt. Jede Nacht nahm ich ihn mit in mein Bett, las den Kicker und streichelte meinen Ball vor dem Einschlafen. Mein Kuscheltier. Nach Wochen einsamer Dribblings an Stuhl-, Tisch-, Vater- und Mutterbeinen vorbei nahm ich ihn endlich mit auf den verdreckten Bolzplatz. Für ein Kind aus den unteren Schichten war der Lederball das Statussymbol der fünfziger und frühen sechziger Jahre. Er durfte nicht beschädigt werden.

Schon nach wenigen Nachmittagen war meine »Pille« nicht mehr hell-, sondern dunkelbraun, fast schwarz. Wenn es regnete und der Platz von Pfützen übersät und rechtschaffen matschig war, wurde auch mein »Leder« ein nasser, mit einem schmierigen Film überzogener Sack. Keine Ecke kam mehr vors Tor. Von wegen fester Schuss. Von wegen Helmut Rahn. Zu Hause wurde das mit spitzen Fingern heimwärts transportierte Häufchen Elend einer speziellen Behandlung unterzogen: Ventil öffnen – den Ball »abblasen« –, dann zum Trocknen in Zeitungspapier einwickeln und vor den Ofen legen. Wieder einigermaßen in Form und trocken, wurde die Pille abgebürstet, mit Schuhwichse eingecremt und poliert. Schließlich kostete es Unsummen, einen an den Nähten geplatzten Lederball mit Spezialnadel beim Schuster reparieren zu lassen. Ich war ein gut erzogener Junge, ich pflegte meinen Lederball besser als meine Zähne.

Kein Tag ohne Fußball. Mein Leben bestand aus Fortuna Düsseldorf und der Rheinischen Post, in der ich montags die Ergebnisse las und auswendig lernte. Ich holte zwei Mal elf Mensch-Ärgere-Dich-Nicht-Püppchen (die roten waren immer meine Fortuna) aus der Spielesammlung im Wohnzimmerschrank, postierte sie in ausgeklügelten Formationen auf dem Esstisch, ging auf Augenhöhe mit den 22 Akteuren und wiederholte mit einer farbigen Murmel (noch aus Lehm, nicht aus Glas) die wichtigsten Szenen des Spiels vom Sonntagnachmittag. Jeden zweiten Sonntag durfte ich mit dem ersten festen Freund meiner großen Schwester ins Rheinstadion. Ich sah Westfalia Herne, die SpVgg Erkenschwick, TSV Marl-Hüls, Preußen Münster, Schwarzweiß Essen, Viktoria Köln und natürlich auch den 1. FC Köln. Wir standen immer auf Höhe des Sechzehners. Wenn ich nicht auf einen Baum gehievt wurde oder auf Wolfgang Kilians Schultern sitzen durfte, sah ich durch die herrlich nach Zigaretten duftenden Kamelhaarmäntel der Männer hindurch aufs Spielfeld. Das Spiel bestand für mich Dreikäsehoch nur aus Aktionen an der Seitenauslinie. Mehr konnte ich nicht sehen. Von daher rührt meine ewige Leidenschaft für die Spieler, deren Aktionsradius streng an der langen kalkweißen Linie lag. Die Nummer 7, der Rechtsaußen, egal, für welche Mannschaft er spielt, ist von Natur aus mein Held. Es waren die Außenstürmer, die mich zum Fußball brachten: Helmut Rahn, Bernie Steffen, Charly Dörfel, später dann, der Letzte seiner Zunft, »Stan« Libuda. Dribbelnde, fummelnde, an der Seitenlinie entlangsprintende Außenstürmer sind es, die Individualisten, die Trickser, die dem Fußball Flügel verliehen.

Dribbelt der Flügelstürmer einen sich bärig vor ihm aufstellenden, ihm entgegenfliegenden oder grätschenden Verteidiger aus, seinen Manndecker mithin, gibt es für ihn, den Flügelstürmer, brausenden Beifall, für den gehörnten Verteidiger indes das verdiente Hohngelächter. Top oder Flop – das sind die beiden Extreme für den Spieler auf einer extremen Position, die es heute, da offensive Verteidiger längst die Aufgaben der Außenstürmer übernommen haben, so wenig gibt wie den »Stopper« oder sogar »Doppelstopper« in der Innenverteidigung.

Garrincha war ein perfekter Rechtsaußen. Der *Kicker* widmete ihm ein Porträt. Er wurde 1933 in dem Urwalddörfchen Pau Grande als Manoel Francisco dos Santos geboren. Mit einem nach innen gerichteten linken X-Bein und einem rechten, nach außen stehenden, sechs Zentimeter kürzeren O-Bein. Kein Verteidiger der Welt konnte auch nur im Ansatz ahnen, auf welcher Seite die genialisch verunstaltete Figur vorbeizudribbeln gedachte. Körpertäuschung war bei Garrincha eine ganz natürliche Angelegenheit, angeboren sozusagen, und nicht eine antrainierte Finte wie bei Sir Stanley Matthews, dem europäischen Meister des »Links antäuschen, rechts vorbei«.

Der kleine Manoel wuchs mit »Garrinchas«, zu deutsch: Paradiesvögeln, auf und nannte sich selbst so. Als er 1953 bei Botafogo ein Probetraining absolvierte und dabei den großen Verteidiger Nilton Santos wiederholt stehen ließ, bekam der Junge aus dem Urwald sofort einen Vertrag. Bei einem Vorbereitungsspiel zur Weltmeisterschaft 1958 in Schweden gegen den AC Florenz trickste er im Strafraum drei Verteidiger aus, dann den Torwart, dann noch einen Verteidiger auf der Torlinie, der so unter Schock stand, dass er gegen den Torpfosten lief, und zum guten Schluss, der Torwart hatte sich zurück in sein Gehäuse gerettet, schob Garrincha die Lederkugel durch dessen Beine hindurch ins Netz. In seinem ersten Weltmeisterschaftsspiel 1958 an der Seite des siebzehnjährigen Pelé überlief Garrincha schon in der ersten Minute sieben Russen und hämmerte den Ball am völlig konsternierten Jaschin vorbei ins Tor – dem besten Torwart der Welt immerhin. Garrincha! Lange dauert es nicht mehr, bis du auch in Chile deine Gegenspieler blamierst.

Aber erst einmal sollte ich nach den Osterferien im April 1962 aufs Gymnasium. In der schriftlichen Aufnahmeprüfung war die Flutkatastrophe in Hamburg das Thema; in der mündlichen Prüfung »mein liebstes Hobby«. Natürlich redete ich von Fußball. Wie ich Hamburg mit Uwe Seeler verband und die Flutkatastrophe an der Nordsee mit der für mich viel schlimmeren Erdbebenkatastrophe in Chile am 21. Mai 1960 verglich (die ursprünglich vorgesehenen, nun völlig zerstörten Spielstätten in Concencion und Talca wurden durch die Stadien in Arica und Rancagua ersetzt), überzeugte die Prüfungskommission. Ich kam auf die Penne. Wie zu meiner Belohnung gelang am 28. April 1962 einer deutschen Schüler-Nationalmannschaft vor 95000 Zuschauern im Londoner Wembley-Stadion gegen England ein 2:1.

Die neuen Fächer hießen Geografie statt Heimatkunde, Mathematik statt Rechnen, Deutsch statt Rechtschreiben und Aufsatzlehre, Sport statt Turnen. Nach einer guten Note gab es zur Belohnung eine Heinerle-Wundertüte vom Kiosk oder wir gingen zur Tankstelle. Nur hier gab es sie, unsere Fußballkarten mit Porträtfotos von Spielern, Spielszenen und, besonders begehrt, mit den Stadien, die unsere neue Welt bedeuteten: in Santiago, Arica, Vina del Mar, Rancagua. Fußball ist jetzt jeden Tag. Und an jedem Tag ist Weltmeisterschaft. »Weltmeisterschaft«, das klingt wie Geburtstag, Karneval und Weihnachten zusammen.

Bolzen auf dem Pausenhof war verboten. Trotzdem: keine Pause ohne Fußballquartett oder Tischfußball. Wenn es regnete, durften wir in der Klasse bleiben. Wir spielten auf unseren Bänken »Englisch Fußball« mit drei Groschen. Meine Groschen hießen Vava, Péle und Garrincha. Beim »Englisch Fußball« muss man versuchen, eine Münze zwischen den beiden anderen hindurchzuschieben, wobei sich jeweils eine neue geometrische Konstellation der Groschen ergibt. Man darf nicht zweimal hintereinander denselben Groschen bewegen. Schafft man es nicht, den Spielgroschen zwischen den beiden anderen Geldstücken hindurchzubringen oder berühren sich die Münzen, ist der Gegenspieler dran. Wer seinen Groschen als Erster zehnmal gegen das Federmäppchen des anderen kickt, ist der Gewinner. Doch meistens waren unsere Lehrer schneller wieder im Klassenraum als der Groschen im Tor. »Learning English« hieß unser Englischbuch. »Look! It is Spot. Spot is Mr. Ken's dog«, begann die erste Lektion. Würde England in Chile eine Chance haben? Was auch immer Studienrat Clemens Kugelmeier in der folgenden Stunde an die Tafel schrieb – wir träumten weiter von Didi, Vava, Pelé, Zico, Garrincha und handelten unter der Bank mit den Fußballkarten.

Sonntagvormittags ging es ins »Rheineck«. Jugendvorstellung. Meistens lief »Zorro«. Auch der Name des schwarzen Rächers mit der Peitsche klang in unseren Ohren irgendwie nach Brasilien. Vor dem Hauptfilm die Wochenschau. Ich erinnere mich noch genau an die atemberaubenden Bilder vom Verladen der kastenförmigen Übertragungswagen des Südwestfunks mit der Aufschrift »Television Y Radio Aleman« und der schweren geheimnisvollen Holzkisten mit dem Emblem des

DFB am 18. Mai auf das Hapagschiff »Köln«. Der Leiter der Rundfunkdelegation hieß Robert Lembke und sprach zum Abschied feierliche Worte. Einen Tag später spielten unsere Spieler Skat im »Waldhotel Unterschweinstiege«, ungefähr drei Fußballfelder entfernt von der Rollbahn des Rhein-Main-Flughafens in Frankfurt. Klopfenden Herzens sahen wir, wie kurz nach neun der mächtige Lufthansa-Düsenclipper D-ABOQ Boing 720 B mit der Aufschrift »Essen« vom Boden abhob.

Zu diesem Zeitpunkt waren unsere Alben von »Heinerle« und »Aral« fast voll. Wir kannten die Namen, Geburtstage und Vereinszugehörigkeiten der Spieler auswendig. Schnell tauschten wir noch Giesemann gegen Puskás, Tilkowski gegen Jaschin, Schnellinger gegen D. oder N. Santos; und eines Tages geschah es, dass ich meinen doppelten Pelé gegen Garrincha eintauschen konnte. Endlich hatte ich ihn. Garrincha! Sein Name wurde fortan nur noch gesungen. Schäfer, Brülls, Schulz, Erhardt, Giesemann – klingt das gut? Wir hielten zwar für Deutschland, aber wir träumten von Brasilien. Garrincha, Pelé, Vava, Didi, Zito, Zagallo – diese herrlich melodischen brasilianischen Namen, Namen, wie sie Indianer hatten, Namen wie aus einem dadaistischen Gedicht von Hugo Ball.

Wir verwandelten mit Ölfarben die postgelben und feuerwehrroten Uniformen unserer bleichgesichtigen Tipp-Kick-Spieler in paradiesvogelgrüne und papageiengelbe Trikots, ihre Haut bekam einen dunkelbraunen Teint. Auch die Spieler mit dem Pinn auf dem Kopf und dem beweglichen rechten Beinchen sollten aussehen wie echte Brasilianer. Günti und ich spielten nur noch mit »schwarzen Perlen«. Wenn nicht Weltmeisterschaft, dann den Europapokal der Landesmeister. Und auch der wurde, diesseits wie jenseits unserer Tipp-Kick-Arena 1962, von zwei farbigen Spielern bestimmt: Eusébio und Coluna. Benfica

Lissabon gewann das Endspiel am 2. Mai 1962 im Olympiastadion in Amsterdam vor 65000 Zuschauern gegen Real Madrid mit 5:2. Es war genau jene Mannschaft, die am 1. Februar auf schneebedecktem fränkischem Boden das Viertelfinalspiel gegen den 1. FC Nürnberg mit 1:3 verlor, das Rückspiel dagegen am 22. Februar auf heimischem trockenen Rasen gewann. Die Männer um Wabra, Wenauer, Flachenecker, Morlock und Strehl wurden von der Platte geputzt. »Liebe Hörer in der Heimat«, meldete sich Reporter Oskar Klose live im Radio, »halten Sie sich bitte fest – aber es steht nach 10 Minuten Spielzeit bereits 0:2!« Das Spiel endete vor 70000 Portugiesen 0:6. Wieder einmal war eine tapfere deutsche Vereinsmannschaft kläglich an einem südeuropäischen Künstlerensemble gescheitert. Dagegen war das unvergessliche 3:7 der Frankfurter Eintracht am 18. Mai 1960 vor 127000 (!) Zuschauern in Glasgow gegen Real Madrid mit Di Stéfano, Puskas und dem genialen Außenstürmer Gento eine geradezu hauchdünne Niederlage.

Mehr Feingefühl brauchten unsere deutschen Spieler. Das stand fest. Mit der Nagelfeile bearbeiteten wir die Füßchen unserer Figuren aus bemaltem Eisen, damit wenigstens sie nicht nur plump kickten, sondern schlenzen, schnippeln, zirkeln, heben konnten. Die »Bogenlampe« war das Maß aller Kunstschüsse auf dem Tipp-Kick-Feld. Wir spielten zwei Mal fünf Minuten, die Eieruhr meiner Mutter klingelte gnadenlos zur Halbzeit und zum Spielschluss. An den Rändern des Spielfelds bauten wir mit Legosteinen Tribünen, auf die Stufen setzten wir unsere Gummiindianer und Cowboys, die es auch in den Heinerle-Wundertüten gab. Abends machten wir das Licht aus, das Spielfeld erstrahlte im Schein der Taschenlampe. Flutlichtspiel im »Estadio Nacional« in Santiago de Chile.

Natürlich trainierten wir für die Weltmeisterschaft in Trikots.

Auch draußen auf der Wiese. Meins bestand aus einem roten langärmligen Hemd (noch ohne Rückennummer 7) mit weißen Bündchen und einem polohemdähnlichen, am Rand etwas verstärkten Kragen, der sich bei Bedarf lockern ließ, indem man den durch acht Löcher (vier auf jeder Seite) kreuzweise gezogenen weißen Schnürsenkel aufzog. Die Hose war weiß, hinten rechts befand sich eine kleine Gesäßtasche. Die Stutzen waren rot mit weißem Umschlag. Sie kratzten, sie waren aus reiner Wolle. Meine Fußballstiefel (noch sprach man tatsächlich von Stiefeln und nicht von Schuhen) hatten drei weiße Streifen auf dem Leder und hießen direkt nach Seeler »Uwe«. Sie wurden, weil sie noch ganz aus Leder waren, nach jedem Spiel heftig gewichst und poliert. Sie hatten vorne an der Spitze, damit wir auch mit der (von Könnern verschmähten!) »Pike« schießen konnten, noch jene berühmt-berüchtigte Stahlkappe, die aber gar nicht mehr aus Stahl war. Wer im Trikot und mit echten Fußballschuhen auf den Bolzplatz kam, spielte auf Anhieb besser.

Waren wir genug, gingen wir auf die Wiese. Wir klauten vier Wacker- oder Ziegelsteine an der nahen Baustelle, es war Wirtschaftswunderzeit, es wurde viel gebaut, es gab viele Holzlatten, sie waren unsere Pfosten, wir träumten von echten Netztoren. Sonntags mussten einige von uns in die Kirche, wir waren zu wenige für ein Spiel auf zwei Tore, also gab es das »Spiel auf ein Tor«. Eine Notvariante. Vieles kommt hierbei darauf an, wie der Torwart den Ball abschlägt. Um nicht als parteiisch zu gelten, wirft er ihn, mit dem Rücken zu den beiden Kleinstmannschaften stehend, blind ins Feld. Oder übt den Rückzieher per Fuß.

Bei einem »Dribbelspiel« auf der Wiese, auch »Fummelspiel« genannt, spielt man ohne Torwart. Das Tor war nur etwa ein

Meter breit, das Spielfeld begrenzten wir in der Länge auf etwa dreißig Meter, die Breite ergab sich wie von selbst aus den lokalen Gegebenheiten: das »Seitenaus« auf der einen Seite waren die Bahnschienen, auf der anderen Seite lag eine Böschung. Wir liefen auf den Platz und bekreuzigten uns. Wir wollten Brasilianer sein. Jeder war ein anderer, ich nannte mich nur noch »Garrincha«, ein anderer »Vava«, wieder ein anderer »Didi«, die meisten wollten Pelé sein, die »schwarze Perle«, der beste von allen Brasilianern, er schoss als 18-Jähriger in einer einzigen Saison für seinen Verein FC Santos 127 Tore.

Waren unsere Steine am nächsten Tag verschwunden, suchten wir nach Stöcken. (Seltersflaschen waren zu gefährlich.) Waren wir viele und konnten also mit Torhütern spielen, verbreiterten wir unsere Tore je nach Alter und fußballerischer Selbsteinschätzung der beiden »Kipper«. Das Spielfeld wurde länger, und dann »Piss-Pott«: die beiden ältesten oder besten Spieler stehen sich etwa drei Meter gegenüber und nähern sich abwechselnd einander auf gerader Linie, indem ein Schuh exakt vor den anderen gesetzt wird; der eine sagt »Piss«, der andere »Pott«, wer als Letzter die gesamte Länge seines Schuhs nicht mehr in den immer enger werdenden Platz zwischen eigenem und anderem Fuß hineinzwängen kann, hat verloren. Der Gewinner darf mit dem Auswählen einzelner Spieler aus dem bange herumstehenden Haufen beginnen. Wer als Letzter gewählt wurde, hatte einen schweren Stand, nicht nur auf dem Spielfeld, auch im sonstigen Leben: »Der kann nix!« Das Wählen beim Fußballspiel gehörte zu den grausamsten Ritualen meiner Kindheit. Die Kleinen waren immer die Letzten, und die Dicken mussten ins Tor.

Wir spielten die vier Gruppen komplett durch, das Viertelfinale, das Halbfinale, wir spielten so lange, wie der Arbeitstag unserer Väter dauerte, bis es zum Endspiel kam, ich bin sicher, im Mai war auf unserer Wiese Brasilien immer dabei. Wir stritten darum, wer das schönste Tor des Tages geschossen hat. Am schlimmsten war Olaf Pinkawa. Mein Erzfeind. Wenn er in der gegnerischen Mannschaft spielte, nannte auch er sich Garrincha. Garrincha gegen Garrincha – das konnte nicht gut gehen. Wir nahmen uns in den Schwitzkasten, schmissen uns in den Dreck, übten »Muskelreiten«, bis einer klein beigab: »Meinetwegen, bin ich eben Amarildo.« Armer Olaf.

Achtzehn Tage vor dem ersten Spieltag in Chile, am 12. Mai, gab es noch das Endspiel um die Deutsche Meisterschaft vor 92 000 Zuschauern in Berlin. Der 1. FC Köln mit seinen aktuellen Nationalspielern Schnellinger, Wilden, Sturm, Müller und Kapitän Schäfer siegte 4:0 gegen den 1. FC Nürnberg. Der 1. FC Köln spielte bis hinunter zu den Stutzen – wie Real Madrid – ganz in Weiß. Das gefiel mir. Als Deutschland – endlich war es so weit – am 31. Mai in Santiago de Chile gegen Italien sein erstes Gruppenspiel bestritt, waren von den Kölnern Schnellinger, Sturm und Schäfer dabei. Im Tor stand, sehr zum Leidwesen Hans Tilkowskis, der die Qualifikationsspiele gegen Nordirland und Griechenland mit Bravour bestand und nun vor lauter Frust das Mobiliar in seinem Hotelzimmer zertrümmerte, der einundzwanzigjährige Wolfgang Fahrian von der TSG Ulm 46. Das Spiel endete nach einer gegenseitigen Überbietung des Defensivspiels äußerst pragmatisch 0:0.

Auf einem regennassen Rasen taten sich besonders unser sperriger Läufer Willi Schulz vom HSV, Stopper Herbert Erhardt von der SpVgg Fürth und »Ausputzer« Karl-Heinz Schnellinger mit der so genannten »Herberger-Grätsche«, auch »Beinschere« genannt, hervor – eine etwas plumpe Antwort auf das, was der italienische Trainer Helenio Herrera »Catenaccio«

nannte, der Inbegriff defensiven Wütens auf dem Platz. Selbst Rechtsaußen Hansi Sturm vom 1. FC Köln (die Nummer 7!) machte seinem Namen keine Ehre und hielt sich als »Doppelstopper« auf Geheiß des Trainers Sepp Herberger unverdrossen in der eigenen Spielhälfte auf. Weder auf unserer Wiese noch beim Tipp-Kick, weder vor dem Kellerfenster auf dem Bürgersteig noch beim Englisch Fußball auf der Schulbank hatten wir große Lust, dieses Spiel einer lustvollen Wiederholung zu unterziehen.

Wenigstens gab es hier keine Verletzten wie beim Skandalspiel Chile gegen Italien oder Sowjetunion gegen Jugoslawien in Gruppe A, zwei Gipfeltreffen bei einer Weltmeisterschaft, die, kaum hat sie begonnen, als »Turnier der Treter« die Gemüter erhitzt. Beinbrüche an Nase und Wade, genähte Schläfen, bandagierte Schädel (auch der von Uwe Seeler war dran), blaue Augen nach Boxsporteinlagen, die selbst einen Bubi Scholz beeindrucken mussten, ein Platzverweis nach dem anderen, permanenter militärischer Begleitschutz für Spieler und Schiedsrichter, militärische Blasmusik vor und nach jedem Spiel, alles klang nach Attacke. Dazu die miserablen Leistungen von einigen Schiedsrichtern. Besonders ein gewisser Mr. Aston aus England tat sich als entschiedener »Heimschiedsrichter« beim Spiel Chile gegen Italien hervor. Er gab zwei Platzverweise für Italien, aber keinen für Chile, obwohl Linksaußen Leonel Sanchez ohne ersichtlichen Grund, zwei Meter vom Linienrichter entfernt, seinen italienischen Kontrahenten mit einem gezielten Kinnhaken niederstreckte.

Vergleichsweise harmlos ging es beim zweiten Spiel der Deutschen gegen die Schweiz zur Sache. Der Schalker Willi Koslowski spielte für Sturm Rechtsaußen und tat dies ein wenig offensiver als sein glückloser Mannschaftskamerad. Haller,

Seeler, Brülls und Schäfer spielten wieder vorne. »Uns Uwe« köpfte, was der Schädel hielt, aber er köpfte immer vorbei, sein Tor zum erlösenden 2:0 in der 61. Minute – nach dem 1:0 durch Brülls in der ersten Halbzeit – war ein Flachschuss.

Die Krise unserer Rechtsaußen wurde manifest. Sepp Herberger bot beim dritten Gruppenspiel gegen Gastgeber Chile einen dritten Möchtegerngarrincha auf, Engelbert Kraus von Kickers Offenbach. Einen ausgemachten Flitzer, fürwahr, aber einer von der Sorte, die immer schneller als der Ball sein wollte. Letzterer wurde allerdings auch beim Spiel gegen die Chilenen nicht allzu schnell gespielt. Es genügten – nach Foul an Uwe Seeler – ein von »Legionär« Horst Szymaniak (vom Karlsruher SC ging er zu CC Catania) souverän verwandelter Elfmeter in der 22. Minute und – endlich ist er da! – ein Hechtsprung von Uwe Seeler, »unserem Rastelli«, wie Reporter Herbert Zimmermann in der 82. Minute jubelte, ein Kopfballaufsetzer zum 2:0. Chile war besiegt, und wir zogen als Gruppenerster ins Viertelfinale gegen Jugoslawien ein. In der Umkleidekabine sangen die deutschen Spieler »Muss i denn, muss i denn zum Städele hinaus«. Wenigstens in der Version von Elvis Presley.

Jugoslawien, ausgerechnet Jugoslawien. Zweimal konnten wir sie bei den vergangenen Weltmeisterschaften schlagen, was soll da noch schief gehen. Endlich wurde es spannend. Nach der Radioübertragung köpfte ich übermütig mit dem Luftballon aufs Tor in meinem Zimmer (die Gardine vor dem Fenster), einmal Uwe Seeler sein. Nach den Hausaufgaben am folgenden Nachmittag nahm ich meine Pille, stürzte durchs Treppenhaus nach draußen, hin zur Wiese, die anderen waren schon da, die Pfosten steckten schon in der Erde, der Platz war trocken, und Olaf Pinkawa wollte heute unbedingt Uwe Seeler sein. Meinetwegen, ich bin und bleibe Garrincha.

Am 10. Juni gab es zum Abendessen »Toast Hawaii«. Ein Feiertag. Um 14.30 Uhr Ortszeit, 13000 km entfernt, begann das Viertelfinalspiel in Santiago de Chile gegen Jugoslawien. Bei uns war es 19.30 Uhr, als die Live-Reportage über den Äther ging. Reporter war Rudi Michel. In meiner Aufregung bemalte ich die Stoffbespannung vor dem Lautsprecher unseres Grundig-Röhrengeräts und starrte gebannt ins magische Auge. Das Spiel wurde über die Kurzwelle übertragen. Ich drehte nervös am Knopf, hielt mein Ohr ganz nah an den Lautsprecher und pegelte so gut es ging die Frequenz ein; ich drehte am Knopf so akribisch herum wie ein Einbrecher am Schalter eines Tresors, um die gewünschte Zahlenkombination herauszukriegen. Die Schwankungen im Äther hörten sich an wie die Brandung eines unendlichen Meeres; ich knabberte nervös an meinen Salzstangen und Fingernägeln herum, als der ansonsten so sachliche Rudi Michel in der 85. Minute in einen verzweifelten Tonfall verfiel und Folgendes in die deutschen Wohnzimmer übertrug: »Galic in der halbrechten Position. Er gewinnt das Dribbling gegen Schulz, er ist in unserem Strafraum, schießt nach innen, und schießt, und Tor.« Nun vergehen die quälendsten achtzehn Sekunden meines Lebens. Achtzehn Sekunden lang hört man nichts anderes als ein einziges Rauschen, ein gewaltiges Heranbrausen der Wellen im Äther, in denen wir alle ertrinken. Nach achtzehn Sekunden taucht Rudi Michel wieder auf und erfüllt seine Reporterpflicht: »Radakovic. Der rechte Läufer kam aus dem Hinterhalt. Die Flanke kam halbhoch. Aus vollem Lauf nahm sie der rechte Läufer auf. Da gab es für keinen Torwart der Welt eine Eingreifmöglichkeit. Fahrian hat den Ball wahrscheinlich gar nicht gesehen.« Aus. Vorbei. Deutschland wird kein Weltmeister und muss nach Hause.

Zur gleichen Zeit spielte in Vina del Mar Brasilien gegen England. Pelé konnte nach seiner Verletzung schon im ersten Spiel gegen Mexiko (2:0) immer noch nicht mitmachen. Für ihn lief Olaf Pinkawas Amarildo auf den Platz. Aber es war Garrincha, der in der ersten Halbzeit das 1:0 schoss, und er war es auch, der nach dem zwischenzeitlichen Ausgleich in der zweiten Halbzeit, vom armen Bobby Charlton erfolglos verfolgt, drei Engländer austrickste, den Ball zu Vava spitzelte, der dann per Kopf das 2:1 erzielte. Die Brasilianer spielten sich in einen Rausch, das 3:1 von Garrincha bedeutete den Endstand.

Während also die deutschen Spieler ihre Koffer packten und mit Pauken und Trompeten von ranghohen Militärs am 12. Juni in ihre Busse beordert wurden, um zum Flughafen zu kommen, kreuzten im brasilianischen Lager zwei Busse mit einer ganz anderen Ladung auf. Die Mannschaftsführung ließ für die Jungs gesundheitlich geprüfte Prostituierte herankarren, sehr zum Gefallen unseres Paradiesvogels Garrincha, der den Ruf genoss, nicht nur auf dem Platz erfolgreich zu balzen. Garrincha, gerade mal 29, war zur Zeit der Weltmeisterschaft in Chile zum dritten Mal verheiratet, hatte zu diesem Zeitpunkt schon zwischen elf und dreizehn Kinder, allein acht Mädchen mit seiner ersten Frau Nair. Als er mit seinen Mannschaftskameraden 1961 zur Vorbereitung auf die WM in Chile auf große Schweden-Tournee ging, bekam er im Mannschaftslager unangemeldeten Besuch. Zwei blonde Mädchen standen vor ihm, drei kaffeebraune Knaben im Arm, von denen der eine nachgewiesenermaßen Ulf heißt – das quicklebendige Resultat einer Damenvisite im Verlauf der WM in Schweden bei unserem in jeder Beziehung lüsternen Paradiesvogel.

Mir blieb das Herz stehen, als Garrincha am 13. Juni im Halbfinale gegen Chile, obwohl das Spiel mit 4:2 schon längst entschieden war, vom Platz gestellt wurde. Neun Minuten nachdem 25 Trommler, 25 Hornisten, 80 Mann Militärkapelle und zwei Marschblocks der Infanterie mit geschulterten Gewehren den Platz verlassen hatten und der Anpfiff des peruanischen Schiedsrichters mit dem griffigen Namen Arturo Meximo Yamasaki Maldonado erfolgte, war es Garrincha, der mit einer Bombe aus dem Fußgelenk aus sechzehn Metern Entfernung das 1:0 und mit dem Kopf das zwischenzeitliche 2:1 schoss. Die anderen zwei Treffer erzielte in diesem Spiel Vava. Brasilien zieht ins Endspiel gegen die Tschechoslowakei ein.

Als hätte der liebe Gott meine Gebete erhört, hob die FIFA die Spielsperre für Garrincha auf und begnadigte mein Idol. Auf unserer Wiese endete das Finale dank meiner, sprich Garrinchas furioser Alleingänge 6:0. Der Endspielsieg auf dem Rasen in Santiago de Chile mit 3:1 war dagegen reine Formsache. Garrincha wurde Torschützenkönig des Turniers. Ich griff zum Buntstift und setzte ihm auf meiner Fußballkarte die Krone auf.

Es kamen die Sommerferien. Meine Schwester, meine Mutter und ich fuhren im Karmann Ghia nach Gabicce Mare an der Adria. In unserem Hotel stand ein Fußballkicker herum. Die Stangen waren nach einem im wirklichen Leben seltenen 2-5-3-System angeordnet. Nini, der Hotelkoch, brachte mir bei, wie man den Ball blitzschnell vom rechten Spieler nach innen zum Mittelstürmer zieht, der dann das Bällchen aus Holz nach Direktannahme krachend ins Tor donnert. Eine neue Ära im Leben Garrinchas und Vavas. Wieder zu Hause, war die Fußball-Bundesliga beschlossene Sache, von nun an wurde für unseren ersten Fernseher gespart. Ich bekam meine erste Twist-Hose, im Herbst erschien »Love me do«, die erste Single der Beatles. Neben dem *Kicker* las ich nun auch die Bravo, mein erstes Halbjahreszeugnis war grottenschlecht. Alles im Jahr 1962 war Fußball. Alles war Pop. Und ich war Garrincha.

Nachspiel

Garrincha wurde nach der Weltmeisterschaft in Chile an beiden Beinen operiert. Er musste lange pausieren. Aber er kam wieder auf den Platz. 56 Länderspiele bestritt er für Brasilien. Wenn er mitspielte, verlor die Mannschaft kein einziges Match. Man nahm ihn mit nach England zur Weltmeisterschaft 1966. Man lachte ihn nur noch aus. Er stolperte über seine eigenen Beine. Das 2:4 gegen Ungarn war sein letztes Spiel für Brasilien, das erste, das er verlor. Garrincha bekam mit der Schauspielerin Elza Soares einen Sohn. Er heißt Garrinchinha. Auch Garrinchas Geliebte namens Iraci bringt einen Jungen zur Welt. Er heißt Nenem. Garrinchinha und Nenem kommen zusammen bei einem Autounfall ums Leben. Garrincha flüchtet in den Alkohol, für den Unterhalt seiner etlichen Kinder kann er nicht sorgen, die Alimente fressen ihn auf, Steuerschulden würgen ihn. Am 18. Januar säuft er sich, inzwischen völlig vergessen, noch keine fünfzig Jahre alt, zu Tode. Am Ende des 20. Jahrhunderts wird er von der »International Federation of Football History & Statistics (IFFHS)« in die »Jahrhundertelf« gewählt. Zusammen mit Pelé, Johann Cruyff, Franz Beckenbauer, Alfredo Di Stefano, Diego Armando Maradona, Ferenc Puskas, Michel Platini, Eusébio, Sir Robert Charlton und Lev Jaschin.

Jule Vollmer
Wunder gibt es immer wieder

Haben Sie schon mal jene Menschen bedauert, die am 24. Dezember Geburtstag haben, weil sie grundsätzlich um eine eigenständige Feier gebracht werden, und das Jahr für Jahr? Oder was denken Sie über jene, die am 1. September 1939 oder am 11. September 2001 geboren wurden? Glauben Sie an die Macht der Sterne, oder ist es Ihnen eigentlich scheißegal, ob am Tag der Geburt eines unschuldigen Kindes der Zweite Weltkrieg begann, die Twintowers in New York zusammenfielen oder gar das Christkind geboren wurde? Wissen Sie, mich hat die Frage nach dem Zeitpunkt der Geburt eine Zeit lang wirklich sehr beschäftigt. Ich bin übrigens ein Sonntagskind. Nicht, dass ich abergläubisch wäre, aber die Ereignisse der Weltgeschichte stehen vielleicht doch nicht so zusammenhangslos im Kosmos, wie man gerne glauben möchte.

Ich persönlich leide weder unter einem Katastrophendatum noch unter christlichem Feiertagszauber. Manchen sagt mein Geburtsdatum sogar überhaupt nichts, aber mich belastet es. Ich wurde am 4. Juli 1954 geboren, irgendwann am frühen Abend zwischen 18.30 Uhr und 19 Uhr. Dummerweise war kein Mensch in der Lage, genau auf die Uhr zu gucken, denn alle waren mental bei »unseren Jungens« fernab der Heimat im Berner Wankdorf-Stadion.

Als meine Mutter, Hildegard Kasülke, am Morgen des 4. Juli 1954 die ersten Wehen spürte, war mein Vater, Siegfried Kasülke, noch guter Dinge und sprach davon, dass es ein gutes Zeichen sei, wenn sein Sohn am Tag der Entscheidung geboren würde. Er bat meine Mutter inständig, doch bitte schnell zu machen, also ordentlich zu pressen und zu drücken, ja, vielleicht sogar ein bisschen über den Hof zu hüpfen, damit die »Sache« schnell erledigt sei und er ruhigen Gewissens zum Weltmeisterschaftsendspiel in den »Langen August« gehen könne, denn dort habe man unter höchstem Aufwand ein Fernsehgerät organisiert und aufgestellt, und da könne er ja nun wirklich nicht fehlen. Dieser Argumentationskette konnte meine Mutter nichts entgegensetzen. Sie neigte ohnehin nicht so zur Geschwätzigkeit wie mein Vater, kniff also die Lippen zusammen und versuchte dafür den Muttermund zu öffnen.

Mittags gegen 12.30 Uhr kam die Hebamme und sagte knapp: »Liegt falsch. Vielleicht Kaiserschnitt! Besser Krankenhaus.« Zu diesem Zeitpunkt hatte mein Vater schon mehrfach mit unserem Nachbarn Karl Hillershagen auf »unsere Jungens« angestoßen und war nicht mehr in der Lage, den Ernst der Situation zu erfassen. Also hinterließ meine Mutter eine kurze Notiz auf dem Küchentisch, einen Zettel, den ich heute noch in Ehren halte, auf dem zu lesen stand:

»Bin kurz im Krankenhaus. Kann etwas dauern. Hilde.«

So weit ich weiß, ging oder vielleicht hüpfte sie auch, eingedenk der ermahnenden Worte meines Vaters, die fünf Kilometer zum Marienhospital zu Fuß. Jedenfalls wurde sie dort nochmals untersucht, und der diensthabende Arzt schickte sie als Erstgebärende mit dem Hinweis »Ist noch nicht so weit« aufs Krankenzimmer.

Auch im Krankenhaus herrschte eine gewisse Anspannung und reges Treiben. Man hatte mehrere »Volksempfänger« mit sterilen Tüchern präpariert und an strategisch wichtigen Punkten aufgestellt, für Patienten und Personal. Um 17 Uhr sollte es losgehen – und es ging los – auch bei meiner Mutter! Die Wehen kamen jetzt im Abstand von etwa zehn Minuten, und – sie war allein. Als das erste Tor für Ungarn fiel, ging ein kollektiver Entsetzensschrei durch das Gebäude, und die Schmerzensschreie meiner Mutter gingen unter, verloren sich in dem übergeordneten Schmerz der verletzten Volksseele.

Noch einmal wurde das Gebäude von leidvollem Stöhnen geschüttelt. Meine Mutter erzählte mir später, dass sie zeitweise durch die Schmerzen nicht richtig bei Bewusstsein gewesen sein kann, denn sie habe plötzlich den Eindruck gehabt, der Kommentator, Herr Zimmermann, spräche nicht vom Fußballspiel West-Deutschland gegen Ungarn, sondern kommentiere ihre Niederkunft. Sie habe plötzlich die Freudenschreie des Anschlusstores und wenig später des Ausgleichstores ganz deutlich gehört und direkt auf sich bezogen, und der Wehenschmerz habe vorübergehend aufgehört. Als in der Halbzeit eine Schwester nach ihr gesehen habe, sei sie wohl kurz eingeschlafen gewesen, doch die beschwörende Stimme des Herrn Zimmermann habe sie wieder geweckt, und dann sei sie plötzlich völlig klar gewesen und habe deutlich gehört, wie er intonierte: »... aus dem Hintergrund müsste maaan pressen ... und maaan presst ... vooor – vooor – vooor.« Und ich war geboren, mit dem Arsch zuerst! Und das ganze Krankenhaus hat lauthals gejubelt.

Zehn Minuten später kam wieder eine Schwester, und eine halbe Stunde später war ich ordnungsgemäß abgenabelt, gesäubert und gewickelt. Erst zwei Tage danach kam mein Vater ins Krankenhaus. Er hatte »unseren Sieg« so hemmungslos gefeiert, dass er erst am Dienstag langsam wieder klar war und die Notiz, die meine Mutter ihm hinterlassen hatte, lesen und verstehen konnte.

Er war sehr tapfer und ließ sich die Enttäuschung darüber, dass ich nur ein Mädchen war, nicht anmerken. Der Glückstaumel darüber, dass wir wieder wer waren, hatte ihn milde gestimmt. Beim Standesamt versuchte er mich unter den Namen Helmute Rahnia Kasülke eintragen zu lassen, was gottlob zur damaligen Zeit nicht anerkannt wurde. Jetzt heiße ich Hella, gefällt mir besser. Meine Mutter durfte, durch die schwere Steißlagengeburt bedingt, keine Kinder mehr kriegen, so hat mein Vater mich recht früh, Mädchen hin oder her, in die Welt des Fußballs eingeführt. Selbstverständlich kannte ich, sobald ich ganze Sätze sprechen konnte, die Namen der Helden von Bern auswendig. Meine Kuscheltiere, allesamt selbst gehäkelte Produkte von meiner Patentante Thekla aus dem Teutoburger Wald, trugen Namen wie Turek, der Boss, Morlock und Posipal. Mir gefielen meistens die Nachnamen oder Spitznamen besser als die Vornamen. Nur meine Lieblingspuppe, die hieß Waltraud, das musste sein.

Während andere Mädchen in der ersten Klasse Glanzbilder mit niedlichen Motiven tauschten, hortete ich heimlich die Bilder von Fußballern und fühlte mich wie eine Doppelagentin, wenn ich pro forma mein lieblos zusammengestoppeltes Glanzbildalbum mit in die Schule schleppte.

Zu meinem 12. Geburtstag, 1966, schenkte mir mein Vater eine Karte zum Fußballweltmeisterschaftsendspiel im Wembleystadion. Wieder einmal standen die Deutschen im Finale, diesmal gegen England. Ich hatte mich wahnsinnig auf die Reise, das fremde Land und das Spiel gefreut, darum erzählte ich meinen Eltern nichts von der Blasenentzündung, die ich mir einen Tag vor der Abreise eingefangen hatte. Die Angst davor, vielleicht doch nicht mit nach England zu dürfen, ließ mich die Zähne fest zusammenbeißen. Mein Vater und ich gingen ins Stadion, und das Spiel begann. Ich hielt durch bis zur 15. Minute, dann trieb mir der Blasenschmerz die Tränen in die Augen. Genau in dem Augenblick, als ich aufstand, um zum Klo zu gehen, schoss uns Helmut Haller in Führung. Mir blieb kaum Gelegenheit zum Jubeln, denn es war höchste Zeit, meine Blase zu entspannen. Als ich zurückkam, war jedoch schon der Ausgleichstreffer der Engländer gefallen, und zwar just in dem Augenblick, als ich verschwunden war, sagte mein Vater.

In der Pause spürte ich, wie sich die Beschwerden verschlimmerten, doch ich sagte immer noch nichts. Die zweite Halbzeit begann. Wieder zwickte nach ein paar Minuten meine Blase, und als ich die Klotür schloss, glaubte ich ganz England jubeln zu hören. Mir war klar, dass England jetzt 2:1 in Führung lag. Dieses Mal dauerte mein Besuch auf dem Klo etwas länger. Ich hatte furchtbare Krämpfe und schaffte es erst kurz vor Spielende zurück auf meinen Platz. Just in diesem Augenblick, gerade als ich mich setzen wollte, schoss Wolfgang Weber den Ausgleich, das 2:2 für Deutschland, und ich wurde ohnmächtig.

Erst in der Pension kam ich wieder zu mir. Ich hatte hohes Fieber. Meine Eltern und ein Arzt, den niemand verstand, sahen besorgt auf mich hinunter. Meine Mutter erzählte mir später, ich habe fantasiert und lauthals »Fehlentscheidung« gerufen, immer und immer wieder. England hatte 4:2 durch das Wembleytor gewonnen. Zurück in Deutschland erklärte mir mein Vater, er habe sich viele Gedanken über mich und den Fußball gemacht! Ich habe doch von der Verlängerung des Spiels mit dem strittigen Tor nichts mitbekommen können, woher ich denn, bitteschön, das habe wissen können.

Außerdem sei ihm aufgefallen, dass immer, wenn ich mich dem Spielfeld abgewendet habe, der Gegner ein Tor schoss und wenn ich »präsent« gewesen sei, unsere »Jungens«. Nach Ansicht meines Vaters war ich allein für die Niederlage der deutschen Nationalelf 1966 im Wembleystadion verantwortlich. Wir hatten, was den Fußball betraf, eine Krise!

Ich wollte nichts mehr damit zu tun haben. Ich wollte ein Mädchen sein und eine Frau werden, meine Pubertät mit Pickeln und Periode erleben und dem ledernen »Rund« den Rücken kehren. Vater beäugte mich seit England so, dass ich mir vorkam wie eine Laborratte. Er machte sich Notizen und lockte immer wieder mit Eintrittskarten für interessante Fußballspiele, aber ich blieb hart. Diese Verantwortung wollte ich, falls er im Recht war mit seiner Behauptung, nun doch nicht tragen. Erst als ich zwanzig wurde und er mir eine Karte für das WM-Endspiel in München schenkte, hatte ich das Gefühl, dass acht Jahre eine lange Zeit seien und ich mich dem Leben und insbesondere dem Fußball stellen sollte, zumal ich furchtbar gern das Spiel Deutschland gegen Holland sehen wollte. Am liebsten wäre ich allein ins Stadion gegangen, doch mein Vater wollte dabei sein und mich mit seinen Röntgenaugen beobachten.

Das Spiel fand drei Tage nach meinem Geburtstag, am 7. Juli 1974, statt. Wie hatte ich dieses Gefühl vermisst – diese Atmosphäre, mit Zehntausenden von Gleichgesinnten dem Anpfiff entgegenzufiebern, mitzuzittern, zu leiden und zu schwitzen. Ich war glücklich und völlig unbefangen, mochte mein Vater mich doch mit Blicken durchbohren, ich war einfach nur Hella Kasülke, gerade zwanzig geworden und eine ganz normale und dieses Mal völlig gesunde junge Frau, die endlich wieder vom Fußballfieber erfasst worden war.

Es war sehr eng dort, wo wir standen, mein Vater zu meiner Rechten, zu meiner Linken ein Mann, der seinen kleinen Sohn auf den Schultern trug, damit dieser zumindest die ersten Minuten besser sehen konnte, und vor mir ein Hüne, der mir die Sicht versperrte. Begeistert schwenkte der kleine Junge einen holländischen Wimpel.

Anpfiff – ich versuchte verzweifelt an dem Riesen vorbeizugucken und sah nur aus dem Augenwinkel, wie Uli Hoeneß im Strafraum mit Johan Cruyff ins Gerangel kam. Zack – Foul von Hoeneß an Cruyff und Elfmeter für Holland, den Neeskens ausführen sollte. Im entscheidenden Augenblick nahm mir der Hüne die Sicht, und zeitgleich verlor der kleine Junge seinen Wimpel, nach dem ich mich reflexartig bückte. Als meine Aufmerksamkeit zum Spiel zurückkehrte, waren die Holländer gerade eben in Führung gegangen und das schon in der 2. Spielminute.

Mein Vater packte mich, sah mich wutverzerrt an und zischte, ich solle mich jetzt bloß nicht mehr ablenken lassen und meine volle Konzentration dem Spielverlauf widmen.

Den Hünen raunzte er an, er solle gefälligst mit mir die Plätze tauschen. Überhaupt sei es eine Unverschämtheit, sich vor kleinere Leute zu stellen, erst recht vor junge Frauen, die den Spielverlauf entscheidend mit beeinflussen könnten. Der große Mann sah mich mit erstaunten Augen an, fixierte meinen Vater mit skeptischem Blick und schob mich dann tatsächlich vor sich. Offenbar hielt er zumindest meinen Vater für verrückt und hatte keine Lust, sich vom Spiel ablenken zu lassen, zumal er wirklich gut über mich hinwegsehen konnte. Nun hatte ich also freie Sicht auf das Spielfeld und meinen Vater mit eisernem Griff an meinem rechten Arm. »Jetzt tu endlich was. Und hau nicht wieder ab wie in England!«, raunte er mir zu. Ich wusste nicht, was ich tun sollte, starrte nur angestrengt aufs Spielfeld und hoffte darauf, dass mein Vater den Griff lockern würde und ich doch noch etwas Spaß am Spiel haben könnte. Ich kann

Ihnen nur sagen, dass das die anstrengendsten 1 3/4 Stunden meines Lebens waren.

Ich fixierte mich auf Hölzenbein und – er wurde gefoult, von wem weiß ich nicht mehr, war mir auch egal, aber immerhin gab es einen Elfmeter für Deutschland. Ich konzentrierte mich auf Breitner, der den Strafstoß ausführen sollte – und er brachte ihn ins Tor. Ausgleich! Mir lief der Schweiß in Strömen den Rücken hinunter. »So, jetzt sieh mal zu, dass wir in Führung gehen!«, befahl mein Vater und lockerte seinen Klauengriff nicht im Mindesten.

Verzweifelt suchte ich das Spielfeld ab. Mir war klar, dass die Holländer eigentlich die überlegenere Mannschaft war, was sollte ich denn bloß tun. Und wen sollte ich als Torschützen auswählen – Breitner, nein, weiter, Vogts oder Overath, nein – Mist, die Pause rückte immer näher – weiter. Müller, gut, ja, Müller sollte es sein. Ich konzentrierte mich auf den Ball, der an Bonhof ging – und pressen – Pass an Müller – und pressen – aufs Tor. Tor durch Müller! Mit 2:1 ging Deutschland in Führung!

Gott sei Dank kam endlich die Pause. Ich war fix und fertig und wäre am liebsten nach Hause gegangen, doch mein Vater war für die Dauer des Spiels mein siamesischer Zwilling geworden, Arm an Arm festgewachsen. »Was soll ich denn jetzt machen, Vati?«

Ich war den Tränen nahe, schweißnass und völlig erschöpft. »Du brauchst jetzt eigentlich nur noch aufzupassen, dass es so bleibt, wie es ist, hörst du?! Schön wäre natürlich noch ein Tor für uns, aber wenn's so bleibt, ist's auch recht«, lächelte er mich aufmunternd an. Was soll ich sagen, in der zweiten Halbzeit habe ich nur noch auf Sepp Maier im Tor gestarrt. Es war einfacher für mich, die Konzentration auf nur eine Person zu richten. Ich hatte alle Mühe, ihn in die richtigen Positionen zu lenken, obwohl er auch ohne Hilfe ein erstklassiger Tormann war. Und – Sepp hielt alles, einfach alles, wenngleich die Niederländer sehr gut spielten.

Als ich mir einmal kurz über die Augen wischen wollte, kam Vater mir zuvor und tupfte mir mit den Worten »Bleib dran, lass das Spiel bloß nicht aus den Augen, hörst du?!« die Schweißperlen von der Stirn. Schließlich war es so weit!! Schlusspfiff! Deutschland war zum zweiten Mal Fußballweltmeister geworden.

Doch hatte das wirklich etwas mit mir zu tun? Mein Vater hatte gar keinen Zweifel, für mich war damit aber jegliche Begeisterung am Fußball gestorben. Nur einmal noch habe ich – vermutlich – in die Fußballgeschichte eingegriffen. Nein, nicht wie Sie vielleicht denken bei der Fußballweltmeisterschaft 1990. Oh nein, das haben »unsere Jungens« ganz allein geschafft! Ich war nach dieser Erfahrung in München 1974 nie wieder in einem Stadion.

Ich wurde Fremdsprachenkorrespondentin und arbeitete unter anderem auch als Dolmetscherin. 1979 hatte ich eine Woche lang beruflich in London zu tun und fuhr in meiner Freizeit mit der U-Bahn in die verschiedensten Vororte Londons, wobei ich ganz bewusst das Wembleystadion aussparte. Einmal kam ich in ein Viertel – nach Leytonstone, das mich deswegen besonders interessierte, weil Alfred Hitchcock dort geboren war. Ich verehrte ihn sehr und interessierte mich für das Umfeld, in dem ein so großer Meister der Filmkunst aufgewachsen war. Ich schlenderte durch die Straßen und Gässchen und bemerkte irgendwann einen kleinen Jungen, in eine Art Tischdecke gehüllt, der auf dem Bürgersteig saß und weinte. Er rieb sich das rechte Knie und schluchzte. Ich fragte ihn, ob ich ihm helfen könne, und er sah mich neugierig mit großen Augen an. Ich gab ihm ein Taschentuch und strich ihm über den Kopf. »Was ist denn los?«, fragte ich ihn noch einmal, und er antwortete: »Bin gefallen. Und is mir langweilich. Und weiß nich, was ich spielen soll.« Er war etwa vier Jahre alt und strahlte trotz seines Zustandes und seiner Rotznase eine gewisse Überlegenheit aus. »Wie heißt du denn?«, fragte ich ihn. »Zorro!«, gab er zur Antwort, drapierte das Tischtuch um sich und fuchtelte mit einem Stock herum, der anscheinend einen Degen darstellen sollte. »Aha, Zorro also, und du weißt nichts mit dir anzufangen? Wo sind denn deine Freunde?« Ich strich ihm eine Strähne aus dem Gesicht. »Wech. Ham sich versteckt un ich fin sie nich!« »Na, dann musst du auf sie warten.« – »Was soll ich'n tun, mir is so langweilich?« – »Na, komm. Wie wär's, wenn wir beide etwas spielen, solange deine Freunde sich verstecken?« – »Was'n?« – »Ein Frage-Antwort-Spiel vielleicht?«, schlug ich vor. »Nö, langweilich!« – »Oder Hüpfkästchen?« – »Is'n Mädchenspiel, mach ich nich!«, erwiderte er entrüstet. Ich schaute mich um. Es war Mittagszeit und kein Mensch zu sehen, anscheinend hielt die Siedlung Mittagsruhe. Und dann ritt mich plötzlich der Teufel: »Komm! Lass uns Fußball spielen, Zorro, okay?« – »Och nö, weiß nich. Hab auch gar kein Ball«, sagte er nicht sonderlich begeistert. Ich holte meine Coladose aus der Tasche, und wir teilten sie geschwisterlich. Die leere Dose wurde zum Ball umfunktioniert, und der kleine Junge und ich, Hella, die große 25-jährige Deutsche, fingen an zu spielen. Nach anfänglichem Zögern wurde er immer eifriger, warf schließlich sogar seinen Degen und Umhang weg und konzentrierte sich nur noch aufs Spiel, und er spielte gut. Wir kickten so lange mit der Dose herum, bis der Lärm einige Leute aufgescheucht hatte, die entnervt aus den Fenstern schauten und uns unfreundliche Dinge zuriefen. Darunter war offensichtlich auch die Mutter des Kleinen, der prompt aufhörte zu spielen, seine Siebensachen zusammenraffte und mit den Worten »Soll sofort reinkommen!« losrannte.

Ich lief hinter ihm her, um seiner Mom zu erklären, dass ich für den Lärm verantwortlich war. »Es ist nicht seine Schuld, es war meine Idee! Tut mir Leid, wenn wir Sie gestört haben. Entschuldigen Sie bitte, Mrs …?« »Beckham!«, sagte sie, nickte kurz und sah den Kleinen an: »Na, dann – komm rein, David.«

Ich bin inzwischen sehr vorsichtig geworden mit allem, was auch nur im Entferntesten mit Fußball zu tun hat. Aber vielleicht … vielleicht schau ich mir 2006 doch das eine oder andere Spiel mal an, wenn die Fußballweltmeisterschaft in Deutschland ausgetragen wird. Mal sehen, ich weiß noch nicht genau … aber jucken tut's mich schon!

Frank Goosen
Der weibliche Faktor

Das Problem beim Fußball war immer, dass er nie dazu taugte, Mädchen aufzureißen. Irgendwie zählte bei ihnen nicht, dass man die 54er Weltmeistermannschaft auswendig hersagen konnte oder wusste, welches Auto Franz Beckenbauer fuhr. Und doch lässt sich im Laufe der Jahre eine Veränderung im Spannungsverhältnis »Frauen und Fußball« erkennen.

Das erste Fußball-Großereignis, an das ich mich bewusst erinnere, war die WM 1974. Die Frauen in meinem Leben nahmen daran nur oberflächlich Anteil. Meine Omma löste während der Spiele Kreuzworträtsel und meine Mutter telefonierte mit einer Freundin.

Vier Jahre später war es ausgerechnet die Schmach von Cordoba, die meine Omma dazu brachte, von ihrem Rätselheft aufzusehen. Die bundesdeutsche Elf leistete sich gegen den Fußballzwerg Österreich ein denkwürdiges 2:3, in dessen Verlauf ein gewisser Hans Krankl zum bedeutendsten Österreicher seit Mozart wurde. Und da meine Großeltern seit Jahr und Tag nach Bregenz auf Urlaub fuhren, war die Alpenrepublik im Hirn meiner fußballabstinenten Omma durchaus positiv besetzt. Sie hob den Kopf und sagte: »Kannze ma seh'n: Die Österreicher!« Der anerkennende Unterton brachte meinen Oppa maximal in Rage, und von da an fuhren sie wieder nach Schleswig-Holstein.

Als am 29. Juni 1982 Deutschland in Madrid in der zweiten Finalrunde der WM gegen England spielte, lag ich mit Claudia im Bochumer Kortumpark und riskierte beim Knutschen immer wieder einen Blick auf die Uhr. Um 21:00 Uhr wurde angepfiffen, und Claudia musste um neun zu Hause sein, es passte also perfekt. Ausgerechnet diesen Abend jedoch suchte sie sich aus, um einerseits gegen die Erziehungsmethoden ihrer Eltern zu opponieren und andererseits den von mir in den letzten Wochen in schon fast peinlicher Deutlichkeit vorgetragenen Angeboten zum verschärften Nahkampf endlich nachzugeben. Was tun? Ich wog ab: Auf der einen Seite ein Länderspiel bei einer Weltmeisterschaft, auf der anderen Seite ein tolles, rothaariges Mädchen in einem blauen Bikini. Vor einer solchen Wahl steht man nicht gern. Ein Teil von mir (ziemlich genau in Köpermitte angebracht) schrie mir förmlich entgegen: »Bist du bescheuert? Das ist nur ein Fußballspiel! Lass mich sofort hier einparken!« Ein anderer Teil von mir flüsterte: »Das ist doch nur Sex! Willst du wirklich einen potenziellen Länderspielklassiker, über den man vielleicht noch in vierzig Jahren mit der Zunge schnalzen wird, für ein paar Minuten flüchtiger Ekstase verpassen?« (Dass es mehr als ein paar Minuten dauern würde, war in diesem Zustand hormoneller und sportpsychologischer Zuspitzung sehr unwahrscheinlich.)

Natürlich löste sich das Problem gleichsam von selbst, denn zum einen war durch das ganze Nachdenken alles, was Ekstase hätte produzieren können, wie ein Kuchen, den man zu früh aus dem Ofen genommen hatte, in sich zusammengefallen, zum anderen befanden wir uns in einem öffentlichen Park unter freiem Himmel, und tatsächlich sammelten sich da oben am Weg schon erste Passanten, um sich anzusehen, was die beiden verknäulten Teenager da anstellten. Was ich zu diesem Zeitpunkt nicht wusste: Der Kortum-Park war in jenen Tagen ein beliebter Schwulentreffpunkt, und die Jungs da oben am Weg waren weniger getrieben von geilem Voyeurismus als vielmehr einer diffusen Lust am Ekel.

Kurz vor Ende der ersten Halbzeit kam ich zu Hause an, und der müde Kick endete Null-Null.

Am 21. Juni 1986 kam es im Laufe der Abiturfeier des Gymnasiums am Ostring in Bochum zum klassischen Konflikt. In der Pausenhalle scheiterte die versammelte Weiblichkeit zusammen mit ein paar Strebern, die auch Mitglied in der Schüler-Union waren (jedenfalls mental) bei dem Versuch, eine ausgelassene Party hinzukriegen. Ziemlich angesäuert standen die echten Mädchen und die falschen Jungs unter dem zuckenden Rot-Blau-Gelb-Grün der Lichtorgel und schmollten zu Soft Cell, Boy George und ähnlicher Tunten-Mucke. Im Raum Biologie II hockten in sechs hörsaalartig ansteigenden Reihen die pickeligen Herren und verfolgten das Viertelfinale zwischen Deutschland und Mexiko, angeführt von Hausmeister Dieter Kotlenga, der in der ersten Reihe den schmalen Durchgang zwischen Tisch und Fernseher vermittels einer schwarz-rot-goldenen Fahne versperrte. Da wir ohnehin vorhatten, bis zum nächsten Morgen durchzumachen, war es doch wurscht, dass wir vorher noch zweieinhalb Stunden auf dieses dramatische Spiel verwandten, das uns nicht nur eine Verlängerung, sondern auch noch ein dramatisches Elfmeterschießen schenkte. Kurz steckte Nicole ihren Kopf zur Tür herein, um zu fragen, wie lange »der Scheiß« denn noch dauern würde, was mein niemals um eine schlüpfrige Antwort verlegener Kumpel Mücke mit der denkwürdigen Sentenz beantwortete: »Mach die Tür von draußen zu oder komm rein und blas mir einen!«

»Bist du bescheuert?«, sagte ich, da mir das dann doch zu weit ging.

»Mann!«, lüsterte Mücke, »mit dem Satz KANN ich doch nur gewinnen: Entweder wir sind sie los oder sie hockt sich wirklich bei mir untern Tisch! Und kannst du dir was Geileres vorstellen, als ausgerechnet beim Fußball einen gepustet zu kriegen?«

Nein, konnte ich nicht, aber das sagte ich nicht. Dachte aber, dass das ein schöner Kompromiss vier Jahre zuvor gewesen wäre, als es um Claudia und das Englandspiel gegangen war.

1990 interessierte sich die Frau, mit der ich damals etwas mehr Zeit verbrachte, mehr für das ganze Drumherum als für die Sache an sich. Sie studierte Psychologie und fand es faszinierend, wie konsequent Männer sich ihren Atavismen hingaben, indem sie bereitwillig auf das Niveau des Pleistozän regredierten. »Findest du nicht?«, fragte sie mich, und ich antwortete: »Aga-Uga«, was so viel heißen sollte wie: »Halt die Klappe, Brehme läuft gerade zum Elfmeter an!«

Vierundneunzig lagen sie dann schon sabbernd vor der Glotze, nur weil Roberto Baggio mit seinem albernen Zöpfchen über das Spielfeld rannte. Es ist nicht möglich, ein Fußballspiel wirklich zu genießen, wenn man selbst rülpsend mit einem Bier in der Hand dasitzt und grunkt »Das war Abseits, du Arsch!«, während die eigene Freundin ständig davon säuselt, wie süß die Italiener sind.

Achtundneunzig die letzte WM in Freiheit. Kurz darauf lernte ich meine Frau kennen. Sie interessiert sich nicht für Fußball, fühlt sich aber auch nicht vernachlässigt, wenn ich mich dieser Leidenschaft hingebe. Erst zu Beginn der Saison 2004/2005 nahm ich sie zum ersten Mal mit ins Ruhrstadion. Nach sechs Jahren war unsere Beziehung so gefestigt, dass ich meinte, ihr auch jene Teile meiner Persönlichkeit offenbaren zu können, die ich bisher im familiären Umfeld unter Verschluss gehalten hatte. Später gab sie zu, die meisten der von mir während des Spiels hervorgeschleuderten Begriffe schon mal gehört zu haben, aber doch eher in Fernsehdiskussionen über schwere urologische Erkrankungen. Ich fragte sie, ob ich die Formulierung benutzen könnte, und sie meinte: »Bitte sehr.« Die perfekte Symbiose: Ich gucke Fußball, und sie schreibt mir die Gags. So kann es meinetwegen weitergehen.

Die Autorinnen und Autoren

Manni Breuckmann, Jahrgang 1951, schreit seit 1972 Toor! in der ARD-Radio-Bundesligakonferenz, hat selber auf Jurist gelernt, wandte sich aber nach einem Beamten-Zwischenstopp ganz dem Radio zu. In seinem Herzen flackert ein blaues Schalker Flämmlein, aktiv-sportlich bevorzugt er das körperlose Spiel in einer Fußball-Hobby-Truppe (Vier gegen Vier auf kleine Tore).

Thomas Brussig, 1965 in Berlin geboren, arbeitete nach einer Ausbildung zum Baufacharbeiter neben vielem anderen als Museumspförtner, Tellerwäscher, Reiseleiter und Hotelportier, studierte Soziologie und Dramaturgie und ist seit 1995 freiberuflicher Schriftsteller. Die Verfilmung seines erfolgreichen Romans *Am kürzeren Ende der Sonnenallee* (1999) wurde mit dem Drehbuchpreis der Bundesregierung ausgezeichnet.

Oliver Thomas Domzalski, geboren 1960 in Berlin, Dr. phil. (Geschichte) und Dr. herth. (BSC), geborener Vorstopper mit Eisenfuß-Technik, lebt als Lektor für Fußball und anderes in Frankfurt am Main.

Fritz Eckenga kam ein Jahr nach dem Wunder von Bern auf die Erde und gilt seitdem als ewiges Talent. Wurde im Alter von sechs Jahren von seinem Vater mit Borussia Dortmund verheiratet und ist treu. Als er merkte, dass er links wie rechts tippen kann, beendete er seine Torhüterkarriere und wurde Autor. Er ist Mitglied des Musiktheater-Ensembles N8chtschicht und schreibt für verschiedene Zeitungen und Hörfunksender.

Letzte Buchveröffentlichung »Draußen hängt die Welt in Fetzen«.

Christian Eichler wurde 1959 in Schalker Hoheitsgebiet geboren, aber aus Protest zum Gladbach-Fan. Versucht seit 15 Jahren, sein allwöchentliches Dilettieren im kreativen Mittelfeld durch Schreiben über Fußball zu sublimieren: als Redakteur der FAZ, für die er seit 2001 als europäischer Sportkorrespondent aus Brüssel schreibt sowie als Autor des »Lexikons der Fußballmythen« und des »Kleinen Lexikons der Fußballmythen« (beide Eichborn). Söhne Oskar, 10, BVB-Fan, und Toni, 6, Löwen-Anhänger.

Frank Goosen, geboren 1966, lebt als Autor in Bochum. Bei Eichborn erschienen *Liegen lernen* (2001), *Pokorny lacht* (2003) und *Mein Ich und sein Leben* (2004).

Jess Jochimsen wurde 1970 in München geboren. Er hat zwei Bücher geschrieben, einen Sohn gezeugt und ein halbes Haus gemietet. In Freiburg. Ansonsten geht es ihm gut.

Seit elf Jahren macht er Firlefanz auf deutschsprachigen Bühnen, seinen Lebensunterhalt verdient er als ständiger Kolumnist des WDR, der *Frankfurter Rundschau* und der Stadionzeitschrift des SC Freiburg. Bücher: *Das Dosenmilch-Trauma. Bekenntnisse eines 68er-Kindes* (2000) und *Flaschendrehen oder: Der Tag, an dem ich Nena zersägte* (2002). Tourplan und Infos: www.jesses.de

Steffen Kopetzky wurde 1971 geboren und lebt in Berlin. Nachdem er eine gewisse Zeit als Schlafwagenschaffner gearbeitet hat, schrieb er ein paar Bücher (u.a. *Grand Tour*, Eichborn 2002). Er ist Autor einer regelmäßigen Kolumne in der *Zeit* und schreibt außerdem für den Rundfunk und verschiedene überregionale Zeitungen sowie Theaterstücke und Opernlibretti.

Philipp Köster, geboren 1972, wohnt in Berlin und ist Redaktionsleiter des Fußballmagazins *11 FREUNDE*. Im Kindesalter Fan des VfB Stuttgart und Träger des offiziellen Karlheinz-Förster-Mittelscheitels, später populistisches Umschwenken auf den Heimatverein Arminia Bielefeld. Lehnte auf einer Klassenfete einen aussichtsreichen Klammerblues ab, um beim Vater der Gastgeberin im Videotext die Bundesliga-Ergebnisse nachzuschauen. Ist sich noch heute sicher, die richtige Entscheidung getroffen zu haben.

Dagmar Leupold, geboren 1955 in Niederlahnstein. Studium der Literaturwissenschaft und Philosophie. Autorin mehrerer Gedichtbände und Romane, zuletzt *Eden Plaza*. Mutter zweier fußballbegeisterter Söhne (Tifosi des AC Milan), selbst unbeirrbarer Fan von Mainz 05.

Matti Lieske, Jahrgang 1952, ist Sportredakteur der kleinen, feinen *taz*, wurde in der Nordkurve des Eintracht-Stadions in Braunschweig fußballerisch geprägt und kann noch immer die Aufstellung der Meisterelf von 1967 rezitieren.

Peter Lohmeyer, geboren 1962 im Ruhrgebiet als Sohn eines Pfarrers, ist einer der profiliertesten Film- und Fernsehschauspieler in Deutschland. Zahlreiche Theater-, Fernseh- und Kinoproduktionen, darunter »Kaspar Hauser« (1993), »Zugvögel« (1996, mit Joachim Król) und »Das Wunder von Bern«

(2003). Er erhielt zahlreiche Auszeichnungen. Lohmeyer lebt mit seiner Familie in Hamburg.

René Martens, geboren 1964 in Hamburg, spielte in der Jugend von Bergedorf 85 für die 5. und 2. E, die 6. und 2. D, die 4. und 2. C, die 5. und 3. B sowie die 2. A. Stand fast immer im Tor. Heute Anhänger von Altona 93 und freier Autor für die *Süddeutsche Zeitung*, *Financial Times Deutschland*, *taz*, *konkret* und andere. Zuletzt erschienen im Eichborn-Verlag: »Elfmeter! Kleine Geschichte einer Standardsituation« sowie »Scheiß-Fußball! Was echte Fans so richtig ärgert« (jeweils 2003).

Klaus Modick, geb. 1951 und dem damals in der 1. Liga (Oberliga Nord) kickenden VfB Oldenburg landsmannschaftlich zugeneigt; vermutlich ist es dem Einsatz des Autors als Linksaußen in der C-Jugend zuzuschreiben, dass der VfB Oldenburg heute nur noch viertklassig ist. Erstklassige Resultate erzielte Modick allerdings als Schriftsteller, z.B. mit seinen Romanen *Vierundzwanzig Türen*, *September Song* und *Der kretische Gast* (alle bei Eichborn).

Rainer Moritz, geboren 1958 in Heilbronn, war von 1975 bis 1983 aktiver Schiedsrichter der Gruppe Heilbronn. In jungen Jahren Anhänger des VfR Heilbronn, der es 1974 bis in die 2. Bundesliga schaffte. Heute Mitglied des TSV 1860 München. Daneben Leiter des Hoffmann und Campe Verlags und Vizepräsident der Marcel Proust Gesellschaft. Autor einschlägiger Fußball-Publikationen, zuletzt: *Vorne fallen die Tore. Fußball-Geschichte(n) von Sokrates bis Rudi Völler* (Neuausgabe 2004).

Bernd Müllender, geboren 1956 an einem Samstag gegen 15 Uhr 30 im Flutlichtschatten des Duisburger Wedaustadions. Lange MSV-Fan und Augenzeuge aller großen FC-Bayern-Niederlagen an der Wedau zwischen 1967–72. Dann qua Umzug konvertiert zu Bayer Uerdingen. Heute dahinjoggender Läufer im Mittelfeld von Partisan Eifelstraße (Bunte Liga Aachen) und freier Autor und Journalist.

Jürgen Nendza, 1957 in Essen geboren, lebt als Schriftsteller und Journalist in Aachen und Vaals (NL). Im Frühjahr 2004 erschien im Verlag Landpresse sein jüngster Gedichtband *Haut und Serpentine.* – Ab 1966 unweigerliche Fußballsozialisation über Wembley, Rot-Weiß Essen (Willi Lippens!) und die Poesie des raumöffnenden Passes (Günter Netzer). Lange Zeit Aktivist beim Aachener Buntligisten Juventus Senile. Zum Thema Fußball gab er zuletzt zusammen mit Eduard Hoffmann den Band *Vom Spielkaiser zu Bertis Buben. Geschichte und Geschichten des Fußballspiels in Deutschland* heraus.

Dieter Nuhr, geboren 1960, studierte zunächst Kunst und Geschichte, wandte sich aber ab 1992 endgültig dem Kabarett zu. Später kam das Fernsehen hinzu. Zahlreiche Auszeichnungen. Nuhr lebt in Ratingen (dem Ort, bei dem Düsseldorf liegt).

Carola Roenneburg, Jahrgang 1964, lebt heimatvereinslos in Berlin und betreut die kulinarische Kampfschrift »Häuptling Eigener Herd«.

Frank Schulz, Jahrgang 1957, freier Autor in Hamburg. Arbeitet derzeit am III. Teil der sog. »Hagener Trilogie« (I. Teil: *Kolks blonde Bräute*, 1991; II. Teil: *Morbus fonticuli oder Die*

Sehnsucht des Laien, 2001). Hagen (bei Stade) ist sein Geburtsdorf, in dem seine fußballerische Laufbahn begann (ein Unterarm-, ein -schenkelbruch). Als Torwart, weil man dabei rauchen konnte.

Hajo Steinert, 1952 geboren, in Düsseldorf mit der Fortuna als rechter Verteidiger (E-Jugend) aufgewachsen; umzugsbedingt groß geworden mit dem 1. FC Köln. Dauerkartenplatz in Müngersdorf: Block 14, Reihe 28, Sitz 1; Abteilungsleiter »Kulturelles Wort« beim Deutschlandfunk, diverse Veröffentlichungen zur deutschen Literatur und Bücher zum Fußball. U.a.: *Schnellkurs Fußball.* 2002; *Unser Stadion.* 2004.

Jule Vollmer, Jahrgang 1959, Schauspielerin, Rezitatorin, Sängerin und Autorin, lebt in Witten/Ruhr und widmet sich, sowohl im Hörfunk und Fernsehen als auch auf der Bühne, der Verbindung von Literatur und Musik. Seit 1999 veröffentlicht sie eigene satirische Kurzprosa, u.a. in den Bänden »Macho Guide« (2000) und »Ferienlesebuch« (2001). Aktives Fußballspielen ist für sie z.Zt. noch Zukunftsmusik, sie freut sich aber schon jetzt auf das betreute Kicken in der Ü 65 auf der Wiese des SeniorInnenstifts.